打开你的好奇心
涨知识
360° 立体解读
汽车黑科技

最鲜活的汽车冷知识
一场轻松有趣的博学之旅
还原黑科技的前世今生，探究科学思维的本质

朱盛镭◎编著

改变汽车的
100个黑科技

从橇+轮、达芬奇的"自驱车"、蒸汽机到
3D打印、人工智能、生物识别、自动驾驶

汽车黑科技演化史就是一部以汽车及其产业为载体的新兴科技发展史

机械工业出版社
CHINA MACHINE PRESS

本书所展示的100项改变汽车及其产业的黑科技，是以公众对其感知最强烈的时间段为暗线进行分类和排序的；以汽车黑科技典型场景为导入，力求追溯和描述汽车黑科技及其族群的起源、触发、扩散、影响及发展脉络。同时，本书也给出了一些黑科技的某些负面效应和可能潜伏的危机。本书内容的撰写，注重科学性和准确性，并力求实现文字的通俗、明快、易懂和活泼有趣，目的是试图通过介绍有关汽车黑科技发展的演绎，普及传播现代汽车产业科技的新鲜知识、跨界效应以及发展趋势。

本书为汽车知识的科普读物，尤其适合中学生、高校学生、非专业管理人员以及汽车爱好者了解汽车知识、培养科技思维。

图书在版编目（CIP）数据

改变汽车的100个黑科技 / 朱盛镭编著. — 北京：机械工业出版社，2020.6（2021.9重印）
ISBN 978-7-111-65530-5

Ⅰ. ①改… Ⅱ. ①朱… Ⅲ. ①汽车–普及读物 Ⅳ. ①U46-49

中国版本图书馆CIP数据核字（2020）第077071号

机械工业出版社（北京市百万庄大街22号　邮政编码100037）
策划编辑：赵海青　　　　　责任编辑：赵海青　母云红
责任校对：肖　琳　　　　　责任印制：李　昂
北京捷迅佳彩印刷有限公司印刷

2021年9月第1版第2次印刷
180mm×250mm·14.75印张·2插页·236千字
标准书号：ISBN 978-7-111-65530-5
定价：89.00元

电话服务　　　　　　　　　网络服务
客服电话：010-88361066　　机　工　官　网：www.cmpbook.com
　　　　　010-88379833　　机　工　官　博：weibo.com/cmp1952
　　　　　010-68326294　　金　书　网：www.golden-book.com
封底无防伪标均为盗版　　机工教育服务网：www.cmpedu.com

前　言

当今科技，最炫酷、最魔幻的热词莫过于"黑科技"。在当今的新兴科技领域，"黑科技"发展光怪陆离，目不暇接：智能汽车、智能制造、物联网、新能源、新材料、3D打印、机器人、虚拟现实、智能家居、大数据、云计算、区块链、5G、人工智能、无人机、个人飞行器、可穿戴设备、天空互联网、生物信息、金融科技等关键技术，或渐行渐近，或突变跃迁，或让创新从奔腾走向沸腾。随着一系列重大科技事件的相继出现，"黑科技"概念更让我们"不明觉厉""细思极恐"。

"黑科技"一词首创于根据贺东招二的科幻小说改编的动漫《全金属狂潮》。之后，"黑科技"泛指生活中一切让大家感到不可思议的新科学、新硬件、新软件、新技术、新工艺、新材料等。后来，"黑科技"又称新兴科技，以及"硬科技""深科技"，它已成为当今时代前沿科学技术的代名词。《麻省理工科技评论》作为影响力最大的技术商业类杂志，自1899年创办以来，不断披露并刷新有关机械、移动、通信、计算机、材料、机器人、人工智能、生物、医学、互联网、商务科技等领域的众多黑科技名录或清单。

汽车是新兴科技的应用者，当然也是众多黑科技的集聚或载体。汽车产业一直在发生变化，汽车这个曾经"改变世界的机器"也不断在被改变。以石油与机械为高度依存的传统汽车产业逐渐转变为一个以新型能源、新型材料和智能互联网为支撑的高新技术产业。纵览产业发展历史，我们不难发现，在汽车问世前后，黑科技如影随形，一直伴随其共同发展。汽车科技的演进史，就是一部以汽车及其产业为载体，通过发现、发明、发展和创新，不断吸收社会物质文明与科学文明的先进成果，推陈出新、物竞天择、迭代发展的科技发展史，其间，黑科技闪耀一道道炫酷光影，扮演一组组魔幻形象。

伴随能源革命和第四次工业革命的浪潮，全球汽车产业迎来前所未有的颠覆性变革，而推动这一变革的力量也来自于黑科技。与此同时，迎面而来的人工智能等技术革命，为未来汽车"全面赋能"并"添翼"，为未来汽车产业蓬勃发展注入智慧、智能和活力，同时也意味着未来汽车社会和汽车生活的概念将随之发生重大变化。

与其讨论汽车黑科技的"黑"度，不如关注其嬗变、迭代或推进颠覆式创新的效应和影响力，关注其孕育或放飞的光怪陆离、惊世骇俗的新品种或新功能。本书介绍的汽车黑科技，有时是指某种新颖实用的器件；有时是指某项硬件技术；有时是由0到1的"无中生有"；有时是加持各种黑科技的横空出世；有时是某类黑科技的变异或迭代；有时是众多黑科技的集成或叠加；有时是表现其高效的生产效率；有时是一种概念更新或流程再造；有时是现代科技交叉与跨界发展的产物；而更多的场合，是指那种令普罗大众神魂颠倒、观念倾覆的技术魔幻效应。本书还介绍了与汽车黑科技有关的案例与事件等。

本书所展示的100个改变汽车及其产业的黑科技，是以公众对其感知最强烈的时间段为暗线进行分类和排序的；以汽车黑科技典型场景为导入，通过演绎汽车黑科技的过去进行时、过去完成时、现在进行时、现在完成进行时，或将来进行时等，力求追溯和描述汽车黑科技及其技术族群的起源、触发、扩散、影响及发展脉络。同时，本书也给出一些黑科技的某些负面效应和可能潜伏的危机。

本书是以中学生为主要读者对象，目的是试图通过介绍有关汽车黑科技发展的演绎，普及传播现代汽车产业科技的新鲜知识、跨界效应及发展脉络。本书内容的撰写，注重科学性和准确性，并力求实现文字的通俗、明快、易懂和活泼有趣。

感谢机械工业出版社汽车分社赵海青副社长策划了本选题，并鼓励作者尝试创作。本书在撰写过程中得到同济大学陈慧教授的启发和指导，还得到业界专家吴松泉、卢志华、王翔胜等老师的指导和帮助，在此一并表示衷心感谢。

由于作者知识水平所限，难免存在错误和疏漏，敬请读者批评指正。

作者

目　录

前言

Contents

改变汽车的 100 个黑科技

轮子：源于滚动的黑科技

人类使用轮子有近六千载光阴。虽然不能说人类一切技术都起源于轮子，但是轮子所扮演的技术角色是举足轻重的。轮子，被视为人类最古老、最重要的技术发明，也是人类交通运输技术的起步。

轮子助力人类既提高了搬运重物的能力，也增强了搬运的灵活性。最初的轮子可能是滚子。可以想象，用光滑的树干做的这类滚子，起初是把它的中间部分削细一些。于是，它就变成了一个哑铃状的轮轴。轮轴放置在最简陋的木架下转动，于是就有了最简单的带轮"车辆"。

轮子用作"滚动"工具，并不是人类天生就有的想法。有些动植物天生就有滚动的技能。例如，草本植物"飞蓬"，其茎高叶大，根系入土浅，一有大风，很容易被连根拔起，随风滚动传播；轮蜘蛛为避天敌，可变身"轮子"状快速滚动逃跑；更有趣的是长满鳞甲的犰狳蜥，遇到危险时，它会竖起鳞片吓唬天敌，并一口咬住自己尾巴卷成一个轮圈，像轮子般飞快地滚下坡逃避。动植物天生的这种滚动技能，可能给人类后来应用轮子带来了"黑科技"般的灵感或启迪。

轮子

类同动植物的滚动技能，人类文明创造的是轮子技术（工具），即轮和轴的组合。轮轴是六种最简单的机械之一，也是人类应用车辆技术的起点。轮子在扭力之下旋转，越远离轴心，扭矩越大。把轮子与楔结合，即成为齿轮。把不同大小的轮子进行连接，可组合成复杂、功能多变的机器。辐条式轮子是后来进一步的发明。用辐条连接轮毂（轮中心）和轮辋（轮圈）的轮子较轻，所组成的机器亦较易操纵。由轮子衍生的现代技术除成为汽车等交通工具及其零部件外，还用于螺旋桨、喷射发动机、飞轮、陀螺仪、涡轮机等设备。

卷成轮圈的犰狳蜥

根据考古和史料记载，最早的车轮出现在美索不达米亚。到公元前 3000 年时，手推车已运用了轮轴技术。轮式车辆可能是在欧洲先出现的，而后才传到近东，或是由东方人再次发明。中国大约在公元前 1500 年左右出现轮式车辆。用石器工具难以将木头加工成合适的圆柱形，更不必说复杂到带辐条的轮子了。因此，车轮的出现只能是青铜时代以后的事情。

车轮形态的演进

车轮的发明不愧是人类文明的奇迹，车轮往往又成为"技术"的代名词。从物理学角度讲，车轮的发明表明人类懂得了滚动摩擦力比滑动摩擦力小很多的道理。车轮这个黑科技的出现，使得人类不仅能够远行，而且可以灵活地运输较重的物件，并因此而建设各类大小的城市，推进人类文明进步。车轮形态的变化或演绎源远流长，从圆木、轮子到轮轴；从木制车轮到铁制车轮，再到橡胶材质车轮；从实心车轮到轮辐式车轮，再到充气轮胎车轮、"轮毂车轮技术"车轮以及未来的无气轮胎（由新的结构和材料组成，并采用特殊的蜂巢形内结构，使得车胎不需要靠内部气压进行支撑就能行驶）车轮，车轮在几千年的演变进化中，始终朝着人类向往的更加平稳、安全、舒适的方向滚滚前行。

与此同时，人类也不断地修筑适合车轮运动的道路设施。毕竟，车轮只有在坚硬、平整的路面上才能充分发挥它的效力。

改变汽车的
100 个
黑科技

橇 + 轮：搭建汽车雏形

在远古时候，人类最早的运输工具是圆木，即轮子。后来人类从渔猎时代进入了畜牧时代，驮运物品的驮兽便成了人类的重要运输工具。随着社会生产力的发展，另一种重要的运输工具——"橇"（或在木制的拖"橇"底下安放圆木，以滚动代替滑动）诞生了。相传，车辆就是从橇 + 轮这种原始黑科技逐渐演变来的。

橇的发明是一个渐进的过程。起初人们认识到滚动摩擦比滑动摩擦小很多，因此，将重物放到圆木上面滚。但是要运输那些散碎的物件就不行了。于是，人们又进一步发明了类似车架的橇或橇 +轮来承运物件。人们渐渐发现，橇的下边缘被圆木磨出一道槽，不

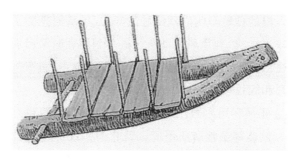

过这样一来，橇搁在圆木上拖起来就更方便了；如果将槽做宽，把
圆木做成哑铃状，再把哑铃状圆木（相当于轮轴）嵌入橇的槽间，
就可以轻松地拖着橇走了。这可能就是"汽车"的雏形。

　　车辆制造是古代中国工匠最古老的行业之一。公元前 2000 年
后出现了辐式车轮。中国在青铜器时期积累了大量造车经验。相传，
中国人大约黄帝时代创造了车。到商代，战车的使用已十分普遍，
车辆制造技术也有很大提高，能够造相当精美的两轮车了。

　　到春秋战国时期，车辆制造业有了更快的发展。秦国的"千乘
八返"记载，更是当时车辆运输能力的最好展示。《墨子·鲁河》说，
春秋各国造的大车，能装 50 石⊖谷子而运转灵活，即便长途运输也
不折车轴。到战国时期，车的改进更大，车辕由单辕改为双辕，更
加牢固，载重量也更大。

⊖　石（dàn），容量单位，
10 斗等于 1 石。

　　先秦时代的车，总的说，分为"小车""大车"两大类。驾马、
车厢小的叫"小车"，也叫轻车或戎车。驾牛、车厢大的叫"大车"。
小车除贵族出行乘坐外，主要用于战争。大车被看作"平地任载之
具"，用来拉笨重的东西。目前，考古发现的中国最早的车出现在距
今约 3700 年前的夏朝时期，出土于河南偃师遗址，为双轮车，轨
距约 1.2 米。秦朝车同轨，轨距统一为六尺（约 1.386 米）。秦始
皇统一中国后，实行了"车同轨"，对车辆制造的技术和工艺提出
了更高的要求。从秦朝留下的兵马俑中，可看到当时的战车、辇
车等实物。

　　到了汉朝，车辆有了很大发展，特别是双辕车有了大发展，车
的种类增多，且主要用于载人装物，而不是用于战场。汉朝最高级
的马车是皇帝乘坐的"辂车"和"金根车"以及贵族妇女乘坐的"辎
车"。此外，东汉和三国时期出现的独轮车是一种经济实用的运输
工具，例如，诸葛亮北伐时，蒲元创造的运送军粮的独轮车"木
牛流马"。唐宋以后，车辆的制造技术也有所进步。南北朝时出现
了 12 头牛拉的大型车辆。至于三轮车，在唐末五代时期就已出现。

明朝将前用驴拉、后以人推的独轮车叫"双缰独轮车"。明清时期除了陆续出现许多新型车辆,还出现了帆车,即在车上加帆,利用风力助车行进。到清朝时又出现了铁甲车和"轿车"。铁甲车有四轮,轮的直径约一尺,车厢包以铁叶,以保安全。"轿车"是马车与轿子结合的产物,外形如轿子,用马和骡拉挽。

古代陆路交通运输主要是利用人力、畜力或风力作为车辆的动力源。各个时期驱动车辆的方式、规模、手段、效益等虽然有所不同,但它们并没有超越"橇+轮"的概念。而以橇+轮为雏形的这种简陋车辆运输方式,后来经过各时期不同黑科技的改造,才慢慢进化演变成现代文明的汽车社会。

改变汽车的
100 个
黑科技

"自驱车":达·芬奇留下的密码

现代人想不到,达·芬奇竟然是第一辆无人驾驶汽车的构想设计者和"PPT造车"第一人。达·芬奇当年留下的"自驱车"概念和草图看似漫不经心,但其间隐含黑科技般的符号和未来汽车世界的密码。

列奥纳多·迪·皮耶罗·达·芬奇是意大利著名艺术家、科学家,他与拉斐尔、米开朗基罗并称意大利"美术三杰",也是整个欧洲文艺复兴时期的代表之一。达·芬奇学识渊博、多才多艺。他在绘画、雕塑、音乐、建筑、数学、几何学、解剖学、生理学、动物学、植物学、天文学、气象学、地质学、地理学、物理学、光学、力学、土木工程等领域都有显著的成就。达·芬奇的杰作《蒙娜丽莎》《最后的晚餐》《岩间圣母》等作品,体现了他精湛的艺术造诣。同时,达·芬奇又是一位科学巨匠,他在光学、军事、机械学水利工程学、地质学方面都有杰出贡献。达·芬奇还在乐器、闹钟、自行车、照相机、温度计、烤肉机、纺织机、飞行器、降落伞、起重机、坦克、潜水艇、挖掘机、"自驱车"、机器人等方面有过无数的发明设计。保存他全部研究成果的手稿(约15000页,现存约6000页)被称为是一部15世纪科学技术真正的百科全书。达·芬奇还是一位魔幻般的预言家,他的手稿图文至今仍在影响现代的科学研究。爱因斯坦认为,达芬奇的科研成果如果在当时就发表的话,世界科技发展可以提前30年至50年。

由于对当时的四轮马车不满意，达·芬奇最早提出了"自驱车"概念，即当今汽车和无人驾驶汽车的雏形。事实上，正是这辆奇妙的"达·芬奇自驱车"概念，点燃了现代机动车发明的灵感之火，也放飞了现代无人驾驶汽车的梦想，更留下了耐人寻味和令人无限猜想的科技密码。

达·芬奇在他的手稿中描绘了"自驱车"的概念。既然是自驱车，就要考虑驱动力问题，达·芬奇在机动车中部安装两根弹簧以解决这个问题。人力转动自驱车的后轮，使得各个齿轮相互啮合，当弹簧绷紧后产生拉力，再通过杠杆作用将力传递到轮子上。如何控制车速呢？达·芬奇也想到了。他在车身上安装了一个用于控制车速的圆盘装置，圆盘表面设置很多方形木块，与每个车轮连接的铁杆的另一端与圆盘相接。圆盘上放置的木块数量越多，与铁杆之间的摩擦力就会越大；随着摩擦阻力增大，车轮的运转速度就会变慢，自驱车的行程也就相应增长。当然，达·芬奇也想到了制动装置。位于齿轮之间有一个木块，拉动绳索将木块卡在齿轮之间，车就可以停止。不过，因为仅靠弹簧的动力无法行驶很长的距离，这辆自驱车还不能载人，仅用作话剧舞台道具。2004 年，佛罗伦萨一家博物馆按照达·芬奇的图样制造了一辆达·芬奇"自驱车"模型。这辆还原的无人驾驶"自驱车"能按达·芬奇预想方案自如运行。据文献记载，达·芬奇后来还将"自驱车"的这种弹簧技术巧妙地用于钟表设计。

达·芬奇还对飞轮、凸轮、滚珠轴承、线圈弹簧、螺旋桨、旋转运动转换器等机械系统有专门的研究和描绘。1490 年，他设计了无级连续自动变速器，相当于现代无级变速器（Continuously Variable Transmission，CVT）概念。事实上，这种无级变速器的概念已通过现代技术形式广泛应用于汽车、拖拉机、摩托车。此外，

达·芬奇在他的手稿中描绘了"自驱车"的概念

佛罗伦萨博物馆制造的达·芬奇"自驱车"模型

达·芬奇还设计了机器人雏形，为后来大规模用于汽车制造的机器人世界埋下了科幻般的伏笔和密码。

蒸汽机：消逝的汽车动力

18世纪的煤炭成为人类的主要能源。以煤炭为动力、蒸汽机为标志的第一次工业革命使中世纪古典优雅的田园喧闹嘈杂起来。随着工业化和城市化萌芽，人类进入了崭新的蒸汽机时代。蒸汽机是将蒸汽的能量转换为机械能量的往复式动力机械。1712年，英国人纽科门成功设计出第一台利用大气压做功的蒸汽机，并在一些矿井得到应用。1765年，英国仪器修理工詹姆斯·瓦特设计出直接利用蒸汽压做功的瓦特蒸汽机。瓦特对前人的蒸汽机做了重大改进，让冷凝器与气缸分离，并发明曲轴和齿轮传动以及离心调速器等，使蒸汽机实现了实用化。蒸汽机的出现，不啻为震惊世界的黑科技，它也为蒸汽汽车的诞生奠定了基础。

蒸汽汽车，也称蒸汽机汽车，在人类交通史上一度占有重要地位。到18世纪末，欧洲各国及美国先后制造出运载物资、运送人员等用途的蒸汽汽车，其车身和其他结构有了很大进步。到19世纪中期，世界形成了蒸汽机车（包括铁路蒸汽机火车和公路蒸汽机汽车）的全盛时代。与蒸汽火车比较，蒸汽汽车具有驱动自身、不依靠轨道和架线、能在道路上行驶等特点，因此，它也被称为"没有轨道的火车"。

世界第一辆蒸汽汽车——"卡布奥雷"是由法国炮兵工程师尼古拉斯·古诺（也有译作纽的）在1769年研制成功的。"卡布奥雷"是以外燃机——蒸汽机作为其动力实现自驱动的，这也是车轮首次借助除人力或畜力以外的动力而自由行驶，"卡布奥雷"是人类文明的一次历史性飞跃。由于具备汽车的基本条件，后来称其为"汽车"也是受之无愧的。

当时制造"卡布奥雷"的主要目的是为牵引火炮。它的车身为木制，用三个庞大车轮支撑。前轮直径为1.28米，两个后轮直径为1.5米。车前部设有"梨"形锅炉，锅炉后部有两个容积为11加仑的气缸，

18世纪人类进入了蒸汽机时代

锅炉产生的蒸气被送入两个气缸，推动两个活塞运动。通过简易曲轴把活塞运动所产生的力传给前轮，并由前轮带动整车行驶。

"卡布奥雷"看似笨重、制作简陋且工作效率不高，但它的外观设计却十分威武。它的车头部位，与当时的火车十分相似，也可以看作一辆缩小版的蒸汽机动力火车头。车头顶端配有一盏大灯。由于前轮上压着很重的锅炉，所以操纵转向杆很费力。这辆蒸汽汽车还存在一个致命的缺点，即每走15分钟后，锅炉压力就损耗尽了，只得停下来添水烧开成蒸汽。"卡布奥雷"的车速仅为3千米至4.5千米/时。但古诺在失败面前毫不气馁，他于1771年又成功研制了更大型的蒸汽机汽车。这辆蒸汽汽车长7.2米，宽2.3米，有3个车轮，依然是木质的，性能也有改善，车速达到9.5千米/时，可以牵引4吨至5吨的货物。

人类发明的蒸汽机及其蒸汽汽车经历了长达65年的探索，在其技术方面取得了重大进步。到1803年，蒸汽汽车时速达到了14.2千米。1831年，美国人哥德史沃奇·勒的蒸汽汽车时速达到了20千米。1834年，伦敦街头曾出现过蒸汽机公共汽车，但它比筑路用的压道机还重，速度也很慢。

到了20世纪初，蒸汽汽车、电动汽车和内燃机汽车进入一个竞争博弈格局。据纽约《汽车时代》杂志1903年统计，当时全美

卡布奥雷

国的 4200 辆汽车中，蒸汽汽车有 1680 辆，占 40%，而电动汽车和内燃机汽车分别占 38% 和 22%。这些汽车有用作出租、运货、旅游和家用，成为当时汽车多元化竞争的奇特景象。但是由于蒸汽汽车体积过于庞大、自身消耗过多，时速和载重量均不能突破极限，更难以产业化，最后，蒸汽机这个曾经轰动一时的黑科技动力被市场和社会淘汰，现仅幸存于少数边远铁路的火车运输以及博物馆展示，而蒸汽机的时代产物——蒸汽汽车早就在人们的记忆中消逝了。

改变汽车的
100 个
黑科技

蓄电池：让汽车"带电"

仅能将化学能转换成电能的装置称化学电池，一般简称为电池或一次电池。而那种在放电后能够用充电方式使内部活性物质再生，即把电能储存为化学能；同时在需要放电时再次把化学能转换为电能的电池，一般称为蓄电池，或称二次电池。蓄电池是世界上广泛使用的一种化学"电源"，具有电压平稳、安全可靠、价格低廉、适用范围广、原材料丰富和回收再生利用率高等优点。有了蓄电池，就有了电动汽车的驱动力，也让其他各种汽车从此"带电"行驶。

电池的发明，来源于 1780 年意大利解剖学家伽伐尼在一次青蛙解剖实验中所产生的灵感。而意大利物理学家伏特在多次实验后认为：伽伐尼的"生物电"之说并不正确，之所以能产生电流，大概是青蛙肌肉中存在的某种液体在起作用。为了论证自己的观点，伏特把两种不同的金属片浸在各种溶液中进行试验。结果发现，这两种金属片中，只要有一种与溶液发生了化学反应，金属片之间就能够产生电流。

1799 年，伏特把一块锌板和一块银板浸在盐水里，发现连接两块金属的导线中有电流通过。于是，他就在多个交替平叠的锌片与银片之间垫上浸透盐水的绒布或纸片。当用手触摸两端时，会感到强烈的电流刺激。伏特用这种方法成功制成了世界上第一个电池的"伏特电堆"。这个"伏特电堆"实际上就是串联的电池组。

蓄电池的最早发明可以追溯到 1860 年。当年，法国人加斯顿·普兰特发明了用铅做电极的电池。这种电池的独特之处是：当电池使用一段时间电压下降时，可以给它通以反向电流，使电池电压回升。

因为这种电池能充电，并可反复使用，所以被称为"蓄电池"。

1882年，托马斯·爱迪生在纽约建立世界上第一个燃煤电厂，煤炭发电便与电动汽车发展相关。1825年，法国人阿拉戈应用法拉第理论，发明了感应电动机；法国人普兰特发明了二次铅酸蓄电池后，1881年4月，法国人古斯塔夫·特鲁夫首次将直流电机和蓄电池成功用作三轮车辆的驱动力。1882年，特鲁夫又用马车改装成世界上第一辆铅酸蓄电池电力的电动汽车（总重168千克，速度可达14.5千米/时）。

电动汽车诞生比内燃机汽车更早一些。电动汽车是有关机械、电力、磁力和化学定律巧妙结合的产物。电动汽车与传统的燃油汽车相比较，其动力蓄电池好比燃油箱，驱动电机好比发动机；动力蓄电池和驱动电机既是电动汽车的核心，同时又是制约其发展的关键。1890年，爱迪生发明了可充电的铁镍蓄电池，1910年，铁镍蓄电池开始商业化生产，并大量用于电动汽车。

由于蓄电池电动汽车具有起动、加速、减速快而简便，振动噪声小等特点，这个黑科技一度受到欢迎。但随后进入实际使用中，这种"安静的交通工具"在续驶里程、载重量、成本价格等方面凸显出严重的问题和局限性。

从1825年以后，电动汽车经历了一个多世纪发展的起伏不定，而蓄电池技术始终是它最大的发展瓶颈。人类为寻找电动汽车及其蓄电池可行的技术路径而不断探索研究，其间经历了无数次失败和挫折。电动汽车诞生至今，其发展大致可分为四个阶段：问世起步阶段、1973年后的初期发展阶段、1990年后的产业化尝试阶段，以及2005年后的全面产业化阶段。其中，问世起步阶段的电动汽车与现代电动汽车有较大的不同，因此俗称为原始的电动汽车。

19世纪末和20世纪初，电动汽车、蒸汽机汽车和内燃机汽车三者并行发展，原始的电动汽车一度处于市场领先地位。1900年，在美国汽车销售市场中，电动汽车销量为1575辆（市场占比达到39%），而内燃机汽车只有936辆。在纽约市第一次全美汽车展上的一次民意测验中，汽车消费者将电动汽车作为他们的首选。由于存在着蓄电池技术性能及经济性上的不足，随着蒸汽机汽车退出市场后，原始的电动汽车市场地位也一年不如一年。1915年以后，随着美国、欧洲公路建设的大发展和内燃机技术的不断进步，传统的内燃机汽车脱颖而出，逐步占据了汽车的主导地位。

从20世纪初至20世纪60年代末这一阶段，电动汽车这个黑

科技进入一个漫长的"沉睡"时期。20 世纪 70 年代后，由于世界油价飙升，电动汽车又被唤醒重返人们的视野。尽管其间电动汽车也曾几度起伏，但终因其动力蓄电池的续驶里程有限等缺陷没能攻克而无法成为市场主流。

进入 21 世纪后，蓄电池这个黑科技的应用领域越来越广，其容量越来越大，性能越来越稳定，充电也越来越便捷。同时，蓄电池的种类越来越丰富，形式也越来越多样，从最早的铅蓄电池、铅晶蓄电池，到铁镍蓄电池、银锌蓄电池，发展到铅酸蓄电池、锂离子蓄电池以及太阳能蓄电池，等等，前景无限广阔。随着人们节能、环保、低碳意识的进一步提高，同时也得益于动力蓄电池和驱动电机技术的不断进步，以及遍布各地的充电桩大量建设，电动汽车慢慢重新焕发活力和市场竞争力，有望上升成为未来社会的主流交通工具。另外，也得益于高性能的蓄电池，各类汽车的不同技术才能蓄势而发，得以充分发挥。

改变汽车的
100 个
黑科技

内燃机：替代马车动力的"马"

1886 年 3 月 8 日，从斯图加特通向康斯塔特的大路上，路人惊愕，一辆没有马匹拖曳的四轮无轭"马车"，似乎有个魔鬼用看不见的手推着它移动。车上端坐着创造世界内燃机汽车的鼻祖之一戈特利布·戴姆勒。这是戴姆勒先生为了庆祝妻子埃玛的 43 岁生日，在一辆四轮马车上安装了自己发明的内燃机并以时速 18 千米驱动行驶。这个钢铁怪物与现代汽车比起来简直原始无比，但回到当时来看就是"黑科技"。它包括点火、冷却、燃油供给、传动、配气等现代汽车上必备的系统，其最高时速在马车面前就相当于在"飞"。

戴姆勒是奥托－朗根公司 1872 年聘用的技术主任。奥托和朗根的专长为固定式煤气内燃机，而戴姆勒对移动式汽油内燃机更感兴趣。1881 年，戴姆勒离职后建立了自己的工厂。1884 年，戴姆勒着手对四冲程内燃机进行研究，不久就发明了一种能安装在车辆上的更轻更小的内燃机。1885 年，他将排气量为 462 毫升的汽油内燃机安装在一辆木制的自行车上，成为世界上第一辆摩托车，随后在第二年用一台更大的内燃机驱动四轮汽车。

与此时空不远，在离戴姆勒的卡斯塔特工厂不到 80 千米的一个煤气厂，另一位工程师公布了同一成果，他就是在曼海姆的卡尔·本茨。本茨在 1885 年推出了内燃机排量为 1691 毫升的三轮汽

1886 年，戴姆勒用一台更大的内燃机驱动四轮汽车

驱动四轮汽车的内燃机

车，汽车在围绕他的工厂的土路上行驶，可没走多远，发动机就熄火了。不过它却开创了汽油内燃机汽车的历史。这辆名为 Replica 汽车的动力由一台排量为 958 毫升的单缸发动机提供，最大功率只有 0.5 千瓦，最高车速为 16 千米／时。此后，本茨多次改进他的三轮汽车，但一直未在公开场合行驶。由于这辆车经常出现"抛锚"现象，本茨遭到人们的讥笑。本茨的妻子贝尔特为解除丈夫的思想负担，想到一个绝妙的宣传方法。有一个清晨，她没有告诉本茨，自己带着两个孩子，偷偷地把这辆汽车开出工厂，去探望住在 100 千米以外的祖母。而这次出征，除上坡时还得推车、加了一次油和修理了一次制动器外，没出其他问题。这一旅程足以令公众信服汽车是一种值得信赖的交通工具，也开创了内燃机汽车长途行驶（实用化）的首次纪录。1987 年，本茨在展览会上展出了他制造的汽车，他不但获了奖，还得到了订单。这样，本茨还成了发展内燃机汽车商品化的第一人。

后来人们知道，拉着无轭"马车"前行的黑科技动力就是汽油内燃机。《纽约时报》在一篇报道中首次提出了"Auto-Mobile"（自动 - 移动）概念，表达了人类对这种"无马拉的车辆"的最佳描述，同时

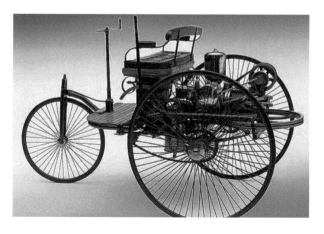

本茨发明的三轮汽车

其概念也成为汽车（Automobile）的命名。1886年1月29日，卡尔·本茨先生发明的通过汽油内燃机驱动的三轮汽车正式获得专利，世界公认的第一辆汽车由此诞生。而戈特利布·戴姆勒的首辆四轮式汽车的诞生真正定义了汽车，把车轮从铁轨中解放出来，承载着人类走上汽车的发展道路。

戈特利布·戴姆勒和卡尔·本茨他们根本没有意识到，他们发明的内燃机会成为汽车动力的"心脏"，对后来世界产生巨大的影响。更遗憾的是，虽然戴姆勒和本茨居住的两座城市仅相距80千米，但他们素未谋面，各自的公司在他们去世后由各自的继承人掌管。第一次世界大战之后通货膨胀，汽车销售陷入了困境，只有财力雄厚并具有卓越产品的公司才能够生存下来。在这样的背景下，戴姆勒公司和奔驰公司由激烈竞争转为强强联合，从而实现设计、生产、采购和销售的合并。1924年到1926年，双方仍然采用各自的商标，但共同营销其产品。1926年6月29日，这两家历史最悠久的汽车制造商终于合并为戴姆勒－奔驰公司，开始生产梅赛德斯－奔驰品牌的汽车。

内燃机这个黑科技的出现，让源自"大篷马车"的汽车得以自驱动前行，成为"无马的马车"。匹配了内燃机，汽车就有了推动自身前行的魔幻动力。而有了各种发动机动力系统（除内燃机外，也包括蒸汽机、驱动电机），这个"无马的马车"后来就行无羁绊，不断演绎进化，成为"改变世界的机器"。

汽车"心脏"的进化

内燃机的演绎进化对汽车发展的推动作用巨大。内燃机作为汽车的"心脏"，也称发动机，它决定着汽车的动力性、经济性、稳定性和环保性。根据动力来源不同，汽车内燃机可分为汽油内燃机、柴油内燃机、气体内燃机（包括燃用天然气、石油气、煤气、甲烷、乙醇、氢气、沼气和生物制气等多种气体的内燃机）等。

关于内燃机的诞生，要回顾到18世纪的蒸汽机时代。瓦特改良的蒸汽机是一种典型的外燃机，即其燃料在发动机的外部燃烧进行做功。而内燃机与外燃机的最大不同，在于它的燃料在其内部燃烧做功。当时，还没有人敢去设计内燃机，因为将燃油混合气进行压缩燃烧，在那个时期还是不可想象的事情。

直到1860年，法国人勒努瓦终于设计出了世界上第一台内燃机，它为二冲程发动机，虽然很简单，但和蒸汽机已经有了本质的区别。勒努瓦内燃机与现代二冲程内燃机的最大不同是，它的燃烧是在常压下进行的，即点火时燃油混合气处于常压。勒努瓦内燃机问世后不久，同时有许多人想到将燃油混合气进行压缩燃烧，这其中就包括奥托内燃机的发明人尼古拉斯·奥古斯特·奥托。

1876 年，奥托发明的往复活塞式四冲程汽油内燃机，由于采用了进气、压缩、做功和排气四个行程（也称奥托循环），汽油内燃机的热效率提高到 14%，而其质量却降低了 70%。

在内燃机出现后的长时间内乃至今天，人们一直在通过提高压缩比来加快燃烧以提高内燃机的效率。据记载，奥托当初设计的内燃机的压缩比大约为 2.5。而今天的车用汽油内燃机压缩比为 8 左右，柴油机为 18 左右，远高于最初的奥托内燃机。

1892 年，德国工程师鲁道夫·狄塞尔发明了压燃式内燃机（柴油机），实现了内燃机历史上的第二次重大突破。由于采用高压缩比和膨胀比，热效率比当时其他内燃机又提高了 1 倍。

1886 年 1 月，卡尔·本茨发明的汽油内燃机三轮式汽车正式获得专利，以及戈特利布·戴姆勒的首辆汽油内燃机四轮式汽车诞生，将内燃机真正提升为汽车的主要动力来源。随着内燃机技术的不断进步，内燃机汽车逐步占据了市场主导地位，并日臻发展精密和完美。

汽车主要使用的汽油内燃机和柴油内燃机都属于往复活塞式内燃机，是将燃料的化学能转化为活塞运动的机械能并对外输出动力。汽油机转速高，质量小，噪声小，起动容易，制造成本低；柴油机压缩比大，热效率高，经济性能和排放性能都比汽油机好。

作为汽车的"心脏"部件，内燃机对汽车的整体性能有着极其重要的影响；同时，作为高技术、高创新密集产品的代表，内燃机的研发与制造水平也是一个国家工业发展水平的缩影。内燃机原理

奥托和奥托内燃机

涉及流体力学、燃烧学、振动学、材料学、电子学、电器仪表及计算机学等众多学科；内燃机结构包括点火、燃料供给、冷却、润滑、起动五大系统，以及曲柄连杆和配气两大机构；涉及精密加工与铸造工艺，铸铁、铝合金、橡胶等先进材料。内燃机是一种复杂的量产产品，其研发与制造是一项庞大的系统工程及产业链。世界各大汽车公司都将内燃机的研发和制造作为其核心技术能力和竞争制高点。有了坚实雄厚的基础工业支撑和配套，汽车内燃机制造就能成为技术先进、制造稳定、产品可靠和生产规模化的先进制造业，并向精密化、柔性化、网络化、智能化、敏捷化、清洁化、集成化和高质量方向发展。

改变汽车的
100 个
黑科技

烧气不烧油的燃气汽车

天然气是人类的能量资源和移动交通的驱动能源。天然气即天然形成之气，是存在于地下岩石储集层中以烃为主体的混合气体的统称。

从深埋地下到被发现和利用，天然气自遥远的古文明穿越至现代，"黑科技"般地演绎并不断显露它神秘的功能和效用。

1609 年，比利时人凡·赫尔蒙特发现通过加热木材或煤会产生一种蒸汽，将它命名为"Gas"。之后的 100 多年间，欧洲人开始想方设法提取出存在于煤矿、石油等中排出的甲烷。

随着对天然气特性的深入了解，18 世纪末、19 世纪初，英美两国陆续出现了使用天然气照明等商业行为。1821 年，美国出现了第一家天然气公司。随着大型气田的不断发现，天然气进入了产业开采使用阶段。直到 1890 年，燃气输送技术发生了重大突破——

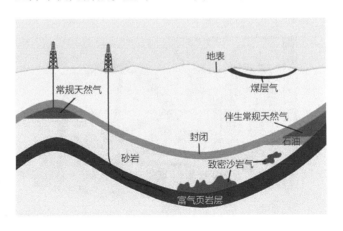

天然气在地下岩石层中的位置

发明了防漏管线连接技术。由于管线技术的进一步发展，19 世纪 20 年代天然气长距离输送成为可能，由此推进了天然气汽车的问世和发展。

页岩天然气与常规油气资源相比，开发技术难度大，生产成本较高。在 20 世纪 80 年代末，被世人誉为"页岩气之父"的美国乔治·米切尔在德克萨斯州中北部的巴尼特页岩尝试开采页岩气，经过反复钻研，终于在 20 世纪 90 年代末以"水力压裂技术"取得成功，由此拉开美国页岩气革命序幕，也为世界天然气汽车的发展开创了美好前景。

天然气汽车发展历史悠久。它大体经历了孕育与诞生、发展初期、稳步发展和快速发展等几个阶段。

1）孕育与诞生时期。1860 年，道依茨发动机厂制造出世界上第一台气体燃料内燃机。1872 年，天然气内燃机问世。20 世纪 30 年代，意大利推出天然气汽车。

2）发展初期。从 20 世纪 30 年代起，意大利等少数国家开始应用天然气汽车。第二次世界大战期间，因汽油价格昂贵，贫油富气的意大利加快了发展天然气汽车的步伐。但就全世界而言，20 世纪 70 年代之前，天然气汽车只在少数国家得到重视。加之，受压缩机技术限制，加气站很少，天然气汽车的数量有限。

3）稳步发展时期。20 世纪七八十年代，由于环境污染问题凸显，改善环境的呼声很高，加上压缩机技术的进步，天然气汽车获得较快的发展。这期间，意大利等许多国家给予天然气汽车以较大的关注。

4）快速发展时期。由于天然气汽车发展的条件进一步成熟，20 世纪 90 年代后，天然气汽车进入从量到质的快速发展阶段。各大汽车生产厂商纷纷投巨资进行天然气汽车的研究和开发。全世界约有 43 家汽车厂生产种类繁多的天然气汽车。从技术发展看，经过几十年的努力，天然气汽车已由第一代机械控制或电器控制真空进气型进步到第二代电子闭环控制真空进气型（类似于电控化油器），进而进入第三代电子闭环控制燃气喷射型（类似于电控汽油喷射）。

燃气汽车主要以天然气等为燃料。天然气汽车的减排力度大，如果用天然气汽车完全替代汽油汽车，汽车尾气排放中，一氧化碳排放量可减少 90% 以上，二氧化碳排放量减少 20% 以上，碳氢化合物排放减少 70% 以上，氮氧化合物排放减少 14%，苯、铅、粉尘等固体颗粒物减少近100%，综合排放指标降低约80%。因此，天然气汽车是较为实用的低排放汽车。

目前，燃气汽车种类包括液化石油气汽车（LPGV）、液化天然气汽车（LNGV）和压缩天然气汽车（CNGV）等，其对应使用的气体燃料分别是：

1）液化石油气（LPG），是一种在大气温度条件下，只要稍加压（1.6兆帕左右）便成为液态的烃类（主要成分为丙烷和丁烷）混合物。

2）液化天然气（LNG），是指常压下温度为 -162℃ 的液体天然气（主要成分为甲烷），储存于车载绝热气瓶中。

3）压缩天然气（CNG），是指压缩到 20.7 ~ 24.8 兆帕的气态天然气（主要成分为甲烷），储存于车载高压气瓶中。

按照燃料使用情况的不同，燃气汽车又可分为以下三类：

1）专用燃料燃气汽车，是指发动机只使用压缩天然气或液化石油气中一种作为燃料，不再使用其他燃料或替代燃料的汽车。

2）两用燃料燃气汽车，是指具有两套相互独立的燃料供给系统，一套供给天然气或液化石油气，另一套供给天然气或液化石油气之外的燃料，两套燃料供给系统可分别但不可共同向气缸供给燃料的汽车，如汽油 / 压缩天然气两用燃料汽车、汽油 / 液化石油气两用燃料汽车等。

3）双燃料燃气汽车，是指具有两套燃料供给系统，一套供给天然气或液化石油气，另一套供给天然气或液化石油气之外的燃料，两套燃料供给系统按预定的配比向气缸供给燃料，在缸内混合燃烧的汽车，如柴油 / 压缩天然气双燃料汽车、柴油 / 液化石油气双燃料汽车等。

专家认为，发展燃气汽车的重点，应是采用全新的、先进技术的单一燃料燃气汽车，尤其应注意提高燃气汽车开发的科技含量，如采用电喷燃气闭环控制、实现稀薄燃烧、附加三元催化器等，争取达到规定的排放法规要求。另外还要大力建设燃气汽车加气站等基础设施。

充气轮胎：车轮的演进

在 1493—1496 年，当探险家哥伦布第二次探索新大陆到达西印度群岛时，发现了当地小孩玩耍的"橡胶硬球"。后来他把这个奇妙的东西带回国内，几年以后，橡胶得到了广泛的应用，车轮逐渐由木制变成了硬质橡胶制造的实心轮胎。1846 年，英国橡胶商人汉考克用硬质橡胶做了一对实心轮胎，套在自行车木轮外的铁缘上。轮胎 1.5 英寸（1 英寸 =2.54 厘米）宽，1.25 英寸厚，由于行驶时比铁轮胎的噪声小，抗振性能好，深受骑自行车人士的欢迎。1870 年，英国的自行车几乎都安装上了橡胶轮胎。直到 1845 年，出生于苏格兰的土木技师 R.W. 汤姆生发明了充气轮胎，获得了英国的专利。专利说明书上写道："车轮的内胎是用弹性硫橡胶或者杜仲胶制成的一层膜覆以胶布制成管状，再套上几层筒状胎皮而成，最后用螺钉固定在车轮上。"这就是空气轮胎。同年 12 月 10 日，第一个充气轮胎诞生。1847 年《科学美国人》杂志介绍了充气轮胎，称其为划时代的改良。

又过了 40 多年以后的 1888 年，当兽医的英格兰人 J.B. 邓禄普看到 10 岁的儿子骑一辆三轮自行车，当时车胎用的是浇水的水管，里面充满水。这种轮胎在石路上行驶时很不舒服，儿子的抱怨激发了邓禄普的发明灵感。邓禄普的家庭医生建议他在轮胎中充入空气。于是邓禄普开始制做一种新轮胎，用橡胶作内胎，外边包上亚麻布，装在木制的车轮上，用空气泵给轮胎打气。由此，被人遗忘了 40 多年的充气轮胎再次问世。由邓禄普发明的充气轮胎取得专利，很快在自行车上得到了应用，并迅速迈向了汽车应用领域，为世界汽车穿上了舒适的黑科技之鞋。1888 年 2 月 28 日，邓禄普给三轮自行车的后轮装上了两个新式的空气轮胎。此后，他与埃德林公司签订合同，生产空气轮胎自行车。后来邓禄普干脆放弃兽医职业，建立汽车轮胎制造厂，1891 年 4 月，他的纽马蒂克轮胎公司每周能生产 3000 条汽车空气轮胎。接着，他又研制出易装卸的轮胎，使空气轮胎具有了真正的实用价值。

初期的充气轮胎，使用的是用涂有橡胶的帆布当胎体。因为帆布的纵横线互相交叉，行驶时轮胎的变形导致线的互相摩擦，所以线就很容易被磨断，轮胎只能跑 200 千米至 300 千米就报废了。1903 年，J.F. 帕玛发明了斜纹纺织品，使轮胎的寿命向前跨了一大步。

1930 年，米其林制造了第一个无内胎充气轮胎；1946 年，试制生产了全世界第一条子午线轮胎。子午线轮胎（Radial Tire）俗称钢丝轮胎，它是轮胎的一种结构形式，区别于斜交轮胎、拱形轮胎、调压轮胎等。子午线轮胎胎体的帘线排列不同于斜交轮胎，其帘线不是相互交叉排列的，而是与外胎断面接近平行，像地球子午线排列。子午线轮胎的帘线层，与胎体帘线角度几乎成 90° 相交，形成一条几乎不能伸张的刚性环形带，把整个轮胎固定，限制轮胎的周向变形，这个缓冲层承受整个轮胎 60% 到 70% 的内应力。子午线轮胎的发明是轮胎工业中的一场革命，已成为汽车轮胎发展的新方向。

现在汽车轮胎按胎体结构不同，可分为充气轮胎和实心轮胎。现代汽车绝大多数采用充气轮胎。按胎内空气压力的高低，充气轮胎可分为高压胎、低压胎和超低压胎三种。各类汽车普遍采用低压胎。充气轮胎按组成结构不同，又分为有内胎轮胎和无内胎轮胎两种。轿车普遍采用无内胎轮胎。按轮胎内部帘布层和缓冲层的排列方式不同，轮胎又可分为子午线轮胎和斜交轮胎两种。汽车上普遍采用的是子午线轮胎。

各国都是以用途对轮胎进行分类的，如轿车轮胎、工业车辆轮胎、越野汽车轮胎、摩托车轮胎、工程机械轮胎、农业和林业机械轮胎、航空轮胎、特种车辆轮胎、自行车轮胎等。新型轮胎主要有安全轮胎、绿色环保轮胎、智能轮胎、防滑轮胎、仿生轮胎、宽基轮胎、全天候轮胎、非充气轮胎等。

从实心橡胶轮胎到充气橡胶轮胎，再到子午线橡胶轮胎，以及未来的无气轮胎，现代汽车轮胎的技术发展经历了漫长的路程，在这漫漫的长路上，不知有多少代人为之付出了艰辛的劳动和高超的智慧。

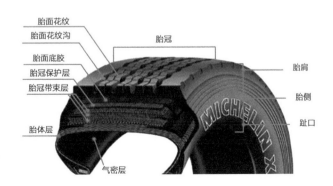

子午线轮胎结构

安全带：最质朴的黑科技

1902 年 5 月 20 日，美国纽约正举行一场场惊心动魄的汽车竞赛。参赛选手沃尔特·贝克工程师担心在赛车中翻车，他从幼儿在童车里被布条系捆以防止摔出车外的事例中受到启发，事先在其"鱼雷牌"赛车上钉上几根皮带，将他自己和随行的技师牢牢绑在车上。在激烈的竞赛过程中，高速飞驰的赛车突然撞上一根垂直地面的钢轨，腾空跳起，坠入观众席，当时有 10 多名观众受伤，两名观众不幸丧生，可是贝克和随行技师却安然无恙。绑上的皮带就像一双有力的手一样，牢牢抓住他们，挽救了他们的生命。这便是汽车安全带问世可考据的事例，同时，这辆"鱼雷牌"赛车也成为第一辆配置安全带概念的雏形汽车。

这起意外事故引起了其他赛车手的注意。1922 年，赛车场上的跑车开始使用安全带。1955 年，美国福特汽车装备安全带，这可是首批配备安全带的量产汽车。不过，简单的皮带还不够科学。后来大多数汽车使用的三点式安全带属于瑞典人尼尔斯·博林于 1957 年发明的。他原是萨博飞机设计师，到美国的沃尔沃公司后发明了这个真正广泛应用的三点式安全带。1959 年 8 月 13 日，世界上第一辆装备三点式安全带的汽车——沃尔沃 PV544 交付使用。值得一提的是，沃尔沃和尼尔斯·博林并没有牟利，而是开放了三点式安全带的专利，使三点式安全带为更多的驾驶者和乘客保驾护航。1968 年起，美国规定轿车前座都要安装安全带，欧洲和日本等发达国家也都相继制定了汽车安全带的规定。至此，安全带成为汽车的标准化配置，其正确佩戴也正式纳入各国的交通法规。

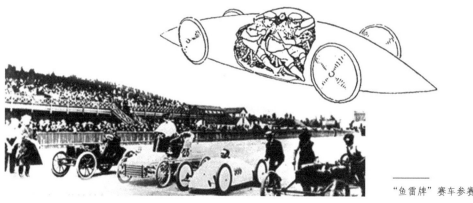

"鱼雷牌"赛车参赛现场

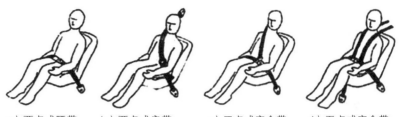

安全带的种类 　　a）两点式腰带　　b）两点式肩带　　c）三点式安全带　　d）五点式安全带

　　1985 年，尼尔斯·博林的三点式安全带被德国专利发明注册处评选为 20 世纪 8 大发明之一。这种安全带会绕过胸腔与盆骨，再与座椅下方的连接点结合，通过束缚肩膀和腰部保护整个身体的安全，使用简单方便，却能够提供充分的约束效果。

　　目前，尼尔斯·博林发明的三点式安全带是世界普遍使用的标准形式。1967 年，尼尔斯在美国发表《28000 宗意外报告》，报告中记录了 1966 年瑞典国内所有牵涉沃尔沃汽车的交通意外，数据清楚地显示了，三点式安全带不但在超过半数的个案中，降低甚至避免乘客受伤，更能够保住性命。自三点式安全带面世后，已生产了长达 1000 万千米的安全带，配备于全球 10 亿多辆汽车，其长度足以围绕地球赤道 250 圈，或是往返月球 13 次。这个看似简单的"黑科技" 小发明具有怎样的神奇呢？当这位发明者于 2002 年去世时，沃尔沃估计他的设计在 40 年内至少挽救了 100 万人的生命。有数据表明，现代汽车所装备的三点式安全带减少了 40% 至 50% 的死亡、45% 至 55% 的重伤，以及 10% 的轻伤。

　　现代轿车上使用的三点式安全带，包含安全带织带、卷收器、锁止器、带扣及锁舌等主要部件。理想的安全带作用过程是先及时收紧，在事故发生的第一时刻毫不犹豫地把人 "按在座椅上"；然后适度放松，待冲击力峰值过去或人已能受到气囊的保护时，即适当放松安全带，避免因拉力过大而使人肋骨受伤。其中，卷收器的作用是贮存织带和锁止织带拉出，它是安全带中最复杂的机械件。卷收器里面有一个棘轮机构，正常情况下，乘员可以在座椅上自由匀速拉动织带，但当织带从卷收器连续拉出过程一旦停止，或当车辆遇到紧急状态时，棘轮机构就会锁紧，将织带自动锁死，阻止织带拉出。安装固定件是与车体或座椅构件相连接的耳片、插件和螺栓等，它们的安装位置和牢固性，直接影响安全带的保护效果和乘员的舒适感。

　　现在很多中高档轿车都装有带预张紧器和限力器的安全带。预张紧器是用来尽量消除安全带的多余张紧余量，避免乘员被爆炸的安全气囊伤害头部。限力器是在受力峰值过去后，降低安全带的张紧力度，以减小乘员肋骨和肩部受力。

改变汽车的
100个
黑科技

雨刮器：受拖把启发的黑科技

雨刮器对于汽车驾驶安全来说太重要了。雨雪天气如果没有雨刮器，前面的道路基本上看不清楚。除了刮除雨雪之外，雨刮器还有刮掉脏物的作用，毕竟车窗玻璃脏了也需要清洗。而最原始的汽车简单到除了能跑以外几乎没有什么其他功能，自然也就没有雨刮器了。

欧洲气候雨雪多变。1902年一个寒冷的冬天，大雪纷飞，一位叫玛丽·安德森的女士乘坐在潮冷的电动车里。雪花覆盖了风窗玻璃，驾驶者看不清前面的路，只好放下风窗玻璃。安德森觉得这很可笑，只要能把风窗玻璃弄干净就可以了。于是她萌发了发明风窗玻璃雨刮器的想法。玛丽·安德森回忆说："在没有雨刮器之前，雨天开车都是单手握方向盘，而另一只手要抓着拖把去擦拭玻璃。"

仅仅过了一年，玛丽·安德森便获得了手动雨刮器发明专利，这也是她一生中唯一的一项发明。这种雨刮器由一支手动弹簧曲柄连接橡胶雨刮片组成，用弹簧压力将橡胶雨刮片与汽车玻璃表面紧密配合，驾驶者一边驾车行驶，一边转动雨刮曲柄擦拭玻璃。尽管这一发明具有实用性，但在相当长的一段时间里却少有人问津。

这种靠手转动的雨刮器还是在雨天行车中加重了驾驶者的负担。

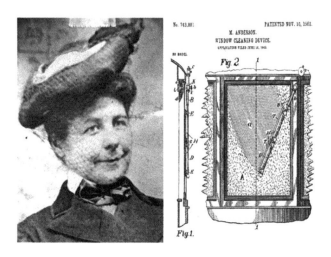

玛丽·安德森发明的雨刮器
雏形

随后，在 1910 年左右，电动雨刮器出现了，发明者是一位名叫夏洛特·布里奇福德的女性，并于 1917 年获得了专利。从 20 世纪 20 年代末开始，电动雨刮器这项黑科技在汽车上得到普及。1927 年以后，电动雨刮器被零部件巨头博世公司接手，并发扬光大至今。

在 50 多年前，就连最高档的汽车雨刮器也只有两个档位：一档用于阵雨，另一档用于暴雨，而如果遇到绵绵细雨，它们就会在前风窗玻璃上一直刮来刮去，扰乱驾驶者的视线。后来，一位名叫鲍勃·卡恩斯的美国人在雨中驾车，由于一块香槟酒瓶塞砸到了他的左眼，他必须眨巴左眼才能看清道路情况，当时他就灵光一现：为什么不能让雨刮器像睫毛那样活动呢？于是他产生了发明间歇式雨刮器的想法。间歇式柔性雨刮器，由驾驶者依照雨势以及视线状况自己做调整，它能根据车速的变化来自动调整刮刷速度。因为在同样大小的雨量中，车速越快，迎面的雨水越多；而如果停车，雨刷的减速运行也能减小噪声。

雨刮器的动力源来自电动机，它是整个雨刮器系统的核心。风窗玻璃雨刮器是汽车重要的安全件，它必须能在高温（80℃）和低温下工作；能抗酸、碱、盐等有害物质腐蚀；使用寿命达到 15 万次刮刷循环（乘用车）。雨刮器电动机的质量要求是相当高的，一般采用直流永磁电动机。安装在前风窗玻璃上的雨刮器电动机一般与蜗轮蜗杆机械部分做成一体。蜗轮蜗杆机构的作用是减速增矩，其输出轴带动四连杆机构，通过四连杆机构把连续的旋转运动变为左右摆动的运动。

现在各国法规要求所有的汽车都必须配备雨刮器。除了前风窗玻璃雨刮器外，许多乘用车还装备了后风窗玻璃雨刮器，使驾驶者雨天能看到车后的东西。有些高级乘用车上的前照灯也安装有类似雨刮器的清洗装置。

目前，世界汽车雨刮器的发展方向主要集中于新材料、新电子技术以及轻量化等方面。自从 1951 年美国通用汽车公司的概念车 LeSabre 中首先使用雨水感应式自动雨刮系统以来，各汽车厂商有数以百计的专利技术用以不断完善雨水感应式自动雨刮系统，使它能够更有效、更准确和更灵敏地反应雨量。

2019 年 11 月，特斯拉公司宣布其"激光束代替实体雨刷"的专利获通过。专利的全称名为"脉冲激光清理汽车玻璃制品和光伏组件上积累的碎屑"。激光雨刮器这项黑科技有望用于特斯拉公司的电动皮卡 Cybertruck 等车型。

轴承：汽车的"活动关节"

最早的轴承是一种直线运动形式，即类似最原始的"车辆"运动。现代直线运动轴承遵循的也是这一工作原理，只不过有时用球代替滚子。最简单的旋转轴承是轴套轴承，它只是一个夹在车轮和轮轴之间的衬套（含润滑剂）。这种设计随后被滚动轴承替代，即用很多圆柱形的滚子替代原先的衬套，每个滚动体就像一个单独的"车轮"。轴承按其工作的摩擦性质不同，可分为滑动轴承和滚动轴承两大类。

最早的滚子轴承的实例，是在意大利奈米湖发现的一艘建造于公元前40年的古罗马船只上：一个木制滚子轴承用来支撑旋转桌面。伟大的艺术家和科学家达·芬奇在1500年设计过滚子轴承草图。据说，达·芬奇曾经对滚子轴承进行过描述：滚子轴承的各种不成熟因素中，有一点很重要，就是滚子之间会发生碰撞，造成额外的摩擦；但是可以通过把滚子放进一个个小笼里防止这种现象。

17世纪，伽利略对"笼装球"的滚子轴承做过最早的描述。17世纪末，英国的C.瓦洛设计制造滚子轴承，并装在邮车上试用；英国的P.沃思取得球轴承的专利。最早投入使用的带有保持架的滚动轴承是钟表匠约翰·哈里逊于1760年为制作H3计时器而发明的。18世纪末，德国的H.R.赫兹发表关于滚子轴承接触应力的论文。在赫兹成就的基础上，德国的R.施特里贝克、瑞典的A.帕姆格伦等人进行了大量的试验，对发展滚动轴承的设计理论和疲劳寿命计算做出了贡献。随后，俄国的N.P.彼得罗夫应用牛顿内摩擦定律计算轴承摩擦。第一个关于球沟道的专利是卡马森的菲利普·沃恩在1794年获得的。

1883年，弗里德里希·费舍尔提出了使用合适的生产机器磨制大小相同、圆度准确的钢球的主张，奠定了轴承工业的基础。英国的O.雷诺对托尔发现的油膜压力分布曲线进行了数学分析，导出了雷诺方程，从此奠定了流体动压润滑理论的基础。

滚动轴承可以减小摩擦力，提高传动效率，也能降低机械损耗。滚动轴承让汽车告别了采用树脂润滑摩擦承载表面的马车时代。这项划时代的黑科技发明，后来被作为轴承的代名词，誉为现代工业的基石。至今滚动轴承被广泛运用在汽车工程、铁路交通、航空航

达·芬奇设计的滚子轴承
草图

天以及各类机械设备中。

沃尔沃是著名汽车品牌厂商，其创始人原来服务于瑞典知名滚动轴承制造厂 SKF。1915 年 6 月，"Volvo" 名称首先出现在 SKF 生产的滚动轴承上，并正式在瑞典皇家专利与商标注册局注册成为商标。SKF 公司出品的每一组汽车用滚珠或滚子轴承侧面，曾经都打上了 Volvo（意为滚滚向前）标志。Volvo 的中文译名 "沃尔沃" 有时也译为 "富豪"。

轴承对汽车运行的作用极其重要，已成为汽车构架或 "经络" 的 "活动关节" 部件。随着汽车工业、航天航空、机器人以及计算机、光电磁仪器、精密机械以及新材料等高新技术飞速发展，体现当代科技水平的世界轴承工业全面进入创新制造技术、品种发展多样、性能和精度日趋提升的高度成熟完善的新时期。汽车专用轴承属于高端轴承，其关键技术包括材料、密封、降噪、润滑、精密制造等先进技术。汽车轴承品种应有尽有，用途包罗万象，既有传统单列、双列、多列球轴承、滚子轴承、滚针轴承、圆锥轴承，也有无润滑轴承、自润滑轴承、角接触轴承、万向节轴承、超薄壁轴承、轮毂单元轴承、空气轴承、直线轴承、超导轴承、磁悬浮轴承等。作为小小零部件的轴承已成为汽车产业中自成格局、颇具规模的一方大市场。

改变汽车的
100个
黑科技

EFI：内燃机最重要的部件

早期的汽车内燃机采用煤气做燃料，因而又叫煤气机。煤气机虽比蒸汽机进步得多，但煤气密度小，不便携带，需要压缩后才能正常使用。人们很希望能找到替代煤气的汽车燃料，后来发明家将注意力投向易于挥发的汽油。现代汽车的先驱戴姆勒认为，只有汽油等液体燃料才是内燃机的未来。戴姆勒与工程师迈巴赫，结合他人的经验，对煤气机进行改进，除采用白炽灯管作为点火装置外，还特别增加了一种利用内燃机废气加热使汽油表面蒸发的特别装置——表面蒸发型汽化器（后来称化油器）。化油器果然具有内燃机 "心脏" 的魔幻功效，1883 年，他们用此黑科技成功制造出第一台每分钟转速达 800 转至 1000 转的汽油内燃机，而此前的内燃机转速从未超过每分钟 200 转。后来这台配置化油器的汽油内燃机成功用于戴姆勒发明的世界第一辆四轮汽车而载入史册。

在此几十年之前，工程师发明过形形色色的化油器。例如，有人设计过灯芯式化油器，即灯芯如同在油灯中一样浸入汽油，在灯

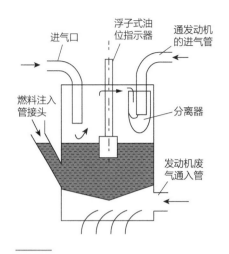

表面蒸发型汽化器

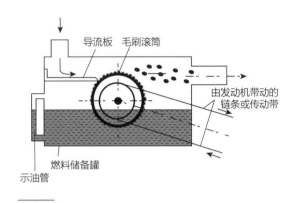

马尔库斯的毛刷式汽化器

芯的周围通入流向内燃机的空气，汽油燃料在空气中汽化成为混合气并输入内燃机。也有人设计过毛刷式化油器，即利用飞旋的毛刷滚筒溅起汽油雾气，随气流送入内燃机。

1893 年，迈巴赫发明了用于"凤凰"型内燃机的带有浮子的喷雾化油器，它接近现代化油器的雏形。喷雾型化油器利用流体力学的文丘里效应，让空气流经化油器喉管（气道截面积缩小部位）形成真空度，连接浮子室的喷管口也在喉管处，油从喷管吸出，高速进气气流将被吸入化油器喉管的汽油吹散和雾化，形成可燃混合气进入发动机气缸。喷雾型化油器逐步取代了表面蒸发型化油器，广泛用于汽车、摩托车。日趋完善的喷雾型化油器具有计量燃油、雾化并形成可燃混合气、控制内燃机工作三大功能，成为主宰汽车内燃机运行的"心脏部件"。

20 世纪 60 年代以来，随着社会对汽车的燃油经济性、行驶性要求日益增高，特别是废气排放要求的日益严格，化油器厂商不断寻找改进化油器性能的新对策。其中包括采用新材料和先进的结构设计；严格控制加工工艺和试验方法；增加多种附加装置。而这一切都难以满足日益严格的汽车排放法规。在性能改善的同时，化油器成本也大幅度上升。因此，在满足排放法规的对策上，化油器由于自身结构上的先天不足，无论如何加以改进，都不可能产生"质变"的效果。于是，充当了汽车内燃机"心脏部件"一百多年的黑科技——化油器，终于在最严的排放法规面前表现出"心"有余而力不足的尴尬。

于是，机械式燃油喷射装置应运而生。一种曾用于第二次世界

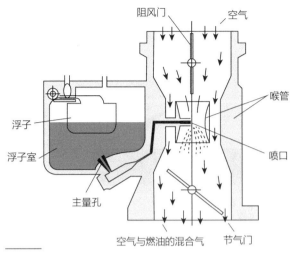

阻风门　空气

喉管

浮子

喷口

浮子室

主量孔

空气与燃油的混合气　节气门

喷雾型化油器结构

喷雾型化油器外形图

大战德军飞机的机械控制式喷射装置开始用于轿车。早期，机械式燃油喷射装置只是简单地替代了化油器，其位置依然是装在节气门之前，油气混合气依然要经过较长的路程才能到达气缸，这就是所谓的单点式燃油喷射。机械式燃油喷射装置相比化油器来说，对于燃油控制的精确性有一定提升，但还是有些不尽如人意的地方。

1957 年，美国本迪克斯公司电子喷嘴首次装用于克莱斯勒豪华型轿车和赛车上。1967 年，由德国保时捷公司研制的 D 型电子燃油喷射装置出现，随后被用在奥迪、大众等德系车上。20 世纪 80 年代后，电子控制燃油喷射（Electronic Fuel Injection，EFI）系统问世，并开始了崭新的旅程。比起化油器和机械式燃油喷射装置来说，由于 EFI 系统计量更准确，雾化燃油更精细，控制发动机工作更为敏捷，因此在汽车节油、行驶性，特别是降低排放方面表现出明显的优势。另一方面，科技进步，尤其是电子装置微型化和电子技术普及化，为 EFI 的功能扩大、控制精密及结构紧凑提供了有利条件。目前，内燃机 EFI 的技术十分成熟，早已成为取代化油器的内燃机最有效的"心脏"部件。

EFI 系统的形式较多，主要分为多点燃油喷射和单点燃油喷射两种。从发展趋势看，多点喷射（内燃机各气缸分别喷射）式由于性能卓越而占主导地位。EFI 系统主要由传感系统、控制系统和执行系统三大系统组成。传感系统好比是汽车内燃机的"神经"，控制系统好比是"大脑"，而执行系统好比是从事工作的"手脚"。其工作原理是按照传感系统检测的内燃机工作信号，如空气流量等，由

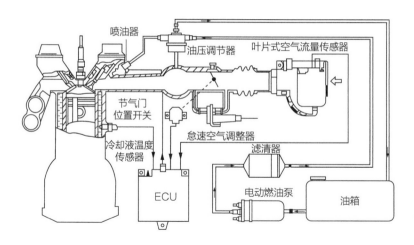

电子控制单元（Electronic Control Unit，ECU）计算出内燃机燃烧所必需的汽油量，然后把信号传给执行机构之一——喷嘴，通过喷嘴开启，将所必需的汽油量供给内燃机。特别是电子节气门技术的出现，使得 ECU 可以对内燃机动力输出进行更全面的控制，也进一步提升了燃油经济性能和排放性能。

经过长期优胜劣汰的竞争，EFI 系统终于替代化油器功能，且青出于蓝而胜于蓝。EFI 发展日臻精密灵巧，进一步发挥出其在内燃机中最重要部件的作用，其魔幻效应更让现代汽车这种交通工具仿佛有了"生命"和"智慧"。

改变汽车的
100 个
黑科技

空气悬架：征服颠簸的黑科技

汽车悬架把车架与车轮弹性地联系起来，它关系到汽车的多种使用性能，是汽车最重要的三大总成之一（其他两项分别是发动机和变速器）。从结构上看，汽车悬架仅是由一些杆、筒以及弹簧等简单构件组成，但它却是一个非常难达到完美要求的汽车总成。作为车辆的一个重要组成部分，悬架系统与车辆操控性能以及驾乘感受有着直接关系。在各种类型的悬架中，空气悬架无疑是其中的"马中赤兔"。空气悬架不仅能调节车辆底盘高度，实现车辆稳定性与通过性的统一，还能调节悬架软硬，提升车辆行驶舒适性，因此备受高端车型青睐。事实上，在螺旋弹簧实现量产之前，空气弹簧的概念就已出现，只是受制于当时科技水平的限制，其材料、设计以及加工水平都无法达到实用的要求。而空气悬架漫长

1901 年威廉·汉弗莱斯申请的空气减振气垫专利

的发展之路可以说充满了坎坷艰辛，多次的停滞发展以及技术限制使它历经了近百年之后才真正得以普及。

顾名思义，空气悬架与普通悬架之间的区别最明显的就是减振系统采用了空气弹簧，而非金属材质的螺旋弹簧，并且目前大部分空气悬架系统都具有高度可调功能，因此也就会有空气供给装置以及高度控制阀等装置。空气悬架通过空气泵来调整空气弹簧的空气量和压力，可改变空气弹簧的硬度和弹性系数。通过调节泵入的空气量，可以调节空气减振器的行程和长度，从而实现车辆底盘的升高或降低。

作为舒适的代名词，大多数国人对于空气悬架的认识应该来自于 20 世纪 90 年代的"林肯城市"，其标配的后空气悬架使其成为人们对于豪华、舒适认知的启蒙车型。而早在 1901 年，美国人威廉·汉弗莱斯已提出了空气减振气垫的专利，这仅仅是概念产品，并没有实现量产。

1920 年，法国人乔治·梅西尔设计了第一个真正意义上的空气弹簧，并进行了实车试验。随后在 1929 年，捷克斯洛伐克的太拖拉（TATRA）汽车公司也尝试了空气弹簧的设计，并在 T24 货车后轴上装备了空气弹簧。虽然此时的空气弹簧已经接近如今的空气悬架概念与结构，但是依然面临制造工艺以及材料问题，并达不到实用要求。1946 年，美国人威廉·布什内尔为其 StoutStout Scarab 实验车装备了由 Firestone 公司设计生产的空气弹簧，这也是世界上第一辆采用全空气悬架的汽车。

囊式空气弹簧

空气悬架的研发在它的起源地美国迅速发展，终于在 1957 年实现了实际应用与量产化。而第一个装备空气悬架的量产车型是凯迪拉克 Eldorado Brougham，此时的空气悬架系统已具备了如今空气悬架系统的雏形，车身高度传感器与自动平衡功能都有配备，不过其实际功效却并不见得乐观，传感器的反应速度并没有使该系统达到理想的效果。

根据压缩空气的容器不同，空气弹簧可分为囊式和膜式两种类型。囊式空气弹簧是由夹有帘线的橡胶气囊和封闭在其中的压缩空气组成。气囊的内层用气密性好的橡胶制成，而外层则用耐油橡胶制成。囊式空气弹簧一般由二或三节组成，节与节之间装有腰环，使中间部分不会有径向扩张，并防止两节之间相互摩擦。而膜式空气弹簧由橡胶膜片和金属制件组成，会产生径向扩张，在舒适度的提升以及耐用性上不如囊式弹簧。

膜式空气弹簧

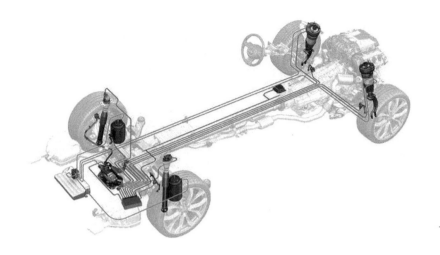

奥迪 A6 的空气悬架系统

进入 21 世纪后，空气悬架经过了一个世纪的发展，性能与耐用度都有了很大程度的提升，而功能与应用也变得越来越丰富。其实空气悬架发展多年，总体结构变化并不大。空气悬架的核心元件是空气弹簧，大部分乘用车采用的都是膜式空气弹簧，空气弹簧可被理解成一个由橡胶膜片和金属件组成的气囊。

空气悬架这个古老的黑科技走过了一个多世纪的艰辛发展。它经历了气动弹簧 – 气囊复合式悬架→半主动空气悬架→中央充放气悬架（ECAS 电控空气悬架系统）等多种变化形式。到 20 世纪 50 年代，空气悬架才被应用在载货车、大客车、轿车及铁道汽车上。目前，高级大客车几乎全部使用空气悬架，重型载货车使用空气悬架的比例已达 80% 以上。部分轻型汽车和轿车也逐渐安装使用空气悬架，在一些特种车辆（如对防振要求较高的仪表车、救护车、特种军用车及集装箱运输车等）上，空气悬架的使用几乎是唯一选择。

改变汽车的
100个
黑科技

差速器：行车"黑暗骑士"

当我们剖析汽车传动系统，从发动机输出动力，经离合器、变速器、传动轴，最后传送到驱动桥，再左右分配给半轴驱动的车轮，在这条动力传送途径上，驱动桥是最后一个总成，它的主要部件是减速器和差速器。对，差速器就是这么一位隐藏在车底默默付出的"黑暗骑士"，守护着我们每一次的驾车出行。

如果细看 1886 年卡尔·本茨的"奔驰 1 号"底盘，会发现在它的副轴上有一个圆盘状的机构，这就是首个应用于内燃机汽车的差速器，其传动方式是采用白色传动带替代金属链条来连接动力源和差速器。本茨的成功不仅证明内燃机能充当车辆的动力源，还显示差速器也是推动车辆进化的"黑科技"。就在汽车发明之后短短 10 年内，差速器已成为世界汽车制造的标准配置。

差速器是促使汽车左右（或前后）驱动轮实现不同转速转动的机构。当汽车转弯时，内侧车轮和外侧车轮的转弯半径不同，外侧车轮的转弯半径自然要大于内侧车轮的转弯半径，这就要求在转弯时外侧车轮的转速要高于内侧车轮的转速。差速器就是为满足汽车转弯时实现两侧车轮转速不同的这种要求设计的。差速器结构主要由左右半轴齿轮、两个行星齿轮及齿轮架等组成。至于后来发展的如中央差速器、防滑差速器、限滑差速器、托森差速器等结构更复杂的结构，是为提高汽车的行驶性能、操控性能而设计的。

差速器历史由来已久。从第一辆双轮马车到公元前 1 世纪欧洲四轮马车出现，困扰马车工匠的不是马跑得有多快、车身多豪华，而是如何让马车在快速转弯时更安全、更快捷。他们发现：车轮安装在同轴上，转弯会导致内侧车轮卡死，甚至有翻车的风险。因此，无论是早期两轮马车还是具有前轮转向功能的豪华马车，它们两侧的车轮都是采用独立自转结构来满足转弯时各车轮的不同转速。

当 19 世纪蒸汽汽车及内燃机汽车概念出现，马车上那套"转弯技巧"显然是不能用了。这时急需一种差速器来满足自驱动车辆高难度需求：两侧车轮驱动车辆前进，哪怕转弯时两侧车轮在不同转速情况下也能有驱动力。

差速器的设想来自 19 世纪初的钟表业。1815 年，法国巴黎一位年轻钟表匠佩克库尔运用自己天赋异禀的数学基础发明了"齿轮调节摆"，成功解决困扰机械钟表的精度不足问题。这位不到 20 岁的天才几乎颠覆了当时全世界钟表业。后来佩克库尔在法国国立高等艺术学院任教，其间接触许多"发明大师"，包括车辆概念设计师。佩克库尔开始向尚未解决的自驱动车辆转弯问题发起挑战。

接近一年的反复实验，佩克库尔制作出一个齿轮模型，巧妙地利用机械钟表中调节钟摆，设计出世界上首个差速器理论模型。1828 年 4 月 25 日，佩克库尔的差速器成功获得专利，在他的专利申请中有一句醒目的话：该专利能实现同一轴上的两个驱动轮，可以用不同的速度旋转，既能驱动车辆又能安全转弯。佩克库尔的发明被公认为现代差速器发展的第一步，被用于蒸汽汽车和蒸汽农用车。

步入 19 世纪下半叶，内燃机驱动汽车逐渐成为可能。1876 年，来自英国考文垂的自行车爱好者詹姆斯·斯塔利将自行车链条连接动力源和差速器，这样就能让车辆动力源和差速器的摆放位置更随意，也提升车辆的前后平衡性。

1877 年，斯塔利申请了首个差速器子类专利：链条驱动差速器。这项专利扩大了差速器的使用范围，用链条连接动力源和差速器，让当时蒸汽汽车的载货能力和实用性有了质的飞跃。斯塔利改进了一辆三轮自行车，链条传动、双轮驱动，堪称当时世界上最快、转弯最稳定的三轮自行车。很快，这辆"极速三轮自行车"吸引了卡尔·本茨的注意，并将链条传动差速器原理用到世界首辆汽车"奔驰 1 号"上。

继斯塔利之后的差速器改进者是雷诺汽车创始人路易斯·雷诺，他用驱动轴代替链条传递动力，这种方式能提供更好的动力响应，

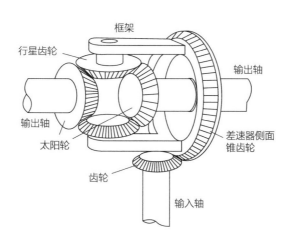

锥形齿轮差速器示意图

降低故障率，还能省下不少乘坐空间给驾驶者和乘客享受。

接近两个世纪的历程，让差速器已不是由齿轮组成的冷冰冰的机械结构，先行缔造者和后继者们从变速器发明的那一刻便赋予它默默守护的使命。没有差速器，人类百年出行或将充斥风险。没有差速器，伟大的传奇机器也不复存在，"奔驰1号"的诞生或许还将晚一些。

改变汽车的
100个
黑科技

变速器：汽车动力"中枢"

如果说发动机是汽车的"心脏"，那么变速器就是汽车实现动力传输与变换的"中枢系统"。变速器与离合器、差速器等共同组成汽车传动系统，与发动机一起决定汽车的动力性、经济性、环保性。变速器结构复杂、零部件众多、机械精度要求高，堪称汽车动力总成系统中的黑科技。

变速器是汽车传动系统中最主要的部件之一。变速器是用以协调发动机转速和汽车车轮实际行驶速度的变速装置，以发挥发动机的最佳性能。变速器可以在汽车行驶过程中，在发动机和车轮之间产生不同的变速比。通过换档，可使发动机工作在其最佳的动力性能状态下：1）实现空档，中断发动机动力供给，起动发动机；2）改变传动比，使发动机在理想工况下运转，并能够扩大车轮转矩和转速的配比，以适应各种道路的工况；3）实现倒车。

变速器的诞生和成长几乎与汽车发展同步。只是汽车及其发动机问世时所造成的极大轰动效应掩盖了变速器这个黑科技的作用。德国工程师卡尔·本茨和戈特利布·戴姆勒分别设计制造出世界上第一辆汽油三轮汽车和汽油四轮汽车，当时它们的传动系统（减速器），是把前轮叉架在装有转向手柄的叉形结构上来实现转弯的，并经由齿轮和链条传动以及后轴系统的两个半轴和差速器，让发动机动力传输到后轮，就这样才实现动力传动。因此，这两辆汽车都不能倒车，只能一路前行。

时隔3年的1889年，法国标致汽车公司发明了世界首个变速器，尽管做工粗糙，还只有两个档，但这毕竟是历史性的突破。1908年，亨利·福特为福特T型车装备了世界第一款2速自动变速器，虽然

自动变速器透视图

结构优化、简单可靠，但是还算不上真正意义的自动变速器，它依然需要驾驶者有一定的驾驶技巧，能够根据发动机的转速和加速踏板的配合选择合适的换档时机。

真正的自动变速器诞生是在 1940 年。美国通用汽车生产的 Hydra-Matic 变速器具备了现代变速器的行星齿轮机构，即三排行星组提供四个前进档和一个倒档。该变速器最初被用于奥兹莫比尔车型，而后又大量应用于凯迪拉克和庞蒂克车型。

而自动变速器最重大的改革是在第二次世界大战期间。别克汽车公司为坦克开发了液力变矩器，这个重要的部件彻底为自动变速器奠定了发展的基础。随着电子控制技术的发展，1969 年法国雷诺汽车 R16TA 首先使用了电子控制变速器，从这之后就开始了汽车自动变速器电控的历史。随着电子控制技术的发展，自动变速器对电子换档的速度和平顺性都有着极大的提升。而由此开始，便捷性和舒适性就成为自动变速器的优点。而手动变速器的直接刚性也是一种不可代替的感受，到现在很多专注运动的车型依旧没有放弃对于手动变速器的研发。

就这样，从最初的用变速杆设定链条传动比，到后来的手动变速器、有级自动变速器，到现在的无级自动变速器，汽车变速器的发展越来越成熟，自动化程度也越来越高。自动变速器已是车用的主流。

从使用方式上分，汽车变速器分为手动变速器、自动变速器、手动／自动变速器和无级变速器（CVT）等。

1）手动变速器（Manual Transmission，MT），即必须用手拨动变速杆才能改变变速器内的齿轮啮合位置，改变传动比，从而实现变速。

2）自动变速器（Automatic Transmission，AT），它能根据加速踏板踏下的程度和车速变化，自动地进行有级变速。驾驶者只需操纵加速踏板控制车速即可。AT由液力变矩器、行星轮和液压操纵系统组成，通过液力传递和齿轮组合的方式来实现变速变矩。

3）手动/自动变速器（AMT），它可使高性能跑车不必受限于传统的自动档束缚，让驾驶者也能享受手动换档的乐趣。AMT也属于有级自动变速器。它在普通手动变速器的基础上，通过加装电子控制的电动装置，取代原来由人工操作完成的离合器的分离、接合及变速器的选档、换档动作，实现自动换档。

4）无级变速器，最早由荷兰人范·多尼斯发明。无级变速系统不像手动变速器或自动变速器那样用齿轮变速，而是用两个滑轮和一个钢带来变速，其传动比可以随意变化，没有换档的突跳感觉。无级变速器也属于自动变速器的一种，它能克服普通自动变速器"突然换档"、加速踏板反应慢、油耗高等缺点。

汽车自动变速器常用结构有四种，分别是液力自动变速器、机械无级自动变速器、电控机械自动变速器、双离合变速器（DCT）。其中，应用最广泛的是液力自动变速器，几乎成为自动变速器的代名词。

双离合变速器与传统自动变速器有着明显的区别，双离合变速器从一开始就没有采用液压变矩器。这款变速器不是在传统概念的自动变速器基础上生产出来的，它巧妙地把手动变速器的灵活性和传统自动变速器的方便性结合在一起。

随着芯片技术发展，以及微电子技术、电子控制技术、机电一体化技术在汽车领域的应用，现代发动机和变速器的智能化、小型化以及低噪声化将会成为未来的趋势。

车灯：汽车的"表情包"

"黑夜给了我黑色的眼睛，我却用它来寻找光明"，用中国诗人顾城的脍炙人口的诗句来描述黑科技在探索汽车照明系统上的寻寻觅觅，是再适当不过的了。

回顾汽车130多年的发展史，车灯虽如影随形，却也是一个不断抗争的过程。从照明问题到寿命问题，从功耗问题到防护问题，从造型问题再到颜值问题，新的挑战接连涌现，也不断有变革者降临。而每一个划时代变革的出现，车灯都是创造汽车价值或挽救人生命的惊喜。

1886年，本茨发明的世界第一辆汽车，最初没有任何照明设备。

有驾驶者黑夜中驾驶这辆车中途迷路，最后靠一位农民手提煤油灯指引他回到了家。随后，煤油灯成为汽车的标配。

在早期的几十年间，车灯的主要作用在于照明，需尽可能保证车灯亮度足够，且有更长的使用寿命。1905年开始，乙炔灯因为亮度更高，成为车灯首选。但乙炔灯的亮度不稳定，汽车一旦低速行驶，车灯亮度会变暗。另外，一旦赶上雨雪天气，灯光会直接被浇灭。因此，乙炔灯仅盛行了20年。

1925年，钨丝白炽灯进入公众视野，凭借照射强度高、抗振性强的特点盛行了近40年。但钨丝有升华现象，使用一段时间后白炽车灯会变黑，同时，与家用白炽灯一样，车用白炽灯的照明效果也不好。一直到20世纪60年代，卤素灯的出现才解决了基本的照明问题。卤素灯比普通白炽灯亮度高1.5倍，灯泡寿命延长2至3倍。

至此之后，车灯不断在实现更高的性能优化。1992年开始使用的氙气车灯，光照亮度高于卤素灯3倍，光色与日光近乎相同，寿命长达10余年。2004年，发光二极管（Light Emitting Diode，LED）灯进入汽车。LED功耗更低，价格更低，寿命更长，元件不易破碎。2008年，激光灯凭借其更大的照射范围、恶劣天气下更好的照射效果，而被列入车灯的新选择。

经过一个多世纪的演变发展，车灯成为汽车上一个必不可少的组成部分。车灯是汽车华丽的"表情包"和萌动的"眼睛"，也是整个汽车造型的灵魂。它有三种功能：一是照明，二是信号，三是装饰。随着车灯光源一系列"黑科技"的开发，车灯外观造型也跟着车身造型整体化发展，不仅引导未来审美趋势，还能从美学角度促进光电技术的提高，在车身造型中起到画龙点睛的作用。汽车灯具综合了电子、光学、材料、工艺及美学等多方面要素，正在由单一式独

1908年上市的T型车配备了两类灯

现代汽车前照灯

立形态向多元的组合形态转变，从常规车灯功能向智能化车灯技术发展。

汽车灯具有照明灯（主要包括雾灯、前照灯、顶灯、牌照灯、仪表灯等）和信号灯（包括示宽灯、制动灯、转向灯、倒车灯等）两种。照明灯具作为汽车上的功能部件，其形态与汽车整体造型演化密切相关，它能反映当时的社会经济、文化背景、制造水平以及设计的美学观念和人们的审美情趣。灯具与汽车造型相得益彰，不断激发新的创意，提升灯具造型设计的审美个性。

汽车灯具的布置形式有以下几种。

1）外置投射式，是指车灯单体安装在车身外部冷却液箱罩或翼子板两侧的前照灯，光源采用白炽灯，与转向灯、雾灯等配合使用，造型以圆形为主，是早期各种轿车普遍采用的一种车灯照明形式。

2）内置投射式，是指以单体或组合体形式嵌入安装在车身表面的前照灯，光源采用卤钨灯，造型以圆形或方形为主，横向或竖向排列，与冷却液箱罩、进气槽及保险杠互为联系，构成车身造型的重要组成部分，是现代轿车中应用最多的一种车灯照明形式。

3）收缩式，是出现在小部分高级运动轿车上的新型前照灯，不用时，可把车灯收进车身内，使车身表面更为整洁平顺，以减少汽车的风阻系数，同时又在车身造型和审美方面创造出一种新的样式。

4）组合式，是随着新一代光电技术发展起来的一种多功能前照灯，其形式多种多样，光源多采用气体放电防爆灯、氙灯、LED、发光二极管、卤素灯、氙气灯和光导纤维等。所谓组合式，就是把远光灯、近光灯、转向灯、示宽灯、雾灯全部放在一个灯体内。

随着汽车造型的多样化，照明制造技术、材料和形状也发生了重大变化。灯具依赖汽车，汽车离不开灯具，让不同的车配备不一样的灯，各式各样的车灯给汽车带来了新的魅力。

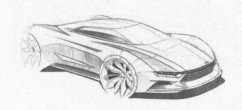

杜邦：不让汽车漆黑

　　早期福特公司生产的 T 型车大都是黑暗色的。亨利·福特曾有一句名言："任何顾客可以将这辆车漆成任何他所愿意的颜色，只要它是黑色的。"确实，在 1923 年之前，汽车上的黑色油漆均选用一些天然物质，如亚麻仁油、松油、凡立水、炭黑等配制而成，且只能用刷子一道一道地刷涂在汽车表面，一辆汽车的刷漆加干燥时间大约需要一到两周。为缩短油漆的干燥时间，节约汽车存放的土地资源，福特公司只使用价格低廉且干燥迅速的日本黑涂料。福特 T 型车的这种单一黑色汽车，逐渐遭到用户的拒绝。1924 年，杜邦公司研制出世界上首次使用喷枪喷涂的快干汽车漆——DUCO 硝基漆，这项黑科技的发展将每辆汽车的油漆工艺时间缩短为几个小时；1929 年，杜邦公司进一步研制出用合成醇酸树脂制成的醇酸磁漆以及新的汽车调漆方法，通用汽车研发实验室当年就把杜邦漆运用到了生产线中。之后，汽车设计师哈利·厄尔让通用汽车的 50 款车型拥有 500 种配色和内饰设计。通用汽车总裁斯隆曾将这种艺术发挥成市场策略，击败了 20 世纪二三十年代最强劲的对手——福特。20 世纪 50 年代，通用汽车大量使用这种黑科技汽车漆，让汽车不再漆黑，彻底打破了黑色汽车一统天下的局面，让大批量生产的汽车变得色彩各异，从而成为全世界规模最大的汽车公司。

1929 天蓝色的雪佛兰

　　现代汽车油漆，又称涂料，一般有四种基本成分：成膜物质（树脂）、颜料（包括体质颜料）、溶剂和添加剂。

　　1）成膜物质是油漆的主体成分，其作用是使颜料保持明亮状态，使之坚固耐久并能黏附在物体表面，是决定油漆类型的物质。一般由干性油或半干性油改性的天然树脂（如松香）、人造树脂（如失水苹果酸树脂）、合成树脂类制成。通常通过添加增塑剂和催化剂来调整、改进它的耐久性、附着力、耐蚀性、耐磨性和韧性。

2）颜料是油漆中两种不挥发物质之一，它赋予面漆色彩和耐久性，同时使油漆具有遮盖力，并提高强度和附着力，改变光泽，改善流动性和涂装性能。

3）溶剂是油漆中的挥发成分，它的主要作用是能够充分溶解漆膜中的树脂，使油漆能正常涂抹。优质的溶剂能改善面漆的涂抹性能和漆膜特性，增强光泽，减小油漆网纹，从而减少抛光工作量，同时也有助于更精确地配色。

4）添加剂的使用也越来越常见，它们起着各种重要作用，有能加速干燥并增强光泽的固化剂，有减缓干燥速度的缓凝剂，还有能减弱光泽的消光剂；有些添加剂起的则是综合作用。

汽车的油漆面，好比汽车的皮肤。汽车漆面的性能要求极高，汽车漆面不仅要做到漆膜具有良好的机械性能、丰满度好、光泽度高，还要做到附着力好、硬度高、抗划伤能力强，同时更要具备极好的耐候性、耐刮耐磨性、光泽持续性，以及优良的耐汽油、耐酒精、耐酸、耐碱、耐盐雾等性能。

汽车的漆面一般分为四个层次：

1）电泳层的作用是防锈和提高漆层的结合力。

2）中涂层起到连接色漆层和电泳层的作用，同时有抗紫外线、保护电泳层、提高防锈能力，兼顾漆面的平滑性和抗冲击作用。

3）色漆层顾名思义就是有色彩的漆层，给人以最直观的颜色感受。

4）清漆层是车漆的最外层，其主要作用是提高漆面光泽，提

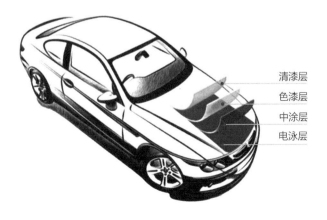

清漆层
色漆层
中涂层
电泳层

汽车漆面的四个层次

升质感，防紫外线，防轻微的刮擦。

汽车油漆科技发展的内涵日趋深邃。自从杜邦漆等黑科技漆让汽车不再漆黑，并"弃暗投明"后，汽车油漆走向了颜色多样化的人文艺术世界。随着汽车油漆科技深入发展，助推汽车颜色的人文艺术观念变化变得越来越复杂。具体说来，在普遍注重环境和同步考虑需求及生态化观念的影响下，人们开始从各个方面思考"生活文化"的含义。汽车厂商需要动态地引导适应社会发展和传统文化的油漆颜色趋向。轿车颜色专家认为，在轿车外形日趋雷同化的今天，油漆颜色已成为区别轿车造型最关键的要素之一。颜色最能影响轿车用户的购买行力，颜色是轿车厂商最重要的市场战略之一。造车人和买车人都应懂得这个道理：颜色就是效益。

汽车"轻功"黑科技

汽车轻量化，顾名思义是"让汽车变轻"。但为了满足人们不断提高的需求，汽车安全部件、电子设备更多了，轴距更长，内饰更豪华，尺寸更大，为了满足这些，小车又变成大车，最后，车就成了"胖子"。过重的车就像肥胖的人一样，会伴随着种种负面影响，如油耗高、操控性差、加速慢、制动弱等，行驶起来还会力不从心。因此，汽车的"瘦身减重"须有"轻功"之效的黑科技。

轻量化技术广泛应用到普通汽车领域，在提高汽车操控性的同时更使汽车有出色的节油表现。车界专家认为：多10匹马力不如少10公斤。强劲动力并不代表一切，而车身轻量化应是对汽车性能的极致追求。有研究数字显示，如果汽车整备质量降低10%，则燃油效率可提高6%至8%。汽车车身约占汽车总质量的30%，空载情况下，约70%的油耗用在车身质量上。车身变轻对于整车的燃油经济性、车辆控制稳定性、碰撞安全性都大有裨益。

"让车身变轻"的想法，最早起源于赛车运动。"车身变轻"之术可以分为结构优化设计、轻量化材料的应用和先进制造工艺三个主要方面。最初，汽车的"节食"是通过减少尺寸、用料、零件和打孔等方式实现，但当汽车各部位用料已经控制到极致后，为了不影响汽车的强度和安全性能，"锻炼"成为唯一的办法，即主要通过对汽车材料、工艺、结构的优化升级进行减重。而通常，工程师主要从车身材料、汽车结构和连接工艺三方面的优化和平衡来实现汽车"减重"和"增强"的并驾齐驱。

汽车车身常用的轻量化材料分为金属和非金属材料。金属材料主要有高强度钢、铝合金、镁合金、激光拼焊板等；非金属材料主要有工程塑料和复合材料等，例如，高强度钢板是一种在普通碳素钢的基础上加入少量合金元素制成先进钢材。高强度钢板的使用不仅增加了车体强度和刚性，还可以明显降低钢板厚度，减轻车身重量。多种材料复合车身是未来的发展趋势。例如，激光拼焊板是一种基于成熟的激光焊接技术发展起来的新型技术，即通过高能量的激光将几块经过精确裁剪的不同材质、不等厚度以及不同涂层的材料焊接成一块整体板，然后再冲压所需部件，以满足车身不同部位对材料不同性能的要求。

汽车车身轻量化表现中最具黑科技魅力的"轻功"是铝合金汽车和碳纤维汽车。

（1）铝合金汽车

丰田、奥迪等一些厂家提出全铝车身等构想。"全铝车身"中的"全铝"指的是白车身的主要材料为铝合金，白车身内的一些影响碰撞安全的重要结构仍会使用高强度钢或超高强度钢，也就是说"全铝车身"其实也属于钢铝混合车身。世界上第一辆真正首次实现"全铝车身"大规模量产的是奥迪，奥迪于1995年首次在A8上采用"全铝车身"为自己瘦身。

（2）碳纤维汽车

有研究表明，使用碳纤维复合材料代替钢材，车身、底盘质量将下降40%至60%。此外，碳纤维优秀的各向异性性能使得碳纤维复合材料最适合应用在汽车轻量化上。在同等设计原则下，碳纤

奥迪 ASF 车身

维复合材料结构比低碳钢结构减重 50% 以上；同时还可减少 70% 装配零件数量，拥有良好的抗疲劳性和耐蚀性。从最开始的赛车，到现在的高性能跑车，碳纤维材料都用作乘员舱的加强材料，如宝马 i 系列的碳纤维车身。碳纤维复合材料虽然价格昂贵，工程化成本比较高，但凭借其得天独厚的优势，被称为汽车轻量化的"终极材料"。

必须要提到的是，车身轻量化设计是一个系统的平衡设计，车身设计与车身轻量化设计并不是单纯的车身减重，而是和车身性能设计紧密联系在一起的一个系统的平衡设计，它包含安全、耐久、NVH⊖、功能、工艺、成本及重量七大要素。因此，车身"轻功"需要从技术上综合考虑和平衡研究。

⊖ NVH 即噪声、振动与声振粗糙度（Noise、Vibration、Harshness）的英文缩写，这是衡量汽车制造质量的一个综合性指标，它给汽车用户的感受是最直接和最表面的。

宝马 i 系列碳纤维车身

改变汽车的
100个
黑科技

用途广泛的汽车工程塑料

工程塑料是在 20 世纪 50 年代才得到迅速发展的。虽然早在 1939 年，尼龙 66 树脂就已研制生产，但当时局限于制造合成纤维，直到 20 世纪 50 年代后它才突破传统用途，通过成型加工制成塑料。各种工程塑料逐步用于汽车后，日积月累，积少成多，潜移默化地改变了现代汽车。

1961 年，美国杜邦公司成功开发聚酰亚胺，打开了通往特种工程塑料的发展道路。聚酰亚胺的出现还推动了聚砜、聚苯硫醚和聚苯并咪唑等许多耐热性工程塑料的开发，对塑料工业的发展产生了深远的影响。美国通用汽车公司于 1964 年将其开发的聚苯醚树脂投入了工业化生产。1980 年，英国 ICI 公司成功开发了熔点高达 336℃的特种工程塑料聚醚醚酮（ PEEK）。PEEK 具有卓越的耐热性、耐辐射性和耐化学药品性，并能注射成型，因而引起了汽车界普遍关注。以 PEEK 为基体，通过玻璃纤维或碳纤维增强制成的复合材料，已在汽车、航空和宇航领域获得了应用。

20 世纪 80 年代中期成功开发热致液晶聚合物是特种工程塑料发展史上又一重大事件。液晶聚合物耐热性优异，使用温度可达 200℃以上，具有自增强、高强度、高模量、耐化学药品等特性，熔体黏度低，成型方便，在汽车工业和电子工业领域具有非常广阔的应用前景。

工程塑料是指一类可以作为结构材料，在较宽的温度范围内承受机械应力，在较为苛刻的化学物理环境中使用的高性能高分子材料。

以汽车为例，工程塑料以其质量轻、比强度高、设计空间大、制造成本低、性能优异、功能广泛，最终能使汽车在轻量化、安全性和制造成本等几方面获得更多的突破。工程塑料成为 21 世纪汽车工业最好的材料选择。工程塑料用量已成为衡量一个国家汽车生产技术水平的重要指标之一。国际上，工程塑料件已经从汽车传统的外饰件、内饰件、空调件，发展到包括发动机和底盘在内的结构件以及汽车仪表、电子系统等诸多零部件，并形成了五大类品种多达 1000 至 1600 个以上的汽车工程塑料件体系，工程塑料占汽车自重的比例达到 30% 左右。

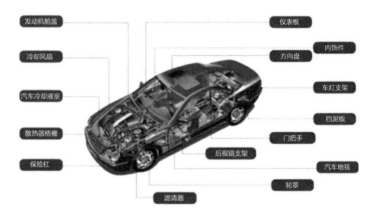

工程塑料在汽车上的应用

汽车工程塑料有很多传统材料没有的优点，其主要特点如下。

1）质量轻。轻质，高强度；比重只有普通钢材的 15% 至 20%，比木头轻；在很大程度上促进了汽车轻量化。

2）加工性好。具有良好的可塑性和与其他材料之间良好的兼容结合性，可以用多种工艺加工出各种不同形状、不同性能、不同颜色、不同功能的材料；还可以进行二次加工，如车削、冲切、剪裁等。

3）综合理化性能优。良好的绝缘性能、防腐蚀性能、耐老化性能、耐磨和耐洗刷性能、防水性能和力学性能，以及粘结结合性能。

4）装饰效果好。可一次性加工成具有复杂造型和多种色彩的制品，有时还需印刷、贴膜、轧花、复层、着色，加工成具有非常逼真的形象、花纹和图案，可以仿制天然木材、金属、动物皮的纹理，还可以表面烫金、贴膜、镀银、镶嵌等。

5）节能和环保。可替代大量天然材料，节约大量资源；良好的可加工性，生产过程节约能源；大量使用热塑性塑料，废旧料可方便回收，直接用于再制造。

工程类塑料拥有较好的综合机械性能，在汽车领域得到广泛使用。常用的汽车工程塑料主要有以下五类。

（1）聚酰胺 (PA)

PA 俗称尼龙，PA 在汽车领域主要用于制造软管、燃油滤清器、空气滤清器、机油滤清器、泵壳、泵叶轮、风扇、制动液罐、动力转向液罐、百叶窗、前照灯壳、安全带等。

（2）聚甲基丙烯酸酯 (PMMA)

PMMA 俗称有机玻璃，由于其良好的透光性能，广泛用在汽车照明标志牌、车门玻璃和灯玻璃罩上。

（3）聚甲醛 (POM)

POM 俗称塑钢，在汽车上用于制造仪表板、手套箱附件，各种阀门，各种叶轮，各种电器开关及仪表上的小零件等。

（4）聚碳酸酯 (PC)

PC 在汽车领域主要用在制造灯罩、左右轮罩护板、仪表板本体、后保险杠缓冲垫等。

（5）聚氨酯 (PU)

聚氨酯泡沫塑料广泛应用于汽车内饰和吸收振动的零部件上，如涂覆材料、聚氨酯弹性体、座椅软泡沫材料、装饰件、沙发革、车顶饰品；应用最多的是各种软质和硬质的聚氨酯泡沫材料，它有隔振、隔声、降噪、保温隔热作用；PU 还可制成车用聚氨酯涂料、黏结剂、密封剂等。

风窗玻璃上的"小黑点"

大部分汽车的前风窗玻璃上方，都会有一片密密麻麻的"小黑点"区域，很多车主都不太在意它的存在。有些车主还觉得它很碍事，因为吸盘式的行车记录仪都无法吸附其上。那么，这片"小黑点"魔区到底起什么作用？它们之所以位于后视镜后方的位置，实际上主要是为遮挡阳光，防止阳光直射造成眩目，保障驾驶者的安全。有了这片"小黑点"魔区，驾驶者朝着阳光驾驶的时候看后视镜，就不会觉得刺眼。它的功能总体是让视线更清晰，提高车窗密封胶条的寿命，让前风窗玻璃更耐用。这片"小黑点"可不是贴上去的，它跟风窗玻璃融为一体，是一种很先进的类似陶瓷烧结的玻璃技术，其工艺还是挺复杂的。

事实上，汽车风窗玻璃除了"小黑点"魔区外，并不是只有"挡风"这么简单，玻璃的学问大着呢！玻璃是汽车上除钣金喷漆外最直观的外饰，同时也是人们最容易忽视的黑科技。

汽车玻璃承担着挡风、遮雨和采光的基本功能，它不但是重要的安全件，而且对汽车的外观和内在性能起着很重要的作用。随着国民经济发展和科技进步，人们对汽车的美观、舒适和环保等方面要求越来越高，汽车玻璃也映射出瑰丽的黑科技异彩。

每辆车后视镜后面的矩阵点面积各不相同，有些车辆是没有该设计的

汽车玻璃是车身结构中必不可少的，是起防护作用的重要的安全装备。汽车玻璃按照位置分为前后风窗玻璃、边窗玻璃和天窗玻璃。

汽车玻璃按照工艺属性分为夹层玻璃、钢化玻璃。

1）夹层玻璃，夹层玻璃是由两层或两层以上的玻璃用一层或数层透明的聚乙烯醇缩丁醛（PVB）膜粘合而成的玻璃制品，当夹层玻璃破碎后，玻璃碎片仍然粘在PVB上不剥落，不伤人，具有安全性。前国家强制标准规定风窗玻璃必须是夹层玻璃。

2）钢化玻璃，钢化玻璃指的是经过高温处理后，再快速冷却形成的高强度玻璃。其机械强度高，热稳定性好，安全性能好；钢化玻璃破碎时，碎片成蜂窝状钝角小颗粒，不易伤人。汽车边窗及后风窗玻璃一般是钢化玻璃。

汽车玻璃按照功能属性分为镀膜玻璃、抬头显示（HUD）玻璃、隔声玻璃、憎水玻璃、调光玻璃、加热玻璃等。

1）镀膜玻璃。采用磁控真空溅射技术，在汽车玻璃内表面镀9至20层厚50至300纳米的金属化合物膜，起到反射太阳能的作用。可反射红外线，使车内更凉爽，减少夏季空调使用，更节能；减少眩光，提高夜间行车的安全性；减少紫外线对汽车内饰的损害，延长内饰使用寿命。

2）隔声玻璃。在PVB夹层中加入高阻尼隔声材料，吸收令人最不舒服音频范围（1000至4000赫兹）噪声，可实现降噪5分贝至10分贝。

3）抬头显示玻璃。利用光学系统，将汽车运行信息通过前风窗玻璃投射到驾驶者正前方2至3米视点处，带来如导航、图像显示等丰富的驾驶体验。驾驶者不需要低头就能知晓车辆信息，能专注于观察道路状况。

4）憎水玻璃。采用溶胶凝胶法，在玻璃表面形成一层含氟化合物薄膜，增大玻璃对水的接触角，使水珠迅速滑去。憎水玻璃能提升雨天行车能见度，使视野更清晰；更易除去玻璃上的灰尘、泥土、车蜡、油污等污染物。

5）调光玻璃。在两片玻璃中间加入聚合物分散液晶（PDLC）膜，对引出端施加电压，通过调节电压使PDLC膜中的粒子按一定方向排列来改变玻璃的透光度。通过个性化调节玻璃透光度，有效提升私密性，保证用户隐私。

6）加热玻璃。其原理：将直径0.018毫米至0.033毫米的钨丝布在PVB膜片上，通过钨丝通电发热来加热玻璃。通过加热化去玻璃表面的霜、雾、雪、冰，提高视野清晰度。

此外还有增强安全性能的汽车玻璃，如热增强夹层玻璃、防盗报警玻璃、防弹汽车玻璃等。这些产品的出现使汽车整体更具人性化，增加乘坐的舒适性和实用性。

汽车玻璃新技术正向能源、材料、环保、信息、生物五大领域发展。在研发新技术方面，通过对汽车玻璃产品进行表面和内在改性处理，使其更具备强度、节能、隔热、耐火、安全、阳光控制、隔声、自洁、环保等优异功能。

石油：注入汽车产业的黑色"血液"

1859 年 8 月 27 日，一位名叫埃德温·德雷克的美国人启动一台蒸汽机驱动的冲击钻机，钻出了一口约 21 米深的油井。那一天也意味着现代石油工业的诞生。

德雷克在宾夕法尼亚州投资了一个专业小公司，在当地的石油自流田采集和销售作为医用的石油资源。德雷克购买了首个钻探权，并买下了石油渗流的整片农场。1858 年，他架设好钻塔，用船只运来驱动钻孔机的蒸汽机。他从盐矿钻探公司那里购买了钻头，雇用盐矿钻探工人操作钻孔机。宾夕法尼亚州土质坚硬，不是蒸汽机活塞和摇杆断裂，就是钻头断裂，钻探工作几度停止。

德雷克认真地研究钻探技术，重新设计了钻塔。1859 年 8 月 27 日那天，他给钻孔机安装了锋利的钻头，将钻头和铁轴凿入岩石后，猛烈的冲击将岩石撞成碎片。当钻头击碎一块大岩层，钻入一条裂缝，又向下钻时，太阳将要落山，钻探工作便停了下来。第二天清晨，德雷克发现了惊人的奇迹：一大摊黑色的石油覆盖了钻塔周围的地面，钻塔仿佛耸立于平静、黝黑的湖泊之中……从那以后，德雷克又在那里建起了几座钻塔，源源不断地抽取地下一股股黑色石油，每天都有一辆辆马车忙碌地将一桶桶石油运往东部海岸城市。

起初，德雷克是将重油制成润滑油出售。后来，煤油（用作灯油、取暖用油）又成为最受欢迎、利润最大的产品。而汽油没有找到用途，一度成为炼油厂难以处理的废料。其实，人类早已发现了石油这种黑色黏稠物质的多种用途，石油曾被用来当作药物、武器、黏合剂，甚至被用来制作木乃伊。直到 20 世纪初期，当内燃机出现，

1958 年的石油勘测现场   一桶桶石油等待马车运往各地

汽车开始行驶在美国和欧洲道路上时，汽油才成为一种富有生机的产品。

世界汽车产业发展和石油工业发展是血脉相容的。1860 年，全球石油产量仅为 7 万吨，到 1925 年达到了 1.46 亿吨；而 1905 年全球汽车产量仅 6.3 万辆，到 1925 年达到了 243 万辆。1913 年，福特发明汽车制造流水线（每 10 秒生产 1 辆汽车），从此造车实现产业化、规模化，成本降低达到可全社会普及程度。1930 年，全球石油产量接近 2 亿吨，全球内燃机汽车产量达 415 万辆。极具产业化特征的汽车业和石油业的结合，将推动汽车和石油文明时代的到来。

石油虽然是汽车工业的重要能源，但它还不能直接用作汽车燃用的燃料。由于石油原油本身含有杂质，不能在内燃机中燃烧做功，石油需要通过在炼油厂里进行加工、提炼，将有用成分和杂质分离开来，即通过蒸馏的方法分离生产符合内燃机使用的煤油、汽油、柴油等燃料油，副产品是石油气和渣油；比燃料油重的组分，又通过热裂化、催化裂化等工艺化学转化为燃料油，这些燃料油有的要采用加氢等工艺进行精制。以汽油为例，其提炼过程非常复杂，通常，1 吨的原油只能提炼出 0.3 吨的汽油和 0.5 吨的柴油，剩下 0.2 吨的是没用的废气，由此可见，汽油的提炼成本比柴油高。使用高品质清洁汽油的汽车，其尾气排放中的碳氢化合物、一氧化碳、氮氧化物、大大减少，且可省油，改善行驶性能。

汽车（能源消耗占石油总销量 70% 以上）被公认为"改变世界的机器"，而石油作为当代汽车能源的重要来源，自然成为提供其产业发展的黑色"血液"。汽车工业与石油工业两者紧密结合产业特

○ 智能油田是通过自动
数据分析、储层建模、大
数据分析、单井生产优化
及专家决策系统，对油田
含油储层进行无人巡井、
远程操作、实时监控的油
田管理。

点和发展态势，以及未来智能汽车与智能油田○的发展，注定它们始终是不可分离的姐妹产业。

改变汽车的
100个
黑科技

流水线的魔效

1913 年 8 月，在美国底特律海兰德公园的福特新工厂内，一辆辆 T 型车的底盘在卷扬机钢索的牵引下，沿着一条 75 米长的通道缓缓移动，6 名受过训练的工人在旁边，时而来回行走，时而坐乘。他们随手将提前堆放在沿线旁的零部件安装到车体上，整个行程都处于生产中。当到达终点时，一辆汽车就宣告诞生……

福特 T 型车生产线

亨利·福特欣喜若狂。但他没有想到，T 型车生产流水线试运行成功的这一时刻，开创了汽车工业乃至所有现代工业的新篇章。在后来美国独立 200 年 20 件大事的民意测验中，T 型车及其流水线生产的问世名列第 10，与后来的宇航员登月和原子弹爆炸成功相媲美。

1908 年，亨利·福特设计的第一代低价实用的 T 型车成为最早批量生产的大众化轿车。最开始，订单蜂拥而来，供不应求。福特就把注意力转向工厂和制造工艺。1913 年，亨利·福特在芝加哥屠宰场，看到一头头牛屠宰后，用钩子挂在不停运动的传动杆上，工人们站在固定的工作台上，把牛肉一块块地分解下来，最后整头牛成了无数个肉块。这让福特产生了灵感，他的汽车流水线生产过程则正好与此相反。

福特应用反向思维逻辑提出，在汽车组装中，把汽车的零件装在敞口箱里，放在传送带上，送到技工面前，技工只需站在传送带两边工作，节省了来往取零件的时间。汽车底盘在传送带上以一定速度从一端向另一端前行。前行中，逐步装上发动机、操控系统、车厢、方向盘、仪表、车灯、车窗玻璃、车轮……一辆完整的汽车就组装成了。第一条流水线使每辆 T 型汽车的组装时间由原来的 12 小时 28 分钟缩短至 90 分钟，生产效率提高了 8 倍。到 1925 年 10 月，每 10 秒就能生产一辆汽车。而这一切，都源自于福特的这个奇思妙想。

福特汽车公司开发出了世界上第一条流水线这一创举，简化了 T 型车的组装流程，将原来涉及 3000 个组装部件的工序简化为 84 道工序。通过流水线生产，一年可生产几十万辆 T 型车，累计生产达到了 1500 万辆。T 型车的售价也从最初的 850 美元，降低至 240 美元。流水线这个生产新系统既高效又经济。1914 年，一个工人工作不到四个月就可以买一辆 T 型车。福特这个名字，不仅是汽车的品牌，也是划时代的生产方式，成为美国产业革命的精髓。

伴随着流水线生产的诞生与发展，汽车工业经历了福特流水线生产方式、丰田精益生产方式、大批量定制生产方式，以及即将进入的智能制造时代。

随着社会进入市场需求向多样化发展的新阶段，相应地要求工业生产向多品种、小批量的方向发展，而单品种、大批量的刚性流水生产方式的弱点就日渐明显。日本丰田汽车公司精益生产方式的出现适应了社会的发展。精益生产方式是第二次世界大战后日本汽车工业遭到"资源稀缺"和"多品种、少批量"的市场制约的产物。其中，精：不投入多余的生产要素，只在适当时间生产必要数量的市场或下道工序急需的产品；益：所有经济活动都要有效。丰田生产方式适用于多品种、小批量的产品，这就要求员工的多能以适应多品种的不同需求。

产业竞争的全球化和用户需求的多样化对汽车产品的要求，是更多的产品变化、更短的产品生命周期、更低的产品成本和更高的产品质量。在这种背景下，大批量定制将成为 21 世纪汽车制造的主流生产模式。

大批量定制是以近似大批量生产的效率生产商品和提供服务以

满足客户的个性化需求，具有柔性和快速响应能力，其特点可概括为产品设计模块化、产品制造专业化、生产组织和管理网络化、企业间的合作关系伙伴化。精益生产方式与大批量定制生产方式属于柔性生产，也是福特主义的刚性流水线的改造与提升。

汽车的出现，提升了交通运输的效率，而真正让这个世界运转加快的，自然是生产流水线提升了生产效率，降低了汽车单价，使汽车能够得以普及。因此，亨利·福特被称为给世界安上轮子的人，美国也被称为汽车轮子上的国家。

标准化：看不见的黑科技

1900 年的巴黎世博会，人声鼎沸，人头攒动。44 岁的美国工厂主，后被称为"科学管理之父"的弗雷德里克·温斯洛·泰勒，正在机械馆一角向全球演绎一个非常美妙的展品——他在宾夕法尼亚州伯利恒市工厂的缩小版。他展示的是几个工人围绕一台小机床工作的场景。虽然这看上去并没有什么稀奇，但所有在场观众都被这种工作场景新系统的神奇效率震惊了。当时的钢铁厂每分钟只能切割 3 米长的钢铁，而泰勒的团队可以切割 15 米长的钢铁。这效率是当时全世界平均标准的整整 5 倍还要多。泰勒的创新在于量产技术，即生产标准的、可互换的零件。这样的思想虽在罗马时代已初现端倪——罗马军团就规定在生产武器时要有"零件可互换"的基本理念，但将这样的思想应用在大工业生产之中却是开天辟地头一回。

泰勒管理思想的创意重在"标准化"和"优化"，而"标准化"是基于"优化"的。那么，什么是优化呢？就如物理学家剖析物质，直达原子层面，而泰勒解剖商业的流程，直达操作的层面。泰勒反复实验，获得了最优的冷却钢铁冰水的水温、最优的用于切割钢铁磨具的硬度，以及最优的切割速度。一个"生产"的过程被解剖为许许多多"优化"的过程。优化的每一个参数，最终自然可以组成一个良好的过程。在泰勒管理的整个过程里，工人一分钟的劳动都不会被浪费，公司的一块原材料也不会被浪费。所有的劳动都被优化到最极致。泰勒思想笃信理性，笃信数字，将人工具化，压缩人的价值。自然，在这样的思想引领下，创造出了美国历史上最激动人心的经济增长时代，也把无数资本家推向了财富的高潮。泰勒思想[⊖]可以在很大程度上发挥人的潜力。采用泰勒思想的工厂，其生产效率必定激增。

受同时代泰勒思想的影响，20世纪汽车工业时代的王者亨利·福特是泰勒制的成功实践者，福特特别崇尚标准化。有意思的是，福特将其所开创的产业标准化思维甚至转化成自己的生活哲学。他的一位朋友说："标准化是他的嗜好。他脚上穿的鞋子，头上戴的帽子，身上穿的衣服，多少年来都是一种样式。"

1913年，人类管理史上第一条最原始的流水生产线由此诞生。在此后20多年的时间里，福特对其流水生产线不断地进行标准化革新，T型车的整个生产过程被分解为84个步骤，大大提高了生产效率。大规模流水线生产作业带来工业生产方式上的革命，福特公司也因此而创造世界汽车工业时代的生产纪录：到1925年10月30日，每10秒就可以生产1辆汽车。

福特的汽车流水生产线思维并不简单地表现在汽车的生产装配上，还包括生产汽车所需的铁矿石、煤炭、木材等各类原材料（这些原材料有相当部分是福特公司自己开采的）的运输、熔炼、加工，直到最后通过渠道将成品汽车交付到购车者手中。这所有的一切，福特都力求做到严丝合缝，不差分厘。从某种意义上讲，福特当时所创立的汽车全产业生产作业模式，是单个企业在人类历史上时空、行业跨最长，也最具效率的一条流水生产线。从铁矿石、煤炭、木材等各类原材料运输开始，交通运输和生产部门之间就开始密切合作，以保证所有生产出来的零件同时到达车间。

从矿场算起，船运到岸卸货10分钟后货物就被运到高层运输线，矿砂经过筛选后，紧接着又被投入鼓风炉中去冶炼，到最后造好整辆汽车装到运输车中，总共需要大约81小时。再随后，带着

⊖ 泰勒先后发表了《科学管理原理》《工厂管理》《科学管理》《论传送带》《效率的福音》等一系列著作，系统地阐述了有关企业定额管理、作业规程管理、计划管理、专业管理、工具管理等理论，泰勒思想是建立在行动分析基础上的一整套时间管理方法，被统称为"泰勒制"。"泰勒制"被公认为是一个重要的里程碑，掀起了一场企业管理的变革，使西方19世纪末、20世纪初的早期工厂管理实践向科学管理迈进了一大步。

泰勒和他的著作之一《科学管理原理》

高炉冶炼余温的汽车被卖出去，由车主驾驶，奔驰在回家的路上。事实上，在标准化管理实践过程中，福特对管理过程中的时间、动作等细节始终高度关注，这实际上就是泰勒科学管理方法的具体运用。例如在新厂选址方面，福特主要关注的是选址地方的电力价格、产品成本和交通运输的便利程度，如果一个地方每个零件的运输费可以节省 1 美分，那么这里通常就可以被确定为厂址。正是厂址、生产线与整个生产管理流程的标准化，才使成本低廉的标准化汽车商品被大规模地制造出来。于是，规模经济诞生了，劳动生产率提高了，原来买不起汽车的工人成为新的消费群体，需求市场最终被有效地创造出来了。

福特主义⊖在美国福特汽车公司中创造出了变革的奇迹，将世界汽车工业引入规模生产的新时期，使汽车成为供大众使用的标准化产品。新的生产技术、新型产品与新型工厂社会组织系统相结合，从此改变了汽车生产方式，大幅度地降低了汽车成本，扩大了生产规模，创造了一个庞大的汽车工业，使世界大部分汽车生产从欧洲转移到了美国。

世界汽车产业结构的转换主要经历了福特主义的大规模生产、柔性生产、丰田模式生产和大规模定制生产。当今世界汽车产业正处于大规模定制生产新变革的进程中，就连福特汽车公司本身也不再"福特主义"了。

⊖ "泰勒制"和"福特制"由钢铁业和汽车制造业扩展到其他行业，对美国经济的快速发展发挥了巨大作用。尽管这种生产体制从某种角度上看仿佛是"把人变为机器"而曾招致社会上的某些非议，但从标准化的角度看，这意味着从零件标准化向作业标准化和管理标准化新领域的拓展，是标准化理论与实践上的重大飞跃。

模块化平台：造车就如搭积木

玩具厂商可将不同规格的积木进行组装，搭建出不同款式的汽车模型。而汽车厂商拥有各种模块化平台/架构，当汽车平台技术发展到一定阶段，零部件的通用率不断提高，汽车各部分总成，例如发动机总成、变速器总成、车身部件及电气系统等以模块的形式自由组合，就可以在一个平台上开发出不同级别、不同类型的车型。模块化平台/架构⊖效果似乎跟"乐高"积木搭车很相似，它是很神奇的孵化器，可以快速孵化出一辆又一辆的汽车新品来。模块化平台实际上是汽车生产方式不断变革下产生的黑科技概念。

⊖ 汽车企业的模块化平台如同一个智能造车魔方，使得新车研发时间缩短至 18 至 24 个月，相比传统平台研发速度提升近 1 倍。

模块化平台似乎跟"乐高"积木搭车很相似

汽车研发生产方式经历了手工作坊式、流水线方式、汽车平台，再到目前的模块化平台四个发展时代。

1）1.0 时代的手工作坊式。手工作坊式生产是倚靠个别工人进行设计组装的。在最早期的汽车生产中，从汽车材料的制备，到零部件的成型，再到最后的装配调试，车辆都是通过人工一点一点制作而成的。

2）2.0 时代的流水线方式。流水线生产方式是著名企业家亨利·福特在 1913 年创造的，其效果影响了汽车工业乃至整个工业体系。那时候，汽车底盘在传送带上以一定速度从一端向另一端前行，并逐步装上发动机、车厢、方向盘、仪表、车灯、车窗、车轮等汽车零部件。

3）3.0 时代的汽车平台。等到 20 世纪 90 年代时，鉴于汽车车型丰富化趋势和汽车厂家对于利润和效率的追求，汽车厂商意图同时生产销售多款车。建那么多流水线太麻烦，于是，有厂商提出了"平台化"概念。平台化通常是指某一款底盘，通过在它上面装配不同的发动机、悬架、车体和电子系统，得到的就是完全不同的车。归根结底，它还是一种流水线生产方式，只不过它的理念和实际操作都要比以前更高效。

4）4.0 时代的模块化平台。21 世纪是"乐高"世纪，所有的产品像积木一样可以随时变化。汽车平台发展到现在，大多都已经升级成了模块化平台，这是现代汽车生产的第三次变革，它将平台化生产的优点做到了放大和极致，让造车变成了模块化的组装。现如今，模块化平台的概念从研发、生产制造一直贯穿到整车的诞生，它代表着一整套从研发、设计到生产工艺、设备、零部件乃至质量控制体系，堪称造一款车的基础性方案。模块化平台研发制造可实现同平台跨车型、跨级别甚至跨种类的研发制造，该方式通过增加公用部件的比例，减少专用零件的种类和数量，共享研发工艺以及装备，进而减少研发成本，缩短新车型推出周期。

相同平台的产品会承接公共模块化架构，比如发动机舱、线束、悬架、制动系统、传动系统、变速器等车辆构成要素，进而实现一定程度的共享。同一个模块化平台所孕育的车型必然具备一定基因相似度，难免在底盘硬件结构、车身框架、内饰件、发动机、变速器以及一些零部件等处有所雷同，从而造成类似的用车体验。

平台和架构别看只是名称上不一样，其实内在也有所区别。

汽车平台是指汽车从开发阶段到生产制造过程中的设计方法、设备基础、生产工艺、制造流程乃至汽车核心零部件及质量控制的一整套体系，即在新车开发过程中使用相似部件的公共架构，主要包括发动机舱、地板、悬架、制动系统、传动系统、发动机和电气系统，可以开发和生产不同外形和功能的新车型。

而模块化架构是由汽车制造厂商设计的不同级别、不同类别、不同车身底盘架构、不同电气系统等共用的产品架构。模块化平台则是将这组架构按照模块进行整合并提高零部件通用率后的产物，拥有通过调整不同模块生产不同定位和级别车型的能力。

平台指的是一整套造车体系，而模块化则指的是造车时那些通用零件的集成。从零部件模块化供应的角度来看，汽车零部件供应商可分为模块→总成→组件→部件→零件→坯件→原材料几个层次，在理论上，一般依次称为一级零部件供应商、二级零部件供应商、三级零部件供应商，等等。所谓模块，就像"乐高"玩具块的理念一样，在汽车设计中，一个模块就是一个能够用于多款不同车型的产品，只需要一次开发，但能应用到很多不同的项目中去。

模块化设计，简单地说就是将产品的某些要素组合在一起，构

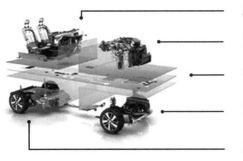

座舱

发动机舱

电器架构

前部底盘

后部底盘

模块化平台概念

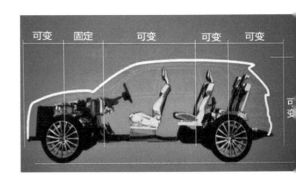

通用性模块与其他产品要素
组合构成新系统

成一个具有特定功能的子系统，将这个子系统作为通用性的模块与其他产品要素进行多种组合，构成新的系统，产生多种不同功能或相同功能、不同性能的系列产品。模块化设计是汽车零部件供应商绿色设计方法之一，它已经从理念转变为较成熟的设计方法。

平台化概念深入汽车行业已经有20多年。在这个过程当中，各大汽车企业车型不断扩张，而平台数量却在不断减少。汽车企业可以在全球范围内进行汽车模块的选择和匹配优化，让零部件通用化程度更高，不仅可以平台内共用，还可以跨平台共用。这种趋势同时也推动了平台的演化，即产生了所谓的"模块化平台"。

模块化平台的最大好处就是节约制造成本、提升生产效率。得益于成本的控制，汽车企业才能让更多技术下放。同时，汽车企业也会将更多的成本投入到内核上。比如，模块化平台一般都更加轻量化，安全性也会得到提高。所以模块化平台既能为汽车企业带来时间上、成本上的利益，又能给消费者带来更多曾经同级车型不会有的技术、配置上的优势。对于技术创新和技术进步来说，模块化平台能够不断满足消费者多样化需求，它属于影响现代汽车产业发展的一项颠覆性的黑科技。

改变汽车的
100个
黑科技

试验场：黑科技丛林

汽车试验场可重现汽车使用过程中遇到的各种道路条件和使用条件，进行汽车整车道路试验和其他试验。试验场将实际存在的各种道路，经过集中、浓缩、不失真地强化形成典型化的道路，从而满足企业对汽车新产品定型试验及强制性检验试验等方面的要求。驰骋于汽车试验场，似乎身临黑科技模拟的"刀山火海""冰川雨林"，可体验丛林生存的披荆斩棘，挑战极限的雪雨冰霜以及"光怪陆离"般的魔幻境地。

国外很注重汽车研发试验的研究和车辆产品开发试验设施的建设，世界各国汽车大集团对建设汽车试验场十分重视，甚至称汽车试验场是汽车工业发展的先驱。汽车试验场的蓬勃发展，表现出大科学化、高投入化、全球化、超前化和现代化五大趋势。汽车在试验场试验比在实验室或一般行驶条件下的试验更严格、更科学、更迅速、更实际。其主要任务是汽车产品的质量鉴定试验，汽车新产品的研发、认证试验，为实验室试验提供路谱采集条件，以及汽车法规、标准的研究和验证试验。由于计算机和控制技术的飞速发展，汽车的部分行驶工况可以在实验室进行模拟试验和用计算机进行仿真计算，如在整车振动试验台上模拟汽车在道路上的行驶振动情况，在驾驶模拟器上模拟汽车的加速、制动、侧滑、甩尾、高速失控等极限工况。但这并不意味着汽车试验场作用的减弱，恰恰相反，这些试验手段应用的前提是汽车在实际道路上行驶的各种工况数据，而这些数据大部分是在试验场⊙采集的。

上汽通用汽车泛亚汽车技术中心广德试车场，占地面积 5.67 平方千米，相当于 795 个国际标准足球场，堪称试车场中的"巨无霸"。

据不完全统计，全球拥有汽车试验场超过 300 个。1924 年，美国通用汽车公司建立了全球第一个汽车试验场——密尔福德汽车试验场。密尔福德汽车测试场占地面积 16 平方千米。测试场的 107 座建筑物内设置了 25 个黑科技部门或机构，以及 172.8 千米坎坷颠簸的试验道路。4000 多名测试工程师每年在这里进行大运动量的试验、试车 2400 万千米，实车碰撞 450 多次，模拟碰撞 1250 多次。

汽车试验场内的各种试验及实施如下。

1）定型试验。量产汽车的定型试验在汽车或其主要部件正式生产前进行，借以考核汽车或部件的性能、效率、可靠性、耐久性和适应性，以保证产品符合使用要求。

2）检查性试验。在汽车生产过程中以检查性试验抽查产品，以考核生产质量。从每批一定数量的产品中，或每年、每半年抽几辆整车按照规定的程序进行检查性试验，以便发现工艺或材料上的问题并及时改正。

3）开发和研究性试验。以此试验对新型汽车包括新结构、新材料和新理论进行开发研究、设计和试验。由于汽车设计和科学研究所用的方法与设施大体相同，汽车厂常设立设计研究中心，一方面从事产品的设计、改进；另一方面进行一些基础性的研究，提供技术储备，这些工作常需要进行大量的试验。这种类似开发性和基础性的试验和研究，也常有创新，有助于促进汽车技术的发展。

4）道路试验和适应性试验。在汽车上装设测试仪表和施加模拟载荷，按实际使条件行驶至规定的里程。该试验对各种路面的里程规定有一定的比例，对炎热、寒冷和高原等地区的试验时间也有一定的规定。这种方法是早期的汽车试验方法，因能反映用其他试验方法所不能发现的真实情况，故现在仍在继续应用。

⊖ 汽车试验场按地域分为热带、寒带、温带和高原试验场；按功能分为综合试验场和专业试验场；按所有权分为政府、军用、企业和科研机构拥有的试验场；按行业可分为汽车试验场、轮胎试验场、拖拉机试验场和工程机械试验场；按规模分为大、中、小三种类型；随着计算机技术的发展，又出现了虚拟试验场和数字化试验场。

上海通用汽车泛亚汽车技术中心广德试车场。它按照全球最先进的试验道路技术和标准设计建造，拥有总长超过 60 千米的试验道路以及近 70 种典型特征路面等八大试验区。

5）专用试验台试验。很多汽车零部件的工况，可以用专门设计的试验台模拟。例如，在模拟的试验台上用飞轮代表汽车行驶时的惯性力，用以试验制动器的性能；用水力或电力测功机代表汽车行驶时的各种阻力，以试验发动机的功率和转矩等。

6）汽车试验场试验。汽车试验场是试验汽车的专用场地，在场中有测定车速、加速性、制动距离和燃料消耗量等的平直试验路；有进行操纵平顺性、噪声试验、环境模拟试验、动态性能试验、可靠性和耐久性试验的高速环形路；有石块路、搓板路、扭曲路、卵石路、鱼鳞坑路、砂石路、沥青路、混凝土路等性能最好的"坏路"和其他典型复杂路段或设施；有坡道、弯道、尘灰室、盐水池、淋水室和试验涉水性能的水池，以及试验转向特性用的圆形场地或专用广场等，并将路面有机地连接在一起，形成闭合性能路，在性能路内外建成了淋雨试验台、涉水池、汽车质心测试平台、标准坡、弹坑路、垂直障碍路、沟渠障碍路、侧坡路，以及山路、越野路等试验道路体系。

上汽通用汽车泛亚汽车技术中心广德试车场耐久性试验区

赛车：黑科技"范儿"

汽车赛事是一项很热血的运动。汽车赛事的竞速又是人性的本能，无论是 T 型车时代，还是未来的全电动汽车时代，这种荷尔蒙的释放是无法被替代的。汽车赛事种类很多，其新奇且炫酷往往又是吸引众多有黑科技"范儿"的赛车来此比武。因此，汽车赛事被誉为是赛车的"奥运会"。

赛车运动分为两大类：场地赛车和非场地赛车。场地赛车又可分为方程式赛、轿车赛、运动汽车赛、GT 耐力赛、短道拉力赛、场地越野赛、直线竞速赛等；非场地赛主要分拉力赛、越野赛及登山赛、沙滩赛、泥地赛等。

各级方程式赛车的制造程式不同。属于方程式汽车比赛的项目有：F1、F-3000、F-3、亚洲方程式、无限方程式、福特方程式、雷诺方程式、卡丁车方程式等。赛车必须依照国际汽车联合会制定颁发的车辆技术规则规定的程式制造，包括车体结构、长度和宽度、最低重量、发动机工作容积、气缸数量、油箱容量、电子设备、轮胎的距离和大小等。

赛车，顾名思义就是比赛用的车。赛车的车身呈流线型，在其前、后部设有扰流装置和翼子板，在运动中利用空气动力学原理产生下压力，增加轮胎的附着力，提高赛车过弯速度及高速行驶的稳定性。赛车底盘以航天飞机的构造科学为基本理论依据，使用碳纤维制造，轻而坚固，离地间隙最小仅有 50 至 70 毫米。制动盘由碳纤维制成，超高性能的制动系统能让赛车在 2.5 秒内由速度 240 千米 / 时制动到停，所需距离只要 80 米。比赛轮胎采用特殊合成橡胶制造，分干地与湿地两种轮胎，以便在不同气候条件下使用。赛车重量不能低于 600 千克（包括车手及燃料）。

跑车的英文名是 Sports Car，其寓意在于"把赛车运动带入汽车生活"，它的问世给了很多痴迷于赛车运动的普通人体验赛车手的

场地赛车

赛车

机会，因此，跑车可以理解为"赛车的民用版"，富有运动性。传统跑车的车身为双门式，即只有左右两个车门，双座或2+2座（两个后座特别狭窄，如保时捷911），顶盖为可折叠的软质顶篷或硬顶。跑车通常设有两个座位，车身轻便，而其发动机一般又比普通轿车发动机的功率强大，因此其加速性好，车速也较高。

每辆F1赛车都是世界著名汽车厂家的精心杰作。一辆这种赛车的价值超过七百万美元，甚至不亚于一架小型飞机的价值。F1汽车大赛，不仅是赛车手勇气、驾驶技术和智慧的竞争，在其背后还进行着各大汽车公司之间科学技术的竞争。福特汽车公司就形象地把汽车大赛比作"高科技奥运会"。在汽车大赛中推出的新型赛车，从设计到制造都凝聚着众多研制者的心血，并代表着一家公司乃至一个国家的高科技最新水平。

F1赛车和跑车最大的区别就是价格和科技含量，其实空气动力学、车身材料、发动机等很多设计和部件之所以有较高的科技含量都是用钱"砸"出来的。赛车是结构极其复杂的特制汽车，其独立零部件的数量可达两万个之多。所谓的F1，就是第一级规则之下的赛车，既然是第一级规则，就意味着有很多的限制，比如近几年的F1有非常严格的动力单元限制：1.6升排量，限制1小时内的油耗，以及只能使用单涡轮增压发动机等，而普通跑车就没有这些限制。无论如何，赛车和跑车及其各类赛事洋溢着激情澎湃的青春活

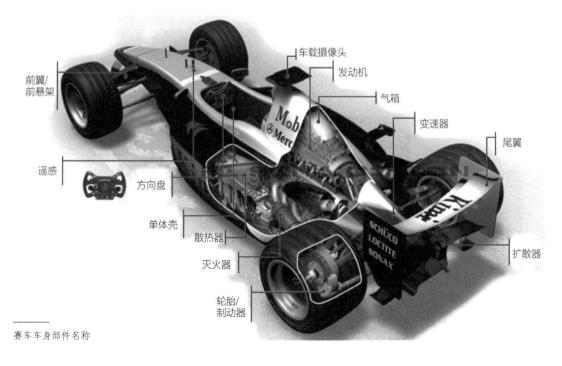

赛车车身部件名称

力，其每项细节和场景都隐含着高科技的元素，通过汽车运动博弈，充分彰显各汽车企业"黑科技"实力，展示企业品牌的科技形象。

跑车

风洞：让汽车登上"跑步机"

"汽车风洞"最开始的时候并不是用来测试汽车，而是用来测试飞机、研究飞机气动性能的。世界公认的第一座风洞可以追溯到 1871 年，英国人韦纳姆用它来测量物体与空气相对运动时受到的阻力。韦纳姆的风洞结构非常简单：一个长 3.05 米两端开口的木箱，截面长 45.7 厘米、宽 45.7 厘米，木箱的一端安装有风扇。

随着 20 世纪航空大发展，风洞被广泛应用于飞行器的设计，并且在飞行器中的设计界已经形成了一套成熟的测量和计算理论。深邃而神秘的风洞是通过人工产生和控制气流的，以模拟飞行器或物体周围气体的流动，并可度量气流对物体的作用，以及观察物理现象的一种管道状实验设备。随着工业空气动力学的发展，在汽车设计、房屋建筑、风能利用和环境保护等部门也得到越来越广泛的应用。

汽车风洞的特点是"汽车风洞"中巨大的人造风，可模拟各种

韦纳姆的风洞

行车环境中遇到的空气阻力、噪声、热力学状态，以及天气环境甚至太阳辐射等，用以测试样车的安全性和操纵稳定性，最大限度地减少汽车在行驶中损失的动力[⊖]，为设计更加节能、美观的汽车提供条件。

用风洞做实验的依据是运动的相对性原理。气动/声学风洞好比让汽车登上"跑步机"。研究人员通过风洞试验，获得包括风阻系数、风噪性能、行驶稳定性、侧风响应、车内外噪声等数据。而汽车环境风洞就是一个浓缩的四季，可模拟各种实际气候环境，如降雨、降雪、高温、低温、日照、结冰等，可用于汽车整车发动机热管理、空调系统、汽车水管理等汽车热力学开发任务。整车及零部件都可以在这里得到检验，过去这类试验只能选择在吐鲁番、漠河等满足特殊气候环境要求的地域进行，相当耗费时间成本和经济成本，而通过风洞，此类试验不仅将大大节约研发时间和经济成本，数据也更加准确。

风洞主要由洞体、驱动系统和测量控制系统组成，各部分的形式因风洞类型而异。汽车风洞分为全尺寸风洞和模型风洞。为试验1:1模型（全尺寸模型）或真车的风洞叫作全尺寸风洞，为试验缩比模型或零部件的较小尺寸的风洞叫作模型风洞。目前全世界有近30座可用于全尺寸汽车试验的风洞。

汽车风洞又分全天候风洞、声学风洞、气动力风洞。全天候风洞可改变气流温度、湿度、阳光强弱和其他气候条件（雨、雪等）；声学风洞在建造过程中采用了多种降噪措施，背景噪声极低，可以分离并测量出汽车行驶时产生的气动噪声。这两种风洞统称为特种风洞，其余的风洞一般都是气动力风洞。近年来新建的风洞，都是气动/声学风洞，或气动/气候风洞，甚至气动/声学/气候风洞，这类风洞又称多用途风洞。

如今，风阻系数对于汽车的重要性不言而喻：风阻系数越小，就意味着车辆在行驶中的阻力越小，能量转化效率就越高，节能减排效果更明显。

汽车行驶受到空气阻力的影响

汽车风洞的试验段尺寸一种是截面积小于10平方米的风洞（包括缩比模型风洞和全天候风洞），有些小喷口的全天候风洞，主要是用来把空气直接导向热源集中的发动机舱周围区域进行试验。

第二种是截面积为10至30平方米的风洞。这种风洞主要用于试验各种轿车及其他比较小的车辆（实车试验）。如丰田汽车的全尺寸风洞、同济大学的气动/声学风洞。

第三种是截面积大于30平方米的风洞。这类风洞主要用于试验轿车、中级载货汽车以及大客车。如通用汽车的全尺寸风洞，中国气动中心的8米×6米风洞。

传感器：汽车的"电五官"

科技让人类的能力圈不断扩大。如果说机械延伸了人类的体力，计算机延伸了人类的智力，那么无处不在的传感器大大延伸了人类的感知力。传感器一直存在于生活中，小到遥控器、台灯、手机按钮，大到电视、锅炉检测、电网传输、汽车等，覆盖大大小小不同的场景，也可以这样说，传感技术和传感器是现代产品中必不可少的一部分。

传感器的神奇，就如同我们的眼睛、鼻子、舌头、耳朵或皮肤，能够感知周围物体的形状、颜色、气味、声音、质地等信息，也好比是人类五官的延长，称为"电五官"。传感器有压力/温度/流体传感器（触觉）、气体传感器（嗅觉）、光传感器（视觉）、声传感器（听觉）、化学/生物传感器（味觉）等。尽管传感器技术千姿百态，原理千变万化，但万变不离其宗，即大致由感知元件、转换元件及测量电路等部分组成。随着传感器技术与互联网、智能技术融合，智能传感器模块好比有了"大脑和神经系统"，在汽车、机器人、现代农业、气象、军事、物联网、智能交通等各领域应用更广泛，正成为改变全球经济格局、颠覆社会生活的"黑科技"。

在20世纪60年代，汽车上仅有机油压力传感器、油量传感器和液温传感器，它们与仪表或指示灯连接。进入20世纪70年代后，为了治理排放，又增加了一些传感器以帮助控制汽车动力系统，如催化转换器、电子点火和燃油喷射系统等。20世纪80年代后，又增加了一些传感器以帮助控制汽车安全性的防抱死制动系统

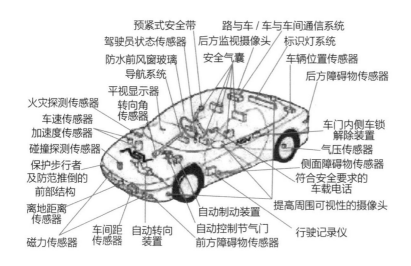

预紧式安全带　路与车 / 车与车间通信系统
驾驶员状态传感器　后方监视摄像头　标识灯系统
防水前风窗玻璃　安全气囊　车辆位置传感器
导航系统　后方障碍物传感器
平视显示器
火灾探测传感器　转向角
车速传感器　传感器
加速度传感器　车门内侧车锁
碰撞探测传感器　解除装置
保护步行者　气压传感器
及防范推倒的　侧面障碍物传感器
前部结构　符合安全要求的
离地距离　车载电话
传感器　提高周围可视性的摄像头
车间距　自动制动装置
磁力传感器　传感器　自动转向　自动控制节气门　行驶记录仪
装置　前方障碍物传感器

汽车上的传感器

（Antilock Brake System，ABS）和安全气囊等。

发动机控制系统用传感器是整个汽车传感器的核心，种类很多，有用来测定各种流体温度和压力（如进气温度、气道压力、冷却液温度和燃油喷射压力等）的传感器，有用来确定各部分速度和位置的传感器（如车速、节气门开度、凸轮轴、曲轴、变速器的角度和速度、排气再循环阀的位置等），有用于测量发动机负荷、爆燃、断火及废气中含氧量的传感器，有用来确定座椅位置的传感器，有在防抱死制动系统和悬架控制装置中测定车轮转速、路面高差和轮胎气压的传感器等。保护前排乘员的气囊，需要较多的碰撞传感器和加速度传感器。面对制造商提供的侧置、顶置式气囊以及更精巧的侧置头部气囊，还要增加传感器。

随着电子技术的发展，汽车电子化程度不断提高，通常的汽车系统因难以解决某些与汽车功能要求有关的问题，而被电子控制系统代替。传感器作为汽车电控系统的关键部件，直接影响汽车技术性能的发挥。目前，普通汽车上大约装有 20 至 50 只传感器，高级豪华轿车则有上百只传感器。装载了众多传感器的汽车，可以实现人、车、路、环境的沟通，进而形成汽车的互联网，即车联网。

当前，汽车智能自动驾驶发展驶入快车道。但随着智能自动驾驶迈出的步伐越来越大，所面临的安全性挑战是智能自动驾驶最核心的问题。智能自动驾驶汽车的安全运行，首要的是能够准确感知周围环境，如街道、车辆、行人、交通标识等，需要搭载多种先进的传感器，包括摄像头、毫米波雷达、激光雷达（LiDAR）等。

对智能自动驾驶汽车而言，先进传感器的原理和功能各不相同，它们能在不同交通场景中发挥各自优势，目前还难以相互替代。

各种传感器比较

传感器	优势	劣势	最远距离
摄像头	可以分辨出障碍物的大小和距离，而且能识别行人、交通标识牌	受视野及恶劣天气影响，逆光和光影复杂情况效果差	6 至 100 米
超声波雷达	防水、防尘，监测距离在 0.1 至 3 米	测试角度较小，需要在车身安装多个	3 米
毫米波雷达	不受天气情况和夜间影响，可以探测远距离物体	行人的反射波较弱，难以探测	大于 200 米
激光雷达	测距精度高，方向性强，响应快，能快速复建出目标的三维模型，满足 90% 的三维工况	成本高，容易受天气的影响，如雨雪、大雾，但随着算法和激光器的改进，可以解决	100 至 200 米

随着汽车传感器黑科技的创新应用，未来更加趋向智能化、微型化、集成化、多功能化、高精度和高可靠性，以及使用新材料和新工艺制成的先进车用传感器将不断应运而生。配置了传感器这个"电五官"，智能网联和新能源汽车将更加节能、环保、便捷和安全，也更加"聪明"和人性化。

奥迪 A8 的传感器布局

轮毂驱动：汽车的"风火轮"

"风火轮"是中国神话传说中哪吒的三大法宝之一，此物双轮，蕴藏风火之力，不停旋转，可踏在脚下腾云驾雾，用作坐骑。如此"风火轮"的神奇效应，在当今注入了轮毂驱动黑科技的汽车上彰显风流：轮毂电机驱动汽车的车轮可达到90度转向，实现灵活多变的复杂控制，也就是说，汽车甚至可以"横着走""任意行"。

确实，随着汽车的结构越来越简单，电动汽车可以将电机直接装到轮子里从而直接驱动电机，进而省去传统的传动结构，让电动汽车乘着"风火轮"想怎么走就怎么走。这种轮毂电机驱动系统的特点是将汽车的"动力、传动、制动"系统整合成为一套电机，直接植入汽车轮毂里驱动车轮，从而省去了减速器、传动轴、差速器等80%的传动部件，极大提升传动效率和灵活性，减少用电量和蓄电池容量，整车重量也将大大减轻。轮毂电机被称为车轮上的"引擎"，它是汽车驱动模式的颠覆性变革，代表了汽车产业的发展方向，同时也极大地促进了电动汽车在智能化、动力传动、续驶里程等领域的全面突破。

关于电动汽车的"三电"（蓄电池、电机、电控系统），最形象的比喻是，电机是"心脏"，电控是"大脑"，它们把动力蓄电池产生的电能像输送"血液"一样，输送到整车的每一个零部件。电动汽车动力系统发展分为三个阶段，第一代是中央电机集中驱动技术（广泛使用），第二代是轮边电机技术（刚进入市场），第三代是未

定子　　轮轴轴承　　固定转子

车辆悬架

线圈、电控组件、变换器

传统合金轮毂

轮毂电机驱动系统

来的轮毂电机技术。据介绍，与前两代技术相比，轮毂电机技术具有更加高效、节能、轻量化、小型化等诸多优点，能有效降低电动汽车成本、降低整体能耗等，是最直接、最高效的黑科技驱动方式，也是未来的应用趋势。轮毂电机技术又称车轮内装电机技术，它的最大特点就是将动力、传动和制动装置都整合到轮毂内，因此，电动汽车的机械部分大大简化了。

轮毂电机技术虽然炫酷，但也并非新生事物。轮毂电机技术的起源可以追溯到 20 世纪元年，当时的费迪南德·保时捷在还没创立保时捷汽车公司时就研制出了前轮装备轮毂电机的电动汽车。20世纪 70 年代，这一技术在矿山运输车等领域得到应用。而对于乘用车所用的轮毂电机，日本汽车厂商对于此项技术研发开展较早，目前处于领先地位，包括通用、丰田汽车在内的国际汽车巨头也都对该技术有所涉足。目前国内自主品牌汽车厂商也已开始研发此项技术。

轮毂驱动技术最大的好处是节能，这一方式与集中式驱动相比较，大约可节能 15% 左右；第二个好处是，便于布置[⊖]，适合低地板公交车、摆渡车等车型，假如没有轮边驱动或轮毂驱动系统空出的地方，低地板车型是很难实现的；第三，轮毂驱动对于整车的轻量化贡献巨大，它可使车身重量至少减轻 15% 左右；此外，它还有可靠性强的优势，同时还更加有利于未来智能驱动、智能驾驶技术的实现。

轮毂电机驱动系统根据电机的转子型式主要分成两种结构：内转子式和外转子式。其中，外转子式采用低速外转子电机，电机的最高转速在每分钟 1000 转至 1500 转，无减速装置，车轮的转速与电机相同；而内转子式则采用高速内转子电机，配备固定传动比

⊖ 轮毂电机技术的优点是可省略大量传动部件，让车辆结构更简单。应用轮毂电机可大大简化车辆的结构，传统的离合器、变速器、传动轴不复存在。这也意味着节省出更多的空间。

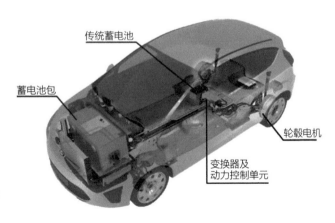

采用轮毂电机布局节省了大量空间

的减速器，为获得较高的功率密度，电机的转速可高达每分钟 10000 转。随着更为紧凑的行星轮减速器的出现，内转子式轮毂电机在功率密度方面比低速外转子式更具竞争力。

轮毂电机可实现多种复杂的驱动方式，由于每个车轮都是单独驱动的，非常容易实现四驱形式。应用轮毂电机技术甚至可以实现两侧车轮反转来达到原地转向的目的。此外，对于一些特种车辆，如车轮数超多的"蜈蚣车"来说，轮毂电机也是非常好的解决方式。同时，轮毂电机可以通过左右车轮的不同转速甚至反转，实现类似履带式车辆的差动转向，大大减小汽车的转弯半径。

无论是纯电动汽车还是燃料电池电动汽车，或是增程式电动汽车，都可以用轮毂电机作为主要驱动力。同时，新能源汽车的新技术，比如制动能量回收（再生制动）也可以很轻松地在轮毂电机驱动车型上得以实现。轮毂电机这项黑科技确实有着很好的发展优势。

发动机舱盖下的黑科技

作为汽车的"心脏"部件，发动机对汽车的整体性能有着非常重要的影响。发动机堪称是高技术、高创新密集的硬核技术，其设计和制造水平一直是各发达国家汽车工业的表征。在汽车发动机舱盖下，从来没有停止过各式各样、大大小小的黑科技暗战。以下列举一些主要的汽车发动机黑科技成果。

（1）涡轮增压技术

涡轮增压装置主要由涡轮室和增压器等部件组成。不同于一般的自然进气发动机，涡轮增压技术是利用发动机排出的废气惯性冲力来推动涡轮室内的涡轮，涡轮又带动同轴的叶轮，叶轮压送由空气滤清器管道送来的空气，使之增压进入气缸。通过利用排出废气的热量及流量，涡轮增压器能提升内燃机的输出功率或者在同等输出功率下提升燃油经济性。

（2）可变气门配气正时和气门升程电子控制技术

可变气门配气正时和气门升程电子控制（Variable Valve Timing and Valve Lift Electronic Control，VTEC）系统是本田公司的专有技术，它能随发动机转速、负荷、冷却液温度等运行参数的变化，而适当地调整配气正时和气门升程，使发动机在高、低速下均能达到最高效率。VTEC 系统标志着汽车发动机的技术革命。

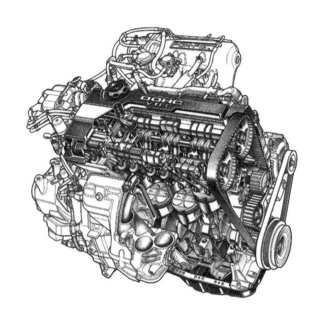

VTEC 发动机

（3）缸内直喷技术

与一般汽油发动机不同，缸内直喷式汽油发动机将喷油器安装在燃烧室内，将汽油直接喷注在气缸燃烧室内，空气则通过进气门进入燃烧室与汽油混合成混合气被点燃做功，这种形式与直喷式柴油机相似。其优点是油耗低、升功率大、压缩比高，与同排量的一般发动机相比，功率与转矩均提高10%。

（4）电子气门技术

电子气门是发动机技术的重大突破，属于没有节气门的发动机控制技术。发动机在运行过程中，其进气量主要是通过电子控制气门阀的开启程度来达到的，其开启的深度范围在0.25毫米至9.7毫米，而两个极值之间的反应时间约为0.3秒。这种技术使得发动机燃烧更加彻底，废气排放量较少。

（5）分层燃烧技术

分层燃烧技术的特点在于，发动机气缸内的混合气浓度不是均匀的，缸内远离火花塞的地方混合气较稀，而靠近火花塞的地方混合气较浓，这就要求发动机实现两次（进气和压缩行程）喷油或使用特殊的喷油器。分层燃烧技术可以充分发挥燃油动力，达到更高的热效率。

（6）TSI技术

TSI中，T指双增压，S指分层，I指喷射。TSI技术是大功率、低转速、大转矩的发动机技术，从某种意义上来说，它是双增压和分层直喷技术的有效融合，其技术要求比一般发动机技术要高。

（7）创驰蓝天

创驰蓝天（SKYACTIV）是马自达公司的发动机技术。这项技术的主要特征就是实现了压缩比为14:1。SKYACTIV技术使得发动机高压燃烧，从而有效提高了发动机的工作效率。经测定，SKYACTIV发动机技术在理论上可将燃烧的效率值提高9%左右，并且其配有6孔喷射系统，从而增加了空气流动性，加强了喷射压力，改善了燃油效率。

（8）Eco Boost

Eco Boost技术是福特汽车新动力技术，它主要是在传统汽油发动机的基础上，对发动机增加了燃油缸内直喷、涡轮增压和双独立可变气门正时系统，从而保证了发动机的动力传输效率，提高了燃烧效率，降低了废气排放量，对于发动机技术的发展具有促进作用。

（9）火花控制压燃点火技术

火花控制压燃点头（Spark Controlled Compression Ignition，SPCCI）技术应用于马自达SKYACTIV-X发动机。其原理是先用火花塞点燃一小部分混合气，使其膨胀挤压其他混合气，随着活塞的进一步运动，其他混合气被压燃，如此一来便可实现稀薄燃烧，解决了令工程师头疼的压缩比问题，可谓是发动机领域的一大创新。

改变汽车的
100个
黑科技

真正绿色的车用替代燃料

真正绿色的汽车替代燃料，是指那些在生产和使用以及用后处理的整个过程中，对环境的破坏和影响都比较小的替代能源燃料，如清洁煤燃料、合成燃料、天然能源、生物质能、氢等。近年来，传统能源供应趋紧、温室气体减排压力不断增大，寻找汽车替代能源的"绿野仙踪"，放飞隐藏在广袤"原野"中的黑科技，发展真正绿色的车用替代燃料，是推进汽车技术创新的重要组成部分。

新能源汽车只有采用这些真正绿色能源产生的水电、风电、光伏发电、核电、氢能电池等清洁燃料或新动力来代替传统汽油燃料，才称得上是真正的绿色节能环保汽车。因此，真正绿色的车用替代能源应用技术的开发有两种途径：一是开发使用绿色替代燃料的汽车，例如目前研发的天然气汽车、甲醇汽车、液化石油气汽车、氢气汽车等各种各样绿色替代燃料汽车；二是开发利用绿色替代动力的汽车，如电动汽车、太阳能汽车、风力汽车等。这些汽车由于其

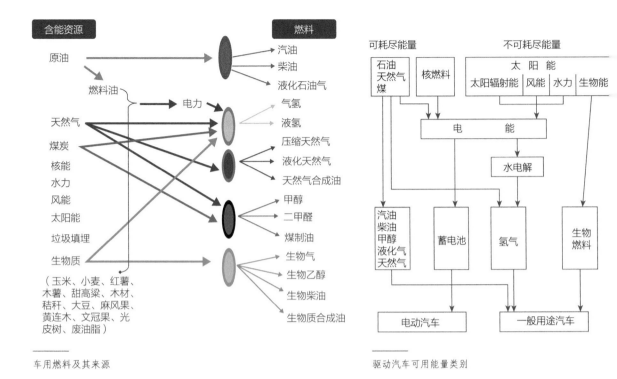

车用燃料及其来源

驱动汽车可用能量类别

排放的有害气体比传统汽车少，甚至为零，因此，都可以被称作是真正绿色的车用替代燃料的应用技术。

国际能源机构预测，在没有重大替代燃料技术突破的情况下，2030 年世界交通部门的能源消费和温室气体排放将分别比 2006 年增加 9.44 亿吨油当量和 24 亿吨二氧化碳，分别占同期世界能源总消费增量的 18% 和温室气体总排放量的 19%，届时交通行业在世界石油总需求中的比重也将增加到 57%。车用替代燃料得到了许多国家的政府推动和政策扶持。欧盟委员会提出 2020 年使可再生燃料（主要是生物燃料）满足 10% 道路交通燃料需求的目标。美国要求可再生燃料使用量在 2022 年达到 360 亿加仑（约 1.1 亿吨），预计届时将占美国车用燃料的 22%。各种真正绿色的汽车替代燃料正得到快速的发展。

（1）天然气

天然气主要存在于油田和天然气田，也有少量出于煤层，有较为丰富的来源。世界探明的天然气储量与石油差不多，根据近年来的勘察情况，全世界的天然气可开采约 60 年，石油则可开采 40 年左右。天然气是一种无色、无味的气体；汽车使用天然气为燃料时，燃烧完全，产生的二氧化碳少，燃烧产物几乎不含硫、粉尘和其他有害物质，造成温室效应的可能性低，对大气污染小，是一种绿色环保的能源；天然气无毒、易散发，比重轻于空气，不宜积聚成爆炸性气体，较之汽油更不容易爆炸，是一种安全可靠的能源燃料。

（2）氢

氢是宇宙的重要组成成分，氢能资源丰富。氢可以通过煤、天然气等化石能源与水反应来制取；可以利用生物体中的氢元素通过裂解或者气化的方法来提取；可以利用太阳能、风能、地热能等电解水制取；也可以通过回收各种化工过程副产品氢气（如氯碱工业、冶金工业等）储存起来，用作汽车燃料。氢能在汽车上使用时，燃烧产物是水，是世界上最干净的能源，而且燃烧反应生成的水可再用来制备氢，可以循环使用；氢气发热值高，每千克氢燃烧后的热量，约为汽油的 3 倍、酒精的 3.9 倍、焦炭的 4.5 倍；氢能燃烧性好，与汽油和柴油相比，氢容易点燃且点燃快，含氢量在 3% 至 97% 范围内均可燃。现阶段，氢能在汽车上的使用方式主要有两种：一是氢气在内燃机内的直接燃烧，即氢气内燃发动机汽车；二是氢燃料电池电动汽车。后者有很高的驱动效率，其燃料效率是油电混合动力汽车的两倍，是传统汽油动力汽车的 3 倍。

（3）醇类燃料

汽车上用的醇类燃料主要是甲醇和乙醇。甲醇可以通过煤炭、天然气等制取，还可以利用合成氨制取合成气进行联产甲醇。乙醇主要来自谷物，通过玉米、甘蔗、薯类等农作物及木质纤维素的发酵提取而来。

（4）生物柴油

以工程微藻等水生植物油脂或野生油料植物及餐饮垃圾油、动物油脂等为原料，通过酯交换工艺制成的可代替石化柴油的再生性柴油燃料，叫生物柴油。生物柴油含水率较高，最大可达 30% 至 45%，油黏度降低，稳定性提高；pH 值低，须用抗酸耐腐蚀的材料储存装置；硫含量低，硫化物和二氧化硫的排放少；有高达 98% 的生物降解性，降解迅速，降解速率比普通柴油高两倍，使意外泄漏对环境造成的污染大大减轻，具有优良的环保特性；闪点高，运输、储存、使用安全可靠；具有较好的低温起动性能，十六烷值高，燃烧性能优于柴油。生物柴油作为汽车的一种替代燃料，不需要对发动机进行改动，直接添加即可。

（5）电能

作为二次能源，电能来源广，风能、水能、核能等任何一种其他形式的能源都是其来源；结构简单、方便维修、噪声小、能源利用率高、无污染等是使用电能的汽车具有的优点。目前，电能在汽车上的应用主要有两种形式：电车和电动汽车。电车即车从车顶上的高架电线获得电力，该形式仅适用于固定路线运行的车辆，如公交车、班车等。电动汽车是指以车载电源为动力，用电机驱动车轮行驶，符合安全法规、道路交通各项要求的车辆。高成本、较长的蓄电池充电时间、较短的使用寿命、密度较低的电池能量以及由此而引发的续驶里程短、体积质量大，等等，这些问题都是电动汽车无法避免的。近30年来，随着能源意识、环保意识空前强化，电动汽车的研发成为汽车工业的"热点"。

采用新型动力系统的汽车也在传统燃料替代之外开辟了重要途径，主要包括油电混合动力汽车、纯电动汽车以及氢燃料电池电动汽车等。按照相应的能源及其燃料和动力技术特点，各种绿色替代燃料系统和绿色替代动力系统具有不同的节能减排效益，现处于不同效益的发展阶段。

不同替代燃料和技术的节能减排效益

项目	替代燃料	节能减排效益
直接燃料替代	燃气（天然气、液化石油气）	温室气体排放减少约20%
	煤基燃料（甲醇、二甲醚、合成燃料）	化石能源消耗和温室气体排放均增加80%至200%
	传统生物燃料	节能减排率约20%至60%
	第二代生物燃料	节能减排率约50%至90%
间接技术替代	混合动力	油耗和温室气体排放减少约10%至40%
	纯电动	温室气体排放减少约50%
	燃料电池	如采用太阳能电解制氢，温室气体排放明显减少

改变汽车的
100个
黑科技

生物质燃料汽车

生物质能源是大自然恩赐人类的可再生能源。生物质能源以产量巨大、可储存、碳循环等优点引起全球广泛关注。科学家用全新的眼光审视能源农业：农作物通过光合作用将太阳能转化为化学能储存在体内，形成可为人类利用的生物质能。经过加工形成的生物质燃料，其燃烧对环境造成的污染比矿物能源少，比核能安全，比风能、地热使用广泛。生物质燃料包括生物质汽油、生物柴油、生物航空煤油和生物燃料机油。因此，开发生物质能源，研发生物质燃料汽车，可有效地延长地球上石油资源的使用时间。

　　生物质燃料汽车是替代燃料汽车的一种。生物质燃料泛指由生物质组成或萃取的固体、液体或气体燃料。它可以替代由石油制取的汽油和柴油，是可再生能源开发利用的重要方向。广义的生物质是指利用大气、水、土地等通过光合作用而产生的各种有机体，即一切有生命的可以生长的有机物质，包括各种能源植物、速生草本植物、富糖植物、富油脂植物及各种废弃物等，都是洁净的可再生能源。生物质燃料分为第一代和第二代。

　　第一代生物质燃料主要有两大类，一类是用植物油（如油菜籽）合成生物柴油，另一类是用植物（如蔗糖、玉米）产生的乙醇代替部分汽油。但近几年第一代生物燃料因增加了对农作物的需求，迫使人们砍伐森林和排干湿地来种植粮食而被人们所诟病。因此，欧盟各国开始提倡生产使用第二代生物质燃料。

　　遵循不"与粮争地"、不"与人争食"路线的第二代生物质燃料，正成为未来生物质能源产业发展的方向。第二代生物质燃料以非粮作物乙醇、纤维素乙醇和生物柴油等为代表，原料主要使用非粮作物，如秸秆、枯草、甘蔗渣、稻壳、木屑以及地沟油等废弃物，以及主要用来生产生物柴油的动物脂肪、藻类等。

　　在环境友好方面，第二代生物质燃料的表现也远较第一代出色。以中国为例，如果将每年产出的约 7 亿吨秸秆全部转化，理论上能生产出 1.4 亿吨燃料乙醇。粗略估算，在汽油中添加 10% 乙醇，虽然目前仅节约 2% 的成本，但乙醇汽油的环境效益明显，可帮助缓解人类的能源供给困境。

液态生物质燃料的应用始于早期的汽车工业。柴油发动机的发明者，德国的鲁道夫·狄塞尔曾用花生油作为燃料。由亨利·福特发明的 T 型车，曾完全使用乙醇为燃料。

生物质燃料汽车主要有生物柴油汽车和乙醇燃料汽车。

（1）生物柴油汽车

生物柴油是指以油料作物、野生油料植物和工程微藻等水生植物油脂，以及动物油脂、餐饮垃圾油等为原料油，通过酯交换工艺制成的再生性柴油燃料。

生物质燃料汽车环境保护性能好。比起柴油汽车，生物柴油汽车的尾气中有毒有机物排放量仅为 1/10，颗粒物降为 20%，一氧化碳和二氧化碳排放量减少为 10%，无硫化物和铅及有毒物的排放；混合生物柴油可将排放含硫物浓度从 500PPM（百万分之一）降低到 5PPM。同时，不用更换发动机。

将地沟油转化为生物柴油的前景被业界看好，炼油厂家的转化率普遍在 80% 以上。随着技术的不断更新换代，"地沟油"提炼生物柴油的转化率可以由最初的 70% 提升到 98%。

（2）乙醇燃料汽车

乙醇燃料是一种被广泛用于运输业的生物质燃料。乙醇是无色透明、易燃易挥发液体，有酒的气味和刺激性辛辣味，能溶于水、甲醇、乙醚和氯仿，能与水形成共沸物，能溶解许多有机化合物和若干无机化合物。乙醇燃料汽车是使用车用乙醇汽油作为主要动力燃料的机动车，汽油发动机不需要做过多改动就可以直接使用乙醇燃料。

车用乙醇汽油（国外称汽油醇），是在汽油中加入 10% 的变性乙醇，可使汽油辛烷值提高 3%，氧含量增加 3.5%，大大改善了汽油的使用性能，燃烧更彻底，是一种节能环保型燃料。

乙醇燃料汽车的特性和优点：乙醇燃料增加汽油中的氧含量，使燃烧更充分；有效提高汽油的标号，使发动机运行平稳；有效消除火花塞、气门、活塞顶部及排气管、消声器部位积炭的形成，可以延长主要部件的使用寿命。不过，乙醇的燃烧值不如汽油，因此乙醇汽车需要携带更多的乙醇才能满足行驶需要，而且含水乙醇对发动机燃油部件还具有腐蚀性。

目前乙醇汽油的生产和使用技术已十分成熟。美国和巴西是世界上主要的燃料乙醇生产和消费国。中国为了解决能源、农业、环境问题，也在推行乙醇汽油政策，加大第二代非粮原料生产生物质燃料的研发力度及其产业化势在必行。

脑洞大开的汽车燃料

鉴于石油是不可再生能源，在交通运输领域，各国政府都在积极推动汽车业朝电动化和替代燃料化转型。与此同时，汽车企业、化工巨头、能源公司等也在孜孜不倦地探索新燃料。这些研发有些已经进入应用阶段，有些商业前景巨大，有些可能难以走出实验室，但无论如何，各种脑洞大开的黑科技对于开发利用资源提供了有价值的借鉴和思考。

（1）非食物残渣

关注各种非食物残渣原料（如麦秸和木屑）转化为可再生汽油研发以及推动商业化应用。作为可再生烃类生物燃料其中的一类，可再生汽油也被称为生物汽油或绿色汽油，是生物合成的运输燃料，适用于火花点火式发动机。这种可再生汽油能以高比例（超过30%）混合到化石汽油中，混合燃料适用于任何汽油发动机，发动机不需要改装。

（2）锯末

锯末本来是木材厂不太受欢迎的副产品，常常用作工业锅炉的燃料、塑合板、木浆、家庭用火、护根土，或用于吸收油污，但科学家已经为锯末找到了一条新出路。通过一种新的化学反应，将锯末中的纤维素转变为烃链，并称之为绿色碳氢化合物，这种材料再进一步就可以转化为汽油。这种碳氢化合物还能够用作绿色添加剂，取代传统汽油提炼过程中的添加剂。

（3）污水

污水厌氧处理技术因其高效能、低能耗等特点在污水处理工程上受到广泛关注。在厌氧处理过程中，污水中的有机物被厌氧细菌分解、代谢、消化，使得污水中的有机物含量大幅减少，同时产生甲烷、二氧化碳、硫化氢、氨、氢、氧等气态物质。这些物质引起了一些企业的兴趣。研究认为，一座中等规模的工厂每天可以处理大约10000立方米的废水，进而可以生成1000立方米的甲烷，足够供150辆压缩天然气汽车每天行驶100千米。

（4）水藻

由于采用玉米、大豆等提炼生物柴油可能会带来粮食危机，新的生物柴油来源成为热门课题，方法之一就是利用藻类制造生物柴油。国内外正在推进藻类燃料的研究。但在实验室的人工繁殖环境中，生物学家一直无法维持藻类快速生长的同时保持藻类体内的脂肪水平，以提炼足够的生物燃料。后来埃克森美孚石油公司与美国生物科技基因组公司共同宣布，在不改变生长时间的情况下，通过修改海洋富油微拟球藻的基因，可将这类藻类的脂肪含量比野生同类提升1倍。藻类虽然是理想的生物燃料，但生产成本很高，而且在同一段时间有大量的藻类生长，可能引发赤潮。

（5）e柴油

除了汽油外，合成柴油领域也有研究成果。e柴油这种液体燃料以空气和水为原料，其制作分为三个步骤。首先，研究人员在800℃以上高温条件下加热水，形成水蒸气，而后通过高温电解使之分解为氢气和氧气。这一过程使用的能源是太阳能或风能等绿色能源。其次，在高温高压条件下，使氢气和二氧化碳混合，生成一种名为Blue Crude的燃料。最后，提炼这种燃料，方法类似于从化石燃料中提炼汽油。e柴油不含硫或芳香烃碳氢化合物，被称为"未来燃料"，可以让汽车以接近碳中和的方式行驶。

（6）地沟油

说起地沟油，可能都会感觉有毒又极不卫生，但在生物燃料领域，地沟油可以提炼为生物柴油。业内人士指出，类似燃料的推广仍存在困难，相对高昂的生产成本，回收、销售端的"小作坊"式运作，使地沟油燃料全面使用尚需时日。

（7）大肠杆菌

英国帝国理工学院的科学家有一个很有趣的想法，即用经过基因改造的大肠杆菌来制造丙烷。研究人员使用大肠杆菌作为宿主生物体，通过生物酶阻断大肠杆菌中脂肪酸进入生物膜的生物过程，转而引导脂肪酸进入不同的生物途径，最终使大肠杆菌产生可再生丙烷。这项研究打开了未来可再生燃料可持续生产的可能性，可以用来取代汽油、柴油、天然气等化石燃料。研究人员称，利用细菌方法生成的丙烷，具备与传统丙烷完全相同的效能。

（8）咖啡渣

统计数据显示，英国人每天会喝掉5000多万杯咖啡，仅仅在伦敦每天就会产生20万吨咖啡废料。对此，有人动起脑筋。在汽车行李舱内安装原料桶和加热装置，咖啡渣经过加热产生可燃气体，气体由架在车顶的管道引至发动机，为汽车提供动力。2014年，英国工程师马丁·贝根制造出一辆以咖啡渣为动力的汽车，速度能达到107千米/时。咖啡渣的高热量、内含化合物等特点，使它成为生产清洁燃料的理想原料，也可避免咖啡渣掩埋或直接焚烧造成的环境污染。还有一个好处是，使用这种燃料的汽车尾气中会含有咖啡的香味。

（9）威士忌

在苏格兰，代表城市气息之一的无疑就是威士忌的芬芳了。不过，威士忌生产过程中，威士忌酒大约只占到原料总量的7%，剩余的都是废渣。英国每年在生产威士忌的过程中，能产出几十万吨粮食废渣和数十亿升的废液。苏格兰爱丁堡的凯尔特可再生能源公司通过两年的研究，终于从威士忌的废渣废液中提取出了生物燃料——丁醇。2017年7月，该公司将生物丁醇以15%的比例混入汽油，成功进行了首次车辆公开试驾，而发动机不需要任何改装。

（10）粪便

科学家从没有放弃对其他垃圾回收再利用，包括粪便排泄物。2017年年底，丰田对外公布了一个名为Tri-Gen的项目，宣布要在美国加州长滩港建立一座制氢及燃料电池发电厂。至于工厂的原料，则是对动物粪便的搜集、处理和再利用，加州中央山谷农牧场的奶牛功不可没。通过此项目，不仅可以利用奶牛粪便释放的甲烷来大规模地制氢，还可以帮助加州政府解决成堆的动物粪便难题。

与不可再生的汽油、柴油，以及可再生但消耗玉米、甘蔗等能源作物的生物乙醇相比，上述研究的汽车燃料"暗料理"似乎有些"不走寻常路"，但随着全球人口膨胀和能源日益减少，如何实现现有资源的有效利用以及废弃资源的再利用，是人类都要思考的问题。

迭代变化中的动力蓄电池

为电动汽车提供驱动动力的蓄电池被称为动力蓄电池，分为功率型动力蓄电池（用于混合动力电动汽车）以及能量型动力蓄电池（用于纯电动汽车）。汽车动力蓄电池是电动汽车的核心部件之一，它好比是"发电机"，也是电动汽车发展中的黑科技。理想的车用动力蓄电池要有高能量密度、高功率密度、长寿命、工作温度范围宽、可长期储存（无显著衰减和自放电）、安全性和可靠性良好、成本低等特点。

1973年至1989年是动力蓄电池初期发展阶段。1973年，石油危机爆发，电动汽车再次受到高度关注，美日欧等很多国家纷纷推出电动汽车发展计划。其间，动力蓄电池技术未取得重大突破。

1990年至2004年是动力蓄电池局部产业化尝试阶段。1990年，美国加州颁布的《零排放汽车法案》极大地促进了电动汽车技术的发展。但动力蓄电池技术仍难突破。与此同时，丰田和本田等公司在混合动力电动汽车技术上取得重大突破，并逐步实现产业化。

2005年后，动力蓄电池进入了产业化阶段。2005年，美国《能源政策法案》制定了政府优先采购、财政支持和税收减免等措施；2006年出台了"先进能源计划"，其重点是加大对先进蓄电池和氢能汽车等技术的投资力度；2009年3月，美国宣布了一个24亿美元的电动汽车领域支持计划，其中15亿美元给予蓄电池及其他配套厂商。其间，德国则提出10年普及100万辆纯电动汽车和插电式电动汽车的计划；日产、三菱和宝马等汽车公司均发布了新一代

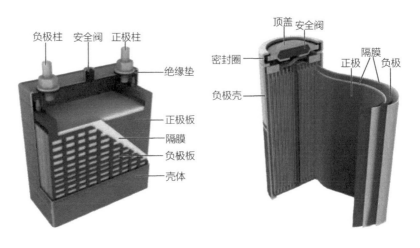

动力蓄电池的结构

纯电动汽车上市计划。

蓄电池是电动汽车最重要的动力来源。电动汽车动力蓄电池类型很多。

（1）铅酸蓄电池

铅酸蓄电池是由正负极板、隔板、壳体、电解液和接线桩头等组成，其放电的化学反应是依靠正极板活性物质和负极板活性物质在电解液的作用下进行，其中极板的栅架是用铅锑合金制造。电压：2 伏；使用寿命：200～300 次；放电温度：0～45℃；充电温度：0～45℃。由于铅酸蓄电池比能量较低、充电速度较慢、体积和重量大、寿命较短，所以逐渐被其他蓄电池所取代。

（2）镍镉蓄电池

镍镉蓄电池属碱性电池，与酸性电池相比，其容器和极板的机械强度高。其优点是比功率大、比能量高、可快速充电、使用寿命长、抗电流冲击能力强、工作温度范围宽（-40～85℃），在较大的放电电流范围内电压变化较小等，成为电动汽车很具吸引力的电源，缺点是生产成本高及其重金属镉具有致癌性等。目前镍镉蓄电池已很少使用。

（3）镍氢蓄电池

镍氢蓄电池使用寿命：1000 次；放电温度：-10～45℃；充电温度：10～45℃；目前最高容量是 2100 毫安·时左右。镍金属氢化蓄电池在物理结构上与镍镉蓄电池相似，其化学过程是，氢离子在负极的储氢合金和镍材料正极之间传输。蓄电池是密封的，并使用一种液态电解质，由于成本相对锂蓄电池低，还应用在一些混合动力电动汽车中。

（4）锂 - 空气蓄电池

锂 - 空气蓄电池能达到与汽油相同的有效能量密度。锂 - 空气蓄电池以锂为阳极，以多孔碳为阴极在工作时吸收空气中的氧气。因此，可以说蓄电池的一端是开路，或者说它有自己的氧气供应。在放电时，氧气和锂反应生成氧化锂或过氧化锂，充电时进行相反的反应释放出氧气。两个反应都是在碳电极表面进行的。锂 - 空气蓄电池存在充电困难的缺点。

（5）超级电容器

超级电容器兼具铅酸蓄电池和锂蓄电池的优点。铅酸蓄电池和锂蓄电池都是化学电池，都是先将电能转化为化学能，再将化学能转化为电能的蓄电放电方式。而超级电容器的设计是直接将电以电能的形式存储，实现充放电中能量的零损失。现今超级电容器多用于纯电动或者混合动力公交车上。超级电容器有充电快、能量密度高、节能环保、免维护的优点。但是超级电容器的储电量小、电压低、可靠性低，目前超级电容器技术正向全固体超级电容器发展。

（6）钠氯化镍蓄电池

钠氯化镍蓄电池利用的是带氯化镍正电极的电池，β-氧化铝固体电解质及融化的氯化铝酸钠次电解质。这样，大幅提高了蓄电池的蓄电容量和负载能力；还提高了电动汽车的可靠性，使蓄电池的工作更为安全。电动汽车的试验结果表明：该蓄电池组不需要维修，效率为 100%，可冻、解冻循环，即使蓄电池损坏也很安全。因此，钠氯化镍蓄电池的应用前景是非常广阔的。

（7）锂离子蓄电池

锂离子蓄电池电压：3.6 伏；使用寿命：500 次；放电温度：-20～60℃；充电温度：0～45℃。锂离子蓄电池重量比镍氢蓄电池轻 30% 至 40%，容量高出镍氢蓄电池 60% 以上；但是不耐过充，如果过充，会造成温度过高而破坏结构，导致爆炸。锂离子蓄电池具有单体额定电压高、比能量和能量密度高及使用寿命长等优点，其单位重量储能为铅酸蓄电池的 3 倍。

（8）锂聚合物蓄电池

锂聚合物蓄电池是锂离子蓄电池的改良型，没有蓄电解液，而改用聚合物电解质，可以做成各种形状，比锂蓄电池稳定。其电压：3.7 伏；使用寿命：500 次；放电温度：-20～60℃；充电温度：0～45℃。其单位重量储能为铅酸蓄电池的 4 倍。

（9）固态蓄电池

固态蓄电池采用全新固态电解质取代当前有机电解液和隔膜，具有高安全性、高体积能量密度的优点；同时，如果与不同新型高比能电极体系具有广泛适配性，则可进一步提升其质量能量密度，有望成为下一代动力蓄电池的终极解决方案。

在众多蓄电池中，目前应用最为广泛的是锂蓄电池，包括锂离子蓄电池和锂聚合物蓄电池。锂资源较为丰富，价格也不是很贵，可以说它是最被市场看好的动力蓄电池。目前在用的动力蓄电池有五个因素制约着电动汽车的发展：一是蓄电量较小，充电后续驶里程短；二是充电时间长，一般充电时间需 4 小时至 8 小时，使用不方便；三是单位装备质量的电荷量太小，使纯电动汽车自身装备质量大；四是动力蓄电池使用寿命短；五是动力蓄电池的价格高。动力蓄电池价格几乎占了电动汽车价格的一半左右。因此，电动汽车的成败取决于其动力蓄电池的性能提高和价格下降。

独辟蹊径的燃料电池

燃料电池是一种将存在于燃料与氧化剂中的化学能直接转化为电能的发电装置。它是继水力发电、热能发电和原子能发电之后的第四种发电技术。英国作家威廉姆斯在他的科幻小说《神秘的小岛》中，首次提出氢燃料电池的幻想。而现在，这个幻想已逐渐走进人们的生活。

1839 年，英国科学家格罗夫在研究电池的使用时就已经知道电解，即电流通过水时能产生氢气和氧气。但他想知道，这一过程是否可以逆转，即氢和氧结合能否产生电流。格罗夫准备了两个铂金电极，他将两个电极的一端分别密封在充满氢气和氧气的试管中，又将稀释的硫酸注入一个容器，再把两个电极没有密封的一端浸入容器中。此时，格罗夫发现有微弱的电流在两个电极之间流动。

看到这个情景，格罗夫十分高兴，这正是他所期望的结果。格罗夫将这种装置称为气体电池。他相信，有朝一日这种"气体电池"装置可以为人类提供新能源，替代传统矿物燃料。格罗夫发明的"气体电池"装置，就是世界上最早的燃料电池。

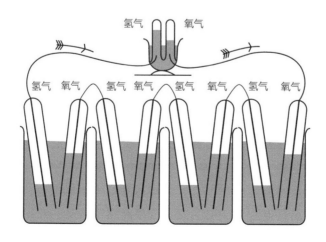

格罗夫实验

1932 年后，英国工程师培根把目光放在电池的实用性上，重新设计了格罗夫的燃料电池。培根改用镍替代铂，又用氢氧化钾替代硫酸。这样，既降低了成本，又可以避免金属电极被硫酸腐蚀，延长金属电极寿命；另一改进是采用了多孔电极，增加了电极与催化剂接触的面积，引发更多化学反应，从而产生更多电流。培根的燃料电池因价格比较贵，没有引起人们的兴趣。但他继续进行研究。1959 年，实用的培根燃料电池问世，即通过电化过程将空气和燃料直接转变成电能，可产生 5 千瓦电量。此后，燃料电池这个黑科技被正式运用于美国的卫星上，为卫星上的无线电发射机提供电力。

20 世纪 60 年代，美国 UTC 公司开发出以液氢和液氧工作的燃料电池应用于军事领域。1979 年，杰佛里·巴拉德于加拿大创立了巴拉德动力系统公司，开发以质子交换膜燃料电池（PEMFC）为主的燃料电池并应用于汽车领域。1992 年，各国汽车制造商在政府的支持下开始研发燃料电池汽车，其中巴拉德公司于 1993 年向世界展示了一辆无污染的 PEMFC 驱动的公交车，引起全球研发热潮。1994 年，奔驰公司生产了燃料电池汽车 NECAR1，这也是世界上第一辆燃料电池汽车。随后，美日韩等国相继推出其燃料电池概念车以及量产车。

燃料电池是由正极、负极和夹在正负极中间的电解质板所组成的发电装置，它是一种能够通过发生在正极、负极上的氧化还原反应，将化学能转化为电能的能量转换装置。⊖

燃料电池与蓄电池的相同点是都将电池中化学物质蕴藏的化学能转变为电能，不同点是普通蓄电池仅是一个有限的电能输出和储存装置，而燃料电池既是一个储存电能装置，把储存其中的电能输出，又是一个产生电能装置，能把所输入燃料的化学能转化为电能，只要连续不断地供给燃料，它就能源源不断地输出电能。

燃料电池这种发电装置具有排放干净、噪声低、对环境污染小等优点，它不需要充电，燃料多样化，可靠性高，维修方便。最初，燃料电池这种发电装置很小，造价很高，主要用于宇航领域。现在，燃料电池已大幅度降价，逐步转向地面交通工具应用。

燃料电池有多种类型。根据工作温度的不同，可分为低温型、中温型、高温型三种；按照电解质种类，可分为碱性燃料电池 (AFC)、磷酸燃料电池 (PAFC)、融熔碳酸盐型燃料电池 (MCFC)、固体氧化物燃料电池 (SOFC)、质子交换膜燃料电池（PEMFC），以及直接甲醇燃料电池（DMFC）、再生型燃料电池（RFC）等。其中，质子交

⊖ 燃料电池中最理想的燃料是氢，其特点是反应过程不经过燃烧，将氢的化学能直接转换为电能，能量转换率高达 60% 至 80%，其使用效率是普通内燃机的 2~3 倍。燃料电池中参与化学反应的物质是氢和氧，它们通过管道由燃料电池外部的储存系统提供。只要能保证氢和氧的连续供应，燃料电池可以连续不断地产生电能。

换膜燃料电池目前广泛用于氢燃料电池电动汽车。

　　质子交换膜燃料电池也叫聚合物电解质膜或固态聚合物电解质膜、聚合物电解质膜燃料电池。它是由两块电极（阳极、阴极）和一片薄的聚合物电解质膜（质子交换膜）组成，电极基本由碳组成。PEMFC 在原理上相当于水电解的逆装置。氢流入燃料电池到达阳极，裂解成氢离子（质子）和电子。由于质子交换膜是一种轻薄的电解质，对于质子具有渗透性。氢离子通过电解质渗透到阴极，而电子只能通过外电路才能到达阴极。当电子通过外电路流向阴极时就产生了直流电。以空气形式存在的氧供应到阴极，与电子和氢离子结合形成水。每个单体 PEMFC 的发电电压理论上限为 1.23 伏。接有负载时，PEMFC 输出电压取决于输出电流密度，通常在 0.5 ~ 1 伏。将多个单体电池层叠组合就能构成输出电压满足实际负载需要的燃料电池堆，也简称电堆。

燃料电池

　　PEMFC 的优点，一是能量转换率高，发电效率最高达 80%；二是以固体聚合物为电解质，无腐蚀和电解质流失，发电时不产生污染，不产生有害气体，工作时也没有噪声，不会污染环境。

　　燃料电池技术是一种先进的清洁能源技术，燃料电池能够将燃料的化学能直接转化为电能，并伴随高效率、无污染和长寿命等特点。相对于其他类型的燃料电池，PEMFC 因其能量转换率高 (40% 至 60%)、工作温度低和比功率高等优势，成为一种清洁高效的绿色环保电源，被广泛应用于氢燃料电池电动汽车。

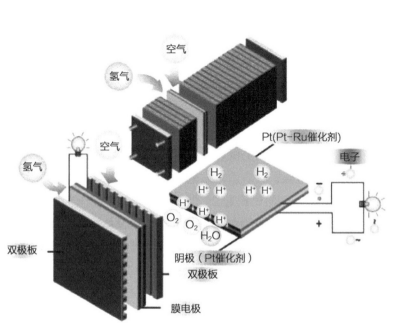

燃料电池堆

概念车：窥视未来黑科技

　　概念车可以理解为一种介于未来设想和现实之间的汽车。汽车设计师利用概念车向人们展示新颖、独特、超前的构思，窥视并展示未来社会先进汽车与出行方式的黑科技。概念车往往只是处在创意、试验阶段，也许不会投产，主要用于车辆的开发研究和开发试验，可以为探索汽车的造型、采用新的结构、验证新的原理等提供样机。

　　别克 YJob 是汽车工业界公认的世界第一辆概念车，它于 1938 年由美国通用汽车艺术和色彩部首任主任、美国汽车造型之父——哈利杰·厄尔发明。

概念车

　　20 世纪五六十年代，概念车只是木制框架上的玻璃纤维车体，它们是为了展出而制作的，甚至连动力装置都没有。而现在，世界各大汽车公司都不惜巨资研制概念车，并在国际汽车展上亮相，一方面了解消费者对概念车的反应，从而继续改进；另一方面也是为了向公众显示本公司的科技实力、设计新观念和产品开发水平，从而提高自身形象。因此，真正在车展上大放异彩的不是各个品牌即将推出的量产新车，而是概念车。因而概念车也是科技设想最超前、汽车的艺术性最强、代表汽车未来发展方向的最具吸引力的汽车。

　　多年以前的人们讨论起 21 世纪的汽车时，无一例外地为它们配置了如火箭或者宇宙飞船那样的外壳，以及原子能、太阳能之类强大且便利的动力。21 世纪的公路依然是半个世纪之前的路，汽车当然也可能还是 4 个轮子、1 个车壳，只不过其内涵有了不小的变化，概念车的最大功能就是发现与引导这些变化的方向。上海世界博览会上的"叶子"概念车，是一款能够充分利用太阳能、风能以及空

上海世界博览会上的"叶子"
概念车

气中的二氧化碳从而产生电能驱动的新能源汽车。车顶的大叶子是
一部光电转化器，能把太阳能转化为电能。此外，"叶子"的四个车
轮带有风车扇叶，能实现风电转换，车身是一款特殊材料，能够进
行二氧化碳吸附和转换。

概念车有两大类，第一类是能跑的真正汽车，第二类则是设计
概念模型。

第一类概念车比较接近于批量生产汽车，其先进技术已步入试
验并逐步走向实用化，一般在 5 年左右可成为公司投产的新产品。

第二类概念车虽是更为超前的设计，但因环境、科研水平、成
本等原因，也许不会成为商品，只是未来发展的研究设想。

概念车主要分为三种概念设计语言。

1）阐述企业发展的未来方向。这应该很好理解，比如国外汽
车大公司会设计一些概念化的通行车辆，包括两轮、三轮以及纯粹
的科幻交通工具。这类概念车会设定一个方向，比如纯电动、超低
油耗或者燃料电池等，都是阐述企业以后会主攻哪些黑科技。

第二类概念车是设计概念
模型

一个具体的例子是标致 Onyx 概念车，它的科幻感会让人觉得很不真实，但是它主要描述了标致和标致雪铁龙（PSA）集团未来的设计方向，包括混合动力、超轻化设计、内饰的环保理念（中控台采用大量的环保材料，这是从报纸得到的灵感，将报纸整合成纸浆塑造中控台的造型，这样体现了树到报纸到纸浆再回收这样一个环保概念）。

2）确定车型的设计理念和趋势走向。主要是为换代车型设计一些可量产化的思路和造型，或者说是统一展现下一代车型的整体理念和家族元素，这也是比较常见的概念车。这类概念车不会量产成具体的哪款车，但是其很多设计会在量产车型中体现。

3）确立量产车的卖点和特性。即和量产车很接近的概念车，有很明确的设计方向和思路，工程师会在这一基础上将车型变为现实，最后的差别可能只是细节差异。

因此，概念车并非不量产，概念车也分阶段，随着设计的定型，概念车也可能逐渐变成量产车。

改变汽车的
100 个
黑科技

汽车改装：造型大变身

随着汽车 130 多年的发展，其最基本的造型和用途已经在我们心目中形成了一个大概固定的形象。可是即便如此，总有一些异想天开的设计师或是脑洞大开的发明者尝试改变我们的固有认知，通过创新或改变汽车构成的元素，让一些离经叛道、光怪陆离的汽车 DIY⊖黑科技形象从天而降。汽车改装，即由汽车或专业改装商按照用户的个性化需求对商品车进行改装。通常，汽车改装包括两个方面：一是对汽车动力性能、操控性能的改装；二是对汽车外观及内饰的改装。当然，汽车的改装还受到现行法规的限制。

1）变身为碰碰车。未来的汽车可以实现 360 度旋转，向任意方向运动，形态也不再按照轿车、SUV、MPV⊖那样去区分，而是以新的形态出现，如方形、球形、椭圆等形状都会出现。但那时候，人们可以在车上开会、打桥牌，从而改变汽车的交通属性，让其向出行生态转向。

2）飞行汽车不一定仅依靠具备"飞的功能"。飞行汽车可以通过汽车与无人机之间的配合得以飞行。即汽车依然只需要具备陆地行驶的功能机构，仅在需要飞行的时候，用无人机将其吊起即可飞行。

3）受"货车由车头 + 集装箱"这个思路启发，共享汽车也可

⊖ DIY 是 Do It Yourself 的缩写，意思是自己动手制作。

⊖ SUV 是指运动型实用汽车（Sport Utility Vehicle），MPV 是指多用途汽车（Multi-Purpose Vehicles）。

未来球形汽车

在需要飞行时，用无人机将
汽车吊起即可飞行

未来的共享汽车

以通过共享车头、后面连接一个个独立的小车身的方式实现，这样既达到了共享的目的，还能保障乘客的私人空间。未来出行领域可能会延伸出挂车、专车、拼车、分时租赁等多种服务模式。

4）可分离汽车。Colim 车是一辆可分离式汽车，车的前部是有着独特外形的车头，车厢部分则是一个大篷露营厢，并且车头可以和车厢分离，这样的设计，就给人们出行在外带来了很大的灵活性。据介绍，该概念露营车是一个智能化的移动生活概念，专为两人（最多四人）设计。车厢里面有生活所必备的各种功能模块，包括厨房、餐厅、休息用的床等，人们可以根据自己的行程选择是整个大车出行还是只用前面的小车出行。

5）救生船式汽车。一辆名为"标致胶囊"的概念救生船式汽车，兼具越野功能、驾驶乐趣、未来科技及环保意识于其中，受到世人的关注。

Colim 可分离露营车　　　　　　　　　　"标致胶囊"救生船式汽车

改变汽车的
100 个
黑科技

汽车电子：进入未来车业的"钥匙"

　　20 世纪 50 年代，人们开始在汽车上安装电子管收音机，这是电子技术在汽车上应用的雏形。20 世纪 60 年代，汽车上应用了硅整流交流发电机和晶体管调节器和晶体管点火装置。但更多地应用电子技术则是在 20 世纪 70 年代以后，主要是为解决汽车安全、污染和节油三大问题。进入 20 世纪 70 年代后期，电子工业有了长足的进步，特别是集成电路、大规模集成电路和超大规模集成电路技术得到了巨大发展，微型计算机在汽车上的应用，给汽车工业带来了巨大的变革。20 世纪 90 年代，汽车电子技术进入了其发展的第三个阶段，这是对汽车工业发展最有价值、最有贡献的阶段，超微型磁体、超高效电机及集成电路的微型化，为汽车上的集中控制提供了基础。目前，汽车电子技术已发展到第四代，即包括电子技术（含微型计算机技术）、优化控制技术、传感器技术、网络技术、机电一体化耦合交叉技术等综合技术的小系统，并且早已从科研阶段进入了商品生产的成熟阶段。随着汽车从传统的机械产品变身为现代化的电子智能产品，汽车电子这串入门未来车业的"钥匙"上，会集聚更多的黑科技，珠围翠拥，熠熠生辉。

　　近年来，汽车电子在世界汽车工业中发展迅速，引导了汽车技术发展进程中的又一次革命。汽车电子对近 30 年的汽车发展有着巨大的贡献，70% 的技术创新是汽车电子或与汽车电子相结合后

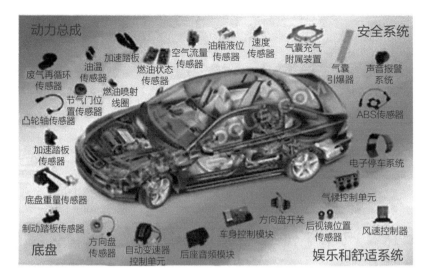

汽车上的电子产品

的产物。有研究预计，2023年电子系统的成本将占到整车成本的50%。未来世界汽车必将朝着智能化方向发展，汽车电子的成本将占整车成本的绝大部分。

汽车电子本质上是电子信息技术与传统机械技术在汽车上的结合运用，目的是增加汽车的安全性、驾驶舒适性以及环保性，今后将在智能化方向发挥主导作用。汽车电子包括两部分：车体汽车电子控制系统和车载汽车电子控制系统，前者基本属于汽车产业链的前装市场，后者部分属于汽车产业链的后装市场。

车体汽车电子控制系统包括发动机、底盘、车身电子控制系统，例如电子燃油喷射系统、制动防抱死控制系统、防滑控制系统、牵引力控制系统、电子控制悬架、电子控制自动变速器、电子动力转向系统等。

车载汽车电子控制系统是在汽车环境下能够独立使用的电子装备，它和汽车本身的性能并无直接关系。它们包括汽车信息系统（行车计算机）、导航系统、汽车音响及电视娱乐系统、车载通信系统、上网设备等。

公认的未来汽车的发展方向[⊖]将是基于电子科技的智能化技术和新能源动力技术。近5年来，汽车产业领域超过90%的创新都与汽车智能化系统相关。汽车智能化的未来主流就是最终实现无人驾驶，而实现的主要途径就是通过车联网提升汽车智能化水平。

全球汽车电子发展迎来黄金时期。从20世纪90年代到现在，个人计算机、智能手机、智能穿戴等设备的出现，极大地带动了电子产业的发展，但随着这些产品市场渗透率的提升，行业增速已经

⊖ 汽车电子是汽车智能化的基础。汽车工业已经历了130多年的发展，基本上之前的技术改进都围绕着汽车的机械性能（发动机、变速器、底盘、材料等）在变革，目前看来，这一方面技术变革的速度在放缓。

放缓。行业需要一个增长足够快、体量足够大的新应用、新市场。车联网是整个汽车生态系统的物联网，借助于装在车辆上的车载终端、传感器、无线射频等设备，通过定位系统、无线传输、汽车电子和互联网等技术，实现车与人、车与车、车与路、车与环境的信息共享。与此同时，汽车的轻量化、共享化、智能化和电动化发展势在必行，且势不可挡，汽车电子这串开启未来汽车产业与市场的"钥匙链"上必将集聚更多、更神奇的黑科技。

改变汽车的
100 个
黑科技

EEA：汽车"神经与循环系统"

电子电气架构（Electrical/Electronic Architecture，EEA）简单说来，就是把汽车里的各类传感器、中央处理器、线束、电子电气分配系统和软硬件等整合在一起，实现整车配置与功能以及运算、动力、能量的有效分配。如果将汽车比作一个人，那么其物理架构就如同人的肌肉和骨骼，而这个电子电气架构就如同人的大脑、神经组织和循环系统。通过 EEA 的设计，可将动力总成、驱动信息，娱乐信息等汽车信息转化为实际的电源分配的物理布局、信号网络、数据网络、诊断、容错、能量管理等的电子电气解决方案。

20 世纪 50 年代的汽车已初步具备了电气组件，包括 12 V 系统、环形端子、织布绝缘材料等，这属于最原始的 EEA。

从 20 世纪 60 年代至 90 年代，随着音频设备、照明设备、排放电子模块、线束定位、密封连接器的先后出现，特别是 2000 年新的架构标准、数据和通信协议、相关法律法规的出台，汽车电子电气系统的复杂度达到了新的高度。在 21 世纪初，由德尔福公司（现为安波福）提出电子电气架构概念，这是集合汽车的电子电气系统原理、中央电器、连接器、电子电气分配系统等设计为一体的新概念。

由于现代汽车技术的迭代速度加快，传统的分布式电子电气架构难以承载汽车的复杂功能。以传统的汽车供应链为例，由于汽车整车企业高度依赖由不同供应商提供的不同电子控制单元，而这些电子控制单元有着不同的嵌入式软件和底层代码，即各种汽车功能源自不同的电子器件和操作系统。例如一辆中级汽车，其中的系统就高达 30 多个。面对如此复杂、多样的需求，以及车联网、5G、

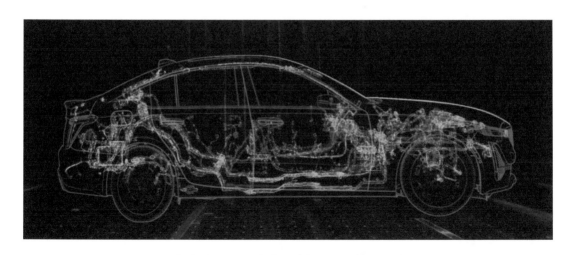

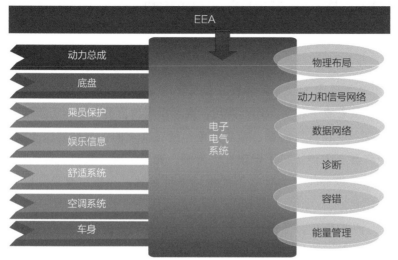

EEA 设计原理

EEA

动力总成		物理布局
底盘		动力和信号网络
乘员保护	电子电气系统	数据网络
娱乐信息		诊断
舒适系统		容错
空调系统		能量管理
车身		

自动驾驶等新技术要求不断出现，传统的分布式电子电气架构无法满足超大数量的数据交互和传输。于是，新一代的电子电气构架便应运而生。

　　电子电气架构是伴随汽车功能的增加而演变的。随着汽车功能越来越多样、复杂，电子电气架构也在不断变革之中，即逐渐从分布式架构向集成式架构⊖演进。

　　当电子电气架构这个汽车黑科技进入公众视野时，汽车行业其实早已来到了这个变革的临界点。例如，安波福公司在传统安全与电子技术的优势上，形成了以"大脑"为主的新业务，即形成了新的电子/电气架构，包括线束、连接器、传感器等，涵盖实体与虚拟的链接，这就是汽车的"神经组织和循环系统"。它既是传统汽车的"神经组织和循环系统"，也是未来智能汽车构架的基础。又例如，

⊖　在分布式架构阶段，车辆各功能由不同的单一电子控制单元控制，一辆车往往分布着上百个 ECU；到了集成式架构阶段，高级驾驶辅助系统（Advanced Driver Assistance System，ADAS）、车身控制、多媒体等功能可以通过域实现局部的集中化处理。电子电气构架就相当于一个汽车的电子电气系统总布置，新一代电子电气架构是在法规、功能性、设计性等要求的限制下，通过分析汽车性能、成本和装配等实现最优的电子电气系统模型。

全新凯迪拉克 CT5 将搭载通用全新一代电子电气架构，具有快速高效的通信能力。这套电子电气架构系统每小时能够处理数据多达 4.5 太字节（TB），数据处理速度提升 5 倍，车辆内部、外部通信有每秒 100 兆比特、1 吉比特及 10 吉比特高速以太网的支持。根据测算，一辆自动驾驶汽车每小时处理的数据大约在 4TB 左右，即通用汽车的这套 EEA 系统已经能够满足所谓 L5 级别自动驾驶的需求。通用汽车表示，这套全新一代的 EEA 系统将在 2025 年搭载到通用汽车一半以上的车型中。

安全气囊：源于对孩子的呵护

"在没有安全气囊之前，保护身体最好的办法就是多穿点吧"，1952 年美国工程师赫特里克在驾车时险遭车祸后这样说。当时他开车载着妻子和女儿外出游玩，突然发现前方有一块大石头挡在路中央，他猛打方向盘、紧急制动，就在女儿的头快撞到仪表板时，他和妻子本能地将手臂垫在了中间，避免了女儿撞伤头部。事后，赫特里克心想："为什么不能发明一种装置，代替手臂来完成保护动作呢？"

两周之后，他设计出了一种汽车缓冲安全装置，其原理是在发动机舱盖下装一个盛满压缩空气的储气筒，当汽车受到正面碰撞时，惯性冲击力促使一个滑动重块向前移动，推动储气筒，并将隐藏在方向盘中央以及仪表板旁的空气袋快速充气，从而形成"气垫"，减少车内人员受到的伤害。他称之为"汽车安全气垫"的装置⊖，用来减轻紧急制动或正面碰撞带来的严重伤害。1953 年 8 月 18 日，赫特里克取得了美国"辅助乘员保护系统"专利，这就是安全气囊的雏形。

然而事情并不是想象中那么顺利，在取得了专利之后，赫特里克却遭遇了四处碰壁的情况。当时的赫特里克为美国几大著名的汽车企业服务，他将安全气囊的想法告诉各企业的高层，得到的答复是，虽然他们对他的这项发明很感兴趣，但有两个技术难题在当时是无法攻克的，一是如何让汽车精准地判断气囊打开的时机，二是如何瞬间让气囊充满气体。于是，赫特里克的发明就停留在了设计图上。

⊖ 这是一种纯机械装置，用于使气囊膨胀的压缩空气储存在一个压力容器中，连接着弹簧的质量块用来感应汽车的减速度。当质量块产生位移时，能打开一个阀使压力空气从压力容器中冲出来，以使气囊膨胀。气囊可装在方向盘中、手套箱门上、仪表板上部以及前排座椅的靠背。

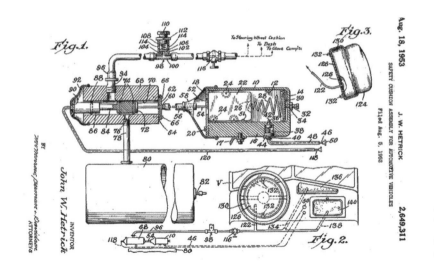

1953 年，赫特里克取得了
美国"辅助乘员保护系统"
专利

事情在 1966 年出现了转机，美国陆军对爆炸真空管的成功测试，为触发气囊提供了解决方法。同时，美国的一家汽车配件供应商伊顿（Eaton）研究出了预充气气囊，这与赫特里克发明的气囊原理相同。它通过多个尼龙袋包裹住装有氮气的容器，只要触发机关，氮气就会迅速充满尼龙袋，形成气囊。由于最困难的问题都得到了解决，于是汽车企业开始筹划并装配安全气囊，一马当先的是福特和通用汽车。

20 世纪 70 年代，美国通用、福特，德国奔驰，日本丰田等汽车公司以及美国 MORTON 公司、TRW 公司，德国 TEMIC 公司、ICT 研究院，日本 DAICEL 公司，瑞典 AUTOLIV 公司等均开始投入大量资金和人力研发安全气囊，其中 1971 年 5 月德国的一个研究小组成功地将火箭推进技术应用于汽车安全气囊。这些综合力量使安全气囊的研发进入了一个全新的发展阶段。

1984 年，美国国家公路交通安全管理局制定的《联邦汽车安全标准》（FMVSS）第 208 条中，增加了安装气囊的要求。这为安全气囊的发展和使用提供了一个明确的法则及指导方向。1995 年，美国国会正式通过法案，法案提供明确的法则及指导方向，要求 1995 年起新车的标准配备需要有双气囊。FMVSS208 条款是汽车安全气囊发展史上的一个重要的里程碑。此后，欧洲也颁布了 ECER94 法规，紧接着日本丰田、本田，美国福特、克莱斯勒，德国宝马，瑞典沃尔沃等汽车公司纷纷开始销售配有安全气囊的汽车。

20 世纪 90 年代后期，美国、欧洲、日本已正式立法在汽车上配置安全气囊，双气囊也已成为绝大多数主流轿车的标准件。

常见的安全气囊主要由三部分组成：气囊部分，包括气囊、气体发生器和气体过滤器等；控制部分，用来确定何时对气囊进行充气，包括传感器、电子控制单元、触发器等；汽车与气囊连接部分。除了常见的驾驶者与前排乘客位置安装安全气囊外，还有侧向气囊和后座气囊等。

当汽车在行驶过程中发生碰撞事故时，首先由安全气囊传感器接收撞击信号，只要达到规定的强度，传感器即产生动作并向电子控制器发出信号。电子控制器接收到信号后，与其原存储信号进行比较，如果达到气囊展开条件，则由驱动电路向气囊组件中的气体发生器送去起动信号。气体发生器接到信号后引燃气体发生剂，产生大量气体，经过滤并冷却后进入气囊，使气囊在极短的时间内突破衬垫迅速展开，在驾驶者或乘员的前部形成弹性气垫，并及时泄漏、收缩，吸收冲击能量，从而有效地保护人体头部和胸部，使之免于伤害或减轻伤害程度。

随着汽车的普及，安全气囊安装率越来越高，所有的汽车上都开始安装安全气囊。目前，关于安全气囊的研究很多。对安全气囊研究的核心问题是它在冲泄气过程中如何使乘员获得最佳保护。

汽车安全气囊经过数十年的发展，现在形成了多位置、多数量的特点。目前常见的气囊类型有以下几种：前排驾驶者气囊、前排乘客气囊、前排侧气囊、后排侧气囊、膝部气囊、安全气帘等。现代汽车还在安全气囊的织物材料、点火器、传感器技术等方面不断地发展进步。

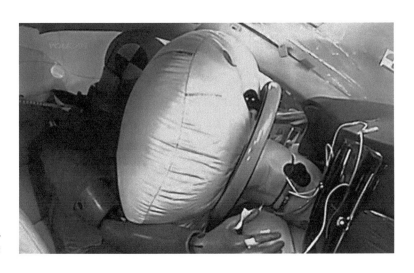

汽车安全气囊碰撞实验

主动安全：如何做到防患于未然

汽车的主动安全技术是通过预先防范，避免事故发生的技术。最早的主动制动技术是由通用汽车旗下的零件供应商德尔福发起的。1995年，德尔福的一群工程师在美国加利福尼亚州的休斯公司成功完成了自动制动演示。休斯公司掌握着成熟的雷达技术，而这套自动制动系统是基于雷达识别障碍物原理设计的。作为一家航空航天公司，休斯公司在1966年制造的无人登月飞船曾顺利登陆月球，为1969年人类登月打下了基础。

汽车主动安全技术

汽车主动安全技术中，制动防抱死系统、驱动防滑/牵引力控制系统、车身电子稳定系统等技术已经相当成熟，能够根据用户要求实现不同功能；自适应巡航系统和主动前轮转向系统在部分高端汽车上有所装配；而驾驶者疲劳监测系统、线控转向系统、底盘一体化等技术尚处于研究阶段。

（1）制动防抱死技术

在遇到紧急情况时，经常需要汽车立刻停下来，但大力制动容易发生车轮抱死的状况，如果前轮抱死，会引起汽车失去转弯能力；如果后轮抱死，容易发生甩尾事故等。安装ABS就是为解决制动时车轮抱死的问题，从而提高制动时汽车的稳定性及较差路面条件下的汽车制动性能。ABS技术在20世纪90年代初期就已成熟，在汽车上已成为标准装备。全球有德国博世公司、德国WABCO公司、德国大陆集团等多家汽车零部件公司生产ABS。

（2）驱动防滑／牵引力控制系统

驱动防滑／牵引力控制系统（Acceleration Slip Regulation，ASR/Traction Control System，TCS）防止车辆尤其是大功率汽车在起步、再加速时驱动轮的打滑现象，以维持车辆行驶方向的稳定性与通过性。如今，ASR 技术已经相对成熟，随着 ASR 技术产品化的发展，越来越多的汽车生产商将其作为车辆的标准配置。虽然各汽车公司和零配件商开发了各自的 ASR 控制系统，但主要控制模式大同小异。

（3）车身电子稳定系统

车身电子稳定（Electronic Stability Program，ESP）系统是一种牵引力控制系统，不但控制驱动轮，而且可以控制从动轮。如后轮驱动汽车常出现的转向过度情况，此时后轮会失控而甩尾，ESP 便会通过对外侧前轮的适度制动来稳定车辆。转向不足时，为了校正循迹方向，ESP 则会对内后轮制动，从而校正行驶方向。

随着电子科技的发展，各种汽车智能安全系统也开始发展起来，主要是通过由雷达和摄像头组成的"预知传感器"，对行车危险进行判断并帮助驾车者进行处理。这一系统能够在汽车与其他物体发生碰撞前的瞬间，自动进行干预以保证安全。

（4）自适应巡航控制系统

自适应巡航控制（Adaptive Cruise Control，ACC）系统又称为智能巡航控制系统。它是在传统巡航控制基础上发展起来的新一代汽车辅助驾驶系统。它将汽车自动巡航控制系统和车辆前向撞击报警系统有机结合起来，不但具有自动巡航控制的全部功能，还可以通过车载雷达等传感器监测汽车前方的道路交通环境。一旦发现当前行驶车道的前方有其他前行车辆时，将根据本车与前车之间的相对距离及相对速度等信息，通过控制汽车的加速踏板和制动踏板对车辆进行纵向速度控制，使本车与前车保持合适的安全间距。采用该系统降低了驾驶者的工作负担，大大提高了汽车的主动安全性，扩大了巡航行驶的范围。

（5）驾驶者疲劳监测系统

驾驶者疲劳监测方法和装置大致可分为三类：第一类方法以监测驾驶者生理指标为主，如监测驾驶者的脑电图、眼电图、肌电图、心电图、呼吸气流等。第二类方法以监测驾驶者的操作行为为主。当驾驶者疲劳时，其驾驶行为与正常状态通常存在较大的差异，如反应迟钝、动作迟缓、应急能力下降；失去方向感，驾车左右摇摆；

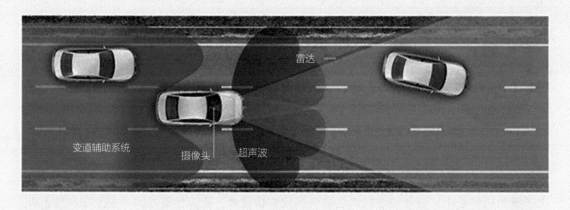

雷达

变道辅助系统

摄像头　超声波

自适应巡航控制系统（ACC）

行驶速率不稳定等。第三类方法基于驾驶者疲劳情况下表现出的一些可以被人眼观察到的典型特征。例如，眼睑下垂甚至长时间闭眼，不断地打哈欠；头越来越低，不自觉的频频点头等。

（6）主动前轮转向系统

作为一项新技术，主动前轮转向（Active Front Steering，AFS）的控制研究主要集中在主动转向对车辆稳定性的影响，防止车辆遭遇不期望的外界干扰并在紧急工况中协助驾驶者进行车辆稳定性控制理论方面的研究。

（7）线控转向系统

线控转向（Steer By Wire，SBW）系统去掉了方向盘和转向轮之间的机械连接，具有操纵性、稳定性更优的特点，且作为主动转向干预的一种方式，是当前转向系统的研究热点之一。很多公司和研究机构对SBW进行了积极的研发，很多成果也已经问世。各大汽车厂家已经推出了安装SBW的概念车，并在积极研发各种控制策略，如路感模拟控制策略、转向控制策略和容错控制策略等。

（8）自适应汽车前照灯系统

自适应汽车前照灯系统（Adaptive Front Lighting System，AFLS）是一种智能式前照灯系统，它能根据周围环境的变化主动对前照灯做出调整以适应环境。对于自适应前照灯系统的研究，已经取得了很大的进展，技术发展日趋成熟。

被动安全：日趋智能的"护身符"

如今，被动安全技术越来越受重视，其技术也相对较成熟。被动安全技术是指汽车在发生事故后能对车内乘客提供避免或降低伤害的保护措施，使乘员在车厢内移动发生第二次碰撞的机会最小。被动安全技术主要包括安全带技术、安全气囊技术、安全车身技术等。安全带技术和安全气囊技术已经相当成熟，安全带和安全气囊通过先进传感器采集车辆状态，逐步向智能化方向发展。各大整车厂推出产品的车身安全性也在逐渐提高。

（1）安全带技术

国内外车商一直在进行提高安全带约束性能的研究，采用卷收器、自动锁止卷收器和紧急自动锁止卷收器来提高安全带的约束性能，并开发了安全带预紧器、充气式安全带、儿童安全带系统等。

（2）安全气囊技术

安全气囊主要由安全气囊传感器、防撞安全气囊及电子控制装置等组成。电子控制装置用来进行数据采集与数据处理、诊断安全气囊的可靠性，保证在达到预设的数值时，及时发出点火信号，而且正时点火，保证驱动气体发生器有足够大的驱动电流等。对于现在多气囊的车型，中控台、座椅侧面和A柱、B柱等位置都有可能安装安全气囊。关于安全气囊研究的核心问题是它在充泄气过程中如何使乘员获得最佳保护。

（3）安全车身技术

车身采用高性能吸能变形技术和安全框架的结构设计，可提供最大的逃生空间，以保证在发生碰撞时，轿车车身的变形能够按照预先设计的方向逐渐变形直至停车，从而尽量减小传递到乘客舱和乘客身体的冲击，减小乘客舱的变形，保证出门能开启，保障车内乘客安全。国外安全车身技术已经相当成熟，不同车型的安全车身技术也不尽相同。如采用热成型钢板材料的B柱加强板，与车门共同完成碰撞过程中能量的吸收。

（4）主、被动安全技术结合

目前，大部分的主、被动安全技术都是以单独的形式在车辆系统中存在的，传感器功能重复，会增加系统的成本还会带来多信息的不准确。汽车主、被动安全集成系统具有明显优点：全方位保护

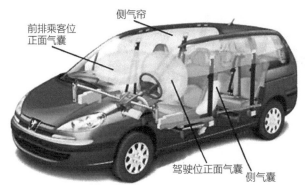

前排乘客位
正面气囊

侧气帘

驾驶位正面气囊　侧气囊

汽车安全气囊的布置

新车碰撞测试

车内乘员和路上行人的人身安全；将事故影响最小化并减少对人员的伤害；能有效避免交通事故；通过系统集成带来了更多的功能；通过共用部件降低成本。

国外集成安全技术的共同点是将主动和被动安全系统联网并集成各种环境传感器、接口设计方便外部系统集成，以避免碰撞和减轻碰撞为目的。

改变汽车的
100个
黑科技

行人保护：关爱的延伸

现代汽车安全技术，包括主动安全和被动安全，已可最大限度实现车内"乘员保护"，但这种"一元安全"忽略了行人的安全利益。而实现车内乘员与车外乘员和行人的共同安全，将"乘员保护"升华到包括"行人保护"的境界，是当今汽车安全科技的一次华丽转身。

传统汽车安全的不足：大量的交通事故分析显示，行人受到的伤害远远大于车内乘员。根据世界卫生组织报告，死于道路交通事故人群中，46%为行人或骑车人。

如果人车碰撞难以避免，那么首先是考虑汽车设计怎样使行人受到的伤害更小。如轿车造型设计趋向丰满柔润。没有考虑行人保护因素的汽车大多是前缘过于凸显，导致行人在碰撞瞬间受到严重伤害；前保险杠改用柔性的高密度泡沫材料和新设计结构，可缓解冲击，有效地保障行人的膝、腿免受严重伤害；传统的车头立标看

前围气囊的作用

似高贵，但是一旦发生人车碰撞事故，尖锐的车标瞬间会变成一把锋利的凶器。

有的汽车还配置行人保护被动安全系统和主动安全系统，可谓体贴入微。

（1）行人保护被动安全系统

1）发动机舱盖弹起系统。人车相撞后，行人上身和下身承受着两个巨大的反向加速度，造成胸部和头部撞向发动机舱盖而致伤害。坚实的发动机舱盖是致伤源。发动机舱盖弹起系统能够在人车碰撞时迅速被触发弹起，在发动机舱盖和发动机舱之间形成吸能区域，使得撞击而来的人体是碰撞在柔性与圆滑的表面上，减少了头或肩部的受伤程度以及二次碰撞的伤害。

2）行人安全气囊系统包括发动机舱盖气囊和前围气囊，两者配合使用可减少最常见的行人伤亡事故。发动机舱盖气囊在保险杠上方。碰撞前气囊由碰撞预警传感器激发，50至75微秒内完成充气，并保持充气状态时间数秒钟。气囊的折叠模式和断面设计保证了气囊展开时能与汽车前端的轮廓相合，以保证儿童头部和成人腿部的安全。前围气囊的作用在于防止行人被甩到发动机舱盖后部被前窗底部碰伤。

（2）行人保护主动安全系统

行人保护主动安全系统实现对行人的主动保护，在事故发生前及时通知驾驶者，避免车祸发生或将事故损伤降到最低程度。行人保护主动安全系统是先进的车辆控制系统的一部分，包括安全、危险预警和防撞等系统，涉及传感器、通信、决策控制、信息显示、驾驶状态监控等技术。通过安装在车身各部位的传感器、激光雷达、红外线、超声波传感器、盲点探测器等，由计算机控制，在超车、倒车、变道、雨天、大雾等易发事故情况下，随时通过声音、图像等方式向驾驶者提供回避操作和保持安全车距指令，并可自动或半自动地进行车辆控制，防止车与车、车与物或车与人之间的正面、追尾和侧向碰撞。

改变汽车的
100个
黑科技

黑匣子：从天上到地上

　　黑匣子最初之名是航空飞行记录器。黑匣子内装有飞行的数据记录器和舱声录音器，飞机各机械与电子系统都通过传感器与之相连。黑匣子能把飞机停止工作或失事坠毁前半小时的有关技术参数和驾驶舱内声音记录下来，需要时即可重现，供飞行实验或事故分析之用。那为什么橙色外表的它被称黑匣子呢？原因可能是，世界上大部分的空难原因都是通过黑匣子解密出来的，人们视它为空难的不祥之物或神秘的黑科技。黑匣子由高质量金属做成，它具有极强的耐高温、耐压、耐冲击振动、耐海水（或煤油）浸泡、抗磁干扰等能力，即便飞机毁坏，黑匣子及其记录数据也能完好地保存下来。到后来，黑匣子应用又从天到地，广泛进入水上交通、轨道交通和地面交通等用途。

　　随着汽车交通的发展，频繁的车祸造成许多人员伤亡和巨大财产损失。专家认为，驾驶者的疏忽大意、超速行驶、违章抢道、疲劳驾驶等导致的事故占总交通事故量的80%以上。人们开始尝试将类似飞机上的黑匣子应用于汽车。20世纪70年代后期，欧洲率先推出了机电模拟式驾驶记录仪；20世纪90年代初，美国和德国又开发了数字式汽车事故记录仪（汽车黑匣子），用以监督汽车驾驶者的驾驶行为。

　　类似飞机黑匣子功能，汽车黑匣子主要用于真实记录汽车行驶过程中各种参数，如前行、后退、加减速、匀速、转弯、爬坡、上下桥、怠速、飞车、车内异响、车内人员对话以及驾驶状态等。根据汽车黑匣子的记录，可对事故进行分析，准确地判断汽车事故的真正原因。由于汽车黑匣子能真实记录事故过程中汽车驾驶者的操作和汽车运行情况，因而它既可作为事故分析依据，同时也是监督驾驶者操作的重要手段。由于其具有"监督""见证"功能，大大提高了汽车驾驶者的安全责任感，从而大幅度降低了事故率。统计表明，使用汽车黑匣子，事故率可比之前降低 34% ~ 53%。汽车黑匣子的问世，为交通管理部门准确了解交通事故发生的原因以及如何公正处理提供了科学、权威的依据，也为运输企业的业务、管理提供了方便。

汽车黑匣子形式多样，主要由记录器、数据采集处理卡、显示器、计算机处理软件和传感器等组成，其功能和作用如下。

1）记录器能客观、精确地记录汽车行驶的多种工作状态和参数。当遇到不测或被切断电源后，原先记录的数据能被完好地保留，一般情况可保存 10 年之久。

2）数据采集处理卡是便携式数据采集、存储、显示、存档、报警、受话的磁卡，插入记录器后用文字显示，并能记录该车各种状态下的工作数据；也可把采集到的若干数据送计算机存档，进行图像处理和事故分析。数据采集处理卡还可作为汽车遭劫、被盗、报警时受话及解除警报之用。

3）显示器能将行驶时的动态数据显示于仪表板上，供驾驶者掌握车况并作纠控之用。

4）计算机处理软件系统可直接采集设置记录器中的汽车参数、时间、限速范围，还能以图线形式再现发生事故的汽车行驶轨迹。

5）传感器能够向记录器提供汽车行驶时的速度、信号、方向等。

目前，黑匣子按其技术特性，可分为两大类：机电模拟式和数字式；按其功能，可分为单一功能型、事故管理型以及综合管理型。

新一代汽车智能黑匣子又称汽车行驶记录仪，在功能、体积和性能方面已取得了较大的突破，是有望普及的车载安全设备。还有人形象地将其称为汽车电子警察。汽车智能黑匣子具有视频数据记录功能。汽车智能黑匣子通常被安装在风窗玻璃上，并设有一个摄

汽车行驶记录仪

像头以及一个 GPS 和收集信息板块。汽车智能黑匣子所记录的数据比那些出厂安装的黑匣子要更准确和全面。正是这样，汽车智能黑匣子对于证明那些难以举证的场景更直接而有力。在读取数据方面，汽车智能黑匣子更简单，只需一根连接线便可将视频记录导入计算机中观看。

随着微电子与计算机技术的发展，汽车智能黑匣子的功能已经远远超过传统单纯事故记录的功能。从发展趋势看，汽车智能黑匣子势必将与汽车其他电子系统（如定位、通信、报警、测重、测温、故障诊断等）相结合，向大容量、模块化、系统化、数据无线传输和数据集成处理方向发展，最终成为确保现代道路交通安全和高效物流动态管理不可或缺的记录处理、显示和数据传送的综合装置，也必将成为智能交通系统的重要组成部分。

OBD：汽车的"随车医生"

OBD 是英文 On-Board Diagnostics 的缩写，译为车载诊断系统。OBD 好比是汽车的"随车医生"。OBD 不仅涉及汽车技术的本身，还受油品等相关条件限制，同时也对驾驶者提出了更高的使用要求。最初使用 OBD 的目的是辅助维修人员进行车辆诊断，随着汽车科技的发展和车联网技术的应用，OBD 逐渐从传统汽车服务专业人员转向广大车主。OBD 对汽车是一次系统的革命。

OBD 起源于 20 世纪 80 年代的美国，当时美国为了控制汽车排放，规定加州销售的车辆装备车载诊断系统，这是最早的 OBD 系统。最早的 OBD 系统也称 OBD-I，监控范围包括氧传感器、排气再循环系统、燃料供给系统和发动机控制模块，只能检测到与排放有关部件的连续性故障，无法监测其渐进损坏情况。针对 OBD-I 出现的缺陷，国际机动车工程师协会（Society of Automotive Engineers，SAE）制定了 OBD-II 系统，并制定了一系列相关的标准和规范。相对于之前的 OBD-I，OBD-II 采用了标准化的 16 针诊断座、相同的故障码和标准化通信协议，并且扩充了系统的检测项目。欧洲共同体也在同时规定了欧洲版的 EOBD，也采用统一的诊断座、通信协议和故障码等，两者基本原理和诊断项目类似。

OBD-II 与以前所有的车载自诊断系统不同之处在于有严格的排放针对性，其实质性能就是监测汽车排放。当汽车排放的一氧化碳、碳氢化合物、氮氧化合物或燃油蒸发污染量超过设定的标准，故障灯就会点亮报警。

虽然 OBD-II 对监测汽车排放十分有效，但驾驶者接受不接受警告全凭"自觉"。为此，比 OBD-II 更先进的 OBD-III 产生了。OBD-III 主要目的是使汽车的检测、维护和管理合为一体，以满足环境保护的要求。OBD-III 系统会分别进入发动机、变速器、ABS 等系统的 ECU 中去读取故障码和其他相关数据，并利用小型车载通信系信，例如 GPS 导航系统或无线通信方式将车辆的身份代码、故障码及所在位置等信息自动通告管理部门，管理部门根据该车辆排放问题的等级对其发出指令，包括去哪里维修的建议、解决排放问题的时限等，还可对超出时限违规者的车辆发出禁行指令。因此，OBD-III 系统不仅能对车辆排放问题向驾驶者发出警告，还能对违规者进行惩罚。

OBD 装置监测多个系统和部件，包括发动机、催化转化器、颗粒捕集器、氧传感器、排放控制系统、燃油系统、废气再循环系统等。OBD 是通过各种与排放有关的部件信息，连接到 ECU，ECU 具备检测和分析与排放相关故障的功能。当出现排放故障时，ECU 记录故障信息和相关代码，并通过故障灯发出警告，告知驾驶者。ECU 通过标准数据接口，保证对故障信息的访问和处理。

OBD 是车载智能设备的核心，它通过接口读取汽车运行状况数据，比如车速、里程、油耗、机油量以及发动机参数等信息。基于 OBD 接口获取的行车信息，可以被终端上传到云端，云端可以利用统计分析、数据挖掘等大数据知识，从数据维度、车型维度、时间维度、地域维度等多角度，深入分析、比较用户驾驶行为，发现驾驶行为共性和个性，辅助用户建立良好的驾驶行为习惯，甚至对潜在的一些故障风险给出预警。目前主流的车载智能终端技术能够与 GPS、加速度传感器等相结合，提供汽车实时状态监测、行车信息记录、远程控制、电子围栏、碰撞提醒等基础功能，而车载 OBD 与基于使用量而定的保险（Usage-Based Insurance，UBI）结合的模式也是时下的热点。

OBD 模式车联网的兴起是由于传统车联网服务功能，如音响、道路状况、行车位置、事故救援等通过智能手机进行操作。而智能车联网则是以车为中心，除去传统车联网服务功能外，还需要实时监测其防盗、车况、用车、汽车维护、保险等多种功能。智能车联网基于泛在网络，以车为中心，通过有线/无线通信技术将车与车、

互联网　车车通信网络　周边网络

互联网　其他车辆　道路基础设施

智能车联网

车与路、车与人、车与应用平台连接起来。车联网系统，是指通过在车辆仪表板安装车载终端设备，实现对车辆所有工作情况的采集、存储并发送的智能物联网系统。而车载终端设备是车联网系统中的重要组成部分，负责从 OBD、加速度传感器、GPS 模块等收集车联网。

先进制造技术：黑科技阵列

先进制造技术 (Advanced Manufacturing Technology，AMT) 是指微电子技术、自动化技术、信息技术等炫酷黑科技给传统制造技术带来的种种变化与新型系统。具体地说，它们就是集机械工程技术、电子技术、自动化技术、信息技术等多种技术为一体所产生的技术、设备和系统的总称。主要包括：计算机辅助设计、计算机辅助制造、集成制造系统等黑科技系列。随着以信息技术为代表的高新技术的日新月异，随着汽车市场需求个性化与多样化的演变，未来汽车产业发展的重要特征是向全球化、网络化、虚拟化方向发展，未来汽车先进制造技术发展的趋势是向精密化、柔性化、虚拟化、网络化、智能化、敏捷化、清洁化、集成化及管理创新方向发展。于是，在互联网背景下，AMT 的黑科技阵列在汽车制造领域这个庞大的产业平台上，互相竞技，各显神通。

1) 信息技术对汽车先进制造技术的发展起着越来越重要的作用。信息化是当今社会发展的趋势，信息技术与传统制造技术相结合，将使汽车制造业的生产方式发生革命性变革。信息技术促进着设计技术的现代化，成形与加工制造的精密化、快速化、数字化，自动化技术的柔性化、集成化、智能化，以及整个制造过程的虚拟化、网络化、全球化。汽车先进生产模式的发展，如网络化制造、并行工程、精益生产、敏捷制造、虚拟企业与虚拟制造，也无不以信息技术的发展为支撑。其中用于汽车工业领域的例子如下。

① 并行工程。与串行开发不同，并行工程是指两项以上开发工作并在同一时段内开展，以此减少整个开发过程的时间。并行工程是一种系统工程方法，实行动态优化地处理问题。它在产品开发的设计阶段即考虑产品生命周期中工艺、制造、装配、测试、维护等其他环节的影响，通过各环节的并行与集成，以缩短产品的开发时间，提高产品的设计质量，降低产品成本。

② 柔性制造。"柔性"是相对于传统"刚性"自动化生产线的单一品种大批量生产而言的。柔性制造模式广泛存在，比如在电子商务领域兴起的"C2B""C2P2B"○等模式体现的正是柔性制造的精髓所在。柔性制造是一种全新的和高境界的制造理念。在柔性制造中，考验的是生产线和供应链的反应速度，其总趋势是：生产线越来越短、越来越简，设备投资越来越少；中间库存越来越少，场地利用率越来越高，成本越来越低；生产周期越来越短，交货速度越来越快；各类损耗越来越少，效率越来越高。

③ 敏捷制造。敏捷制造比其他制造方式具有更灵敏、更快捷的反应能力，即将柔性生产技术、有技术技能的劳动力与能够促进企业内部和企业间合作的灵活管理集中在一起，通过三者所建立的共同系统，对瞬息万变的市场需求做出快速响应。敏捷制造企业完全可根据市场变化来改进生产，即不但要从用户、供应商、竞争对手那里获得足够信息，还要保证信息的传递通畅，使企业能够快速占领市场。敏捷制造企业是一个新型的、信息密集的制造系统，可以做到使生产成本与批量无关，即生产 1 万件同一型号产品与生产 1 万件不同型号产品所花费的成本相同。

○ C 指 Customer，即消费者；B 指 Business，即企业；P 指 Platform，即平台；2 指英文 to，"到"的意思。

2）汽车设计技术的不断现代化。现代汽车设计技术呈现出以下四个主要发展趋势。一是设计方法和手段的现代化。二是新的设计思想和方法不断出现，如并行设计、面向"X"的设计 DFX(Design for X)、健壮设计 (Robust Design)、反求工程技术 (Revese Engineering) 等。三是向全寿命周期设计发展。四是设计过程、快速造型和设计验证，由单纯考虑技术因素转向综合考虑技术、经济和社会因素。

3）汽车成形技术向精密成形或称净成形的方向发展。制造工件的毛坯正在从接近零件形状向直接制成工件即精密成形或称净成形的方向发展。精密铸造技术、精密塑性成形技术、精密连接技术等精密成形技术将获得飞速发展。机械构件的加工，首先要制造毛坯，再经切削、磨削等工序，才能得到符合设计要求的产品。毛坯到产品的传统加工方法，材料、能源、时间的消耗都很大，还会产生大量的废屑、废液及噪声污染。而精密成形技术利用熔化、结晶、塑性变形、扩散、他变等物理化学变化，按预定的设计要求成形机械构件，目的在于使成形的制品，达到或接近最后要求的形状或尺寸。精密成形是现代技术（计算机技术、新材料技术、精密加工与测量技术）与传统成形技术（铸造、锻压、焊接、切割等）相结合的产物。它不仅可以提高材料的利用率，减轻污染，还可使构件材料获得传统方法难以获得的化学成分与组织结构，从而提高产品的质量与性能。

4）汽车加工技术向超精密、超高速以及发展新一代制造装备方向发展。目前，超精加工已实现亚微米级加工，并正在向纳米加工时代迈进，加工材料由金属扩大到非金属；超精加工就是在超精密机床设备上，利用零件与刀具之间产生的具有严格约束的相对运动，对材料进行微量切削，以获得极高形状精度和表面粗糙度的加工过程。超精加工应用范围日趋广泛，在高技术领域和汽车工业领域中都有广泛应用。超精密加工技术的发展也促进了机械、液压、电子、半导体、光学、传感器和测量技术及材料科学的发展。超高速切削用于铝合金的切削速度已超过每分钟 1600 米，铸铁为每分钟 1500 米，可以近 10 倍地提高加工效率并提高加工件的性能。

5）汽车制造工艺和工厂的柔性与可重构性。先进的制造工艺、智能化的软件和柔性的自动化设备、企业的柔性发展战略，构成未来汽车企业竞争的软、硬件资源。汽车个性化需求和不确定的市场环境，使得制造资源的柔性和可重构性将成为新时代汽车企业装备的显著特点。

6）虚拟制造技术和网络制造技术广泛应用。虚拟制造技术以计算机支持的仿真技术为前提，形成虚拟的环境、虚拟的制造过程、虚拟的产品和虚拟的企业，从而大大缩短汽车产品开发周期，提高一次成功率。网络技术的高速发展推动了网络制造技术的发展和广泛应用，汽车企业通过国际互联网、局域网和内部网，可以实现对世界上任何一地的用户订单而组建动态联盟企业，进行异地设计、异地制造，然后在最接近用户的生产基地制造成汽车产品。

7）智能化、数字化是汽车先进制造技术的发展方向。将智能技术注入汽车先进制造技术和汽车产品，可使之具有"智慧"，能部分代替人的脑力劳动。将数字技术用于汽车制造过程，可大大提高汽车制造过程的柔性和加工过程的集成性，从而提高汽车制造过程的质量和效率；将智能技术、数字技术"融入"汽车产品，可提高汽车性能，以满足环保、安全、节能、便捷和舒适的要求。

8）以提高市场快速反应能力为目标的汽车制造技术得到应用。瞬息万变的市场促使交货期成为竞争力诸因素中的首要因素。为此，许多与此有关的新观念、新技术在 21 世纪将得到迅速的发展和应用。其中有代表性的是并行工程技术、模块化设计技术、快速原型成形技术、快速资源重组技术、客户化生产方式。

9）绿色制造已成为汽车制造业的重要特征。绿色制造不仅要解决汽车自身生产过程中的污染和资源浪费问题，更重要的是要为社会提供在汽车全寿命周期内没有污染、节约资源的各类汽车产品。日趋严格的环境与资源约束，使绿色制造越来越受重视，它将成为 2l 世纪汽车先进制造技术的一个重要特征。

10）新时代的汽车企业面临管理创新。高速发展的信息化和经济全球化及激烈的汽车市场竞争环境，彻底动摇了 20 世纪的管理理论和管理方法，也改变了汽车制造业的传统观念和生产组织方式，加速了汽车工业现代管理理论的发展和创新。

智能制造：黑科技"暗夜舞蹈"

走进现代化汽车生产厂房，即可目睹智能制造的机器人造车奇妙场景：来回穿梭的机器人，根据指令到仓库取货，搬运到工位上，然后由机械手装配零部件；之后的焊接、喷涂、检测、成品入库也信手拈来；而整片作业区域几无照明，不见人踪，成为一座名副其实的"黑灯工厂"。在工业4.0时代的智能制造，类似这样的"黑灯工厂"或成为"标配"。"黑灯工厂"是"Dark Factory"的直译，即智慧工厂，因为不需要人工操作，所以黑科技武装的机器人可以关灯运行，尽情地"暗夜舞蹈"。

智能制造并不等同于先进制造。先进制造包括两方面的概念：先进产品的制造和先进的、基于信息通信技术的生产过程，而智能制造主要侧重后者。智能制造源于人工智能的研究。

与美国流行的第三次工业革命说法不同，德国将制造业领域技术的渐进性进步描述为工业革命的第四个阶段，即"工业4.0"的进化历程。与智慧地球、工业互联网等一样，"工业4.0"把生产制造业的未来作为关注点，其最大亮点是强调"机器在思考"。自2013年汉诺威工业博览会以来，"工业4.0"这一理念已传播到中国。作为中国制造业未来10年的顶层规划和路线图，"中国制造2025"的基本思路是借鉴德国版"工业4.0"计划，借助两个IT（工业技术和信息技术）的结合，改变中国制造业现状。

智能制造的机器人造车

目前智能制造的"智能"还处于灵巧（Smart）的层次，智能制造系统具有数据采集、数据处理、数据分析的能力，能够准确执行指令，实现闭环反馈；而智能制造的趋势是真正实现智慧（Intelligent），智能制造系统能够实现自主学习、自主决策，不断优化。

在智能制造的十大关键技术当中，智能产品与智能服务可以帮助企业带来商业模式的创新；从智能装备、智能生产线、智能车间到智能工厂，可以帮助企业实现生产模式的创新；智能研发、智能管理、智能物流与供应链则可以帮助企业实现运营模式的创新；而智能决策则可以帮助企业实现科学决策。智能制造的十项技术之间是一脉相承、息息相关的。

1）智能产品。智能产品通常包括机械、电气和嵌入式软件，具有记忆、感知、计算和传输功能。典型的智能产品包括智能手机、智能可穿戴设备、无人机、智能汽车、智能家电、智能售货机等。智能装备也是一种智能产品。

2）智能服务。基于传感器和物联网（Internet of Things，IoT），可以感知产品的状态，从而进行预防性修理维护，及时帮助客户更换备品备件，甚至可以通过了解产品运行的状态，帮助客户带来商业机会。还可以采集产品运营的大数据，辅助企业进行市场营销决策。

3）智能装备。制造装备经历了机械装备到数控装备，目前正在逐步发展为智能装备。智能装备具有检测功能，可以实现在机检测，从而补偿加工误差，提高加工精度，还可以对热变形进行补偿。

4）智能生产线。很多企业高度依赖自动化生产线，比如钢铁、化工、制药、芯片制造、电子组装、汽车整车和零部件制造等，实现自动化的加工、装配和检测。

5）智能车间。一个车间通常有多条生产线，这些生产线要么生产相似零件或产品，要么有上下游的装配关系。要实现车间的智能化，需要对生产状况、设备状态、能源消耗、生产质量、物料消耗等信息进行实时采集和分析，高效排产和合理排班，显著提高设备利用率。

6）智能工厂。作为智能工厂，不仅生产过程应实现自动化、透明化、可视化和精益化，同时，产品检测、质量检验和分析、生产物流也应当与生产过程实现闭环集成。一个工厂的多个车间之间要实现信息共享、准时配送、协同作业。一些离散制造企业也建立了类似流程制造企业那样的生产指挥中心，对整个工厂进行指挥和调度，及时发现和解决突发问题，这也是智能工厂的重要标志。智能工厂必须依赖无缝集成的信息系统支撑，主要包括 PLM、ERP、CRM、SCM 和 MES⊖五大核心系统。

7）智能研发。离散制造企业在产品研发方面，已经应用了CAD/CAM/CAE/CAPP/EDA 等工具软件和 PDM/PLM 系统，但是很多企业应用这些软件的水平并不高。企业要开发智能产品，需要机电软多学科的协同配合；要缩短产品研发周期，深入应用仿真技术，建立虚拟数字化样机，实现多学科仿真，通过仿真减少实物试验；需要贯彻标准化、系列化、模块化的思想，以支持大批量客户定制或产品个性化定制；需要将仿真技术与试验管理结合起来，以提高仿真结果的置信度。

8）智能管理。制造企业核心的运营管理系统还包括人力资产管理系统（HCM）、客户关系管理系统（CRM）、企业资产管理系统（EAM）、能源管理系统（EMS）、供应商关系管理系统（SRM）、企业门户（EP）、业务流程管理系统（BPM）等。实现智能管理和智能决策，最重要的条件是基础数据准确和主要信息系统无缝集成。

9）智能物流与供应链。制造企业内部的采购、生产、销售流程都伴随着物料的流动，因此，越来越多的制造企业在重视生产自动化的同时，也越来越重视物流自动化，自动化立体仓库、无人引导小车、智能吊挂系统得到了广泛的应用；而在制造企业和物流企业的物流中心，智能分拣系统、堆垛机器人、自动辊道系统的应用日趋普及。

10）智能决策。企业在运营过程中，产生了大量的数据。一方面是来自各个业务部门和业务系统产生的核心业务数据，比如与合同、回款、费用、库存、现金、产品、客户、投资、设备、产量、交货期等数据，这些数据一般是结构化的数据，可以进行多维度的分析和预测，这就是业务智能技术的范畴，也被称为管理驾驶舱或决策支持系统。

⊖ PLM 是 Product Lifecycle Management 的缩写，即产品生命周期管理。

ERP 是 Enterprise Resource Planning 的缩写，即企业资源计划。

CRM 是 Customer Relationship Management 的缩写，即客户关系管理。

SCM 是 Software Configuration Management 的缩写，即软件配置管理。

MES 是 Manufacturing Execution System 的缩写，即制造执行系统。

汽车生产线：机器人总动员

Robot 一词，来源于捷克剧作家恰彼克 1923 年创作的科幻剧《罗索姆万能机器人》中的角色名称，指能给人类干活的"机器人"。而早在 1495 年，基于对人体解剖的深入研究，达·芬奇已设计出仿人型机械，即世界第一款人形机器人雏形。这个被后人称作达·芬奇机器人（Leonardo's Robot）的设计直到 20 世纪 50 年代才被发现。达·芬奇赋予了这个机器人木头、皮革和金属的外壳。为了让机器人动起来，达·芬奇想到了用其下部齿轮作为驱动装置，由此通过两个机械杆的齿轮再与其胸部的一个圆盘齿轮啮合，机器人的胳膊就可以挥舞，可以坐或者站立。更绝的是，再通过一个传动杆与头部相连，头部就可以转动甚至开合下颌。而一旦配备了自动鼓装置后，这个机器人甚至还可以发出声音。

最早提出完整机器人概念的是美国著名科幻小说作家、科普作家艾萨克·阿西莫夫。1951 年年底，他出版的《我，机器人》收录了 9 篇机器人短篇小说。以后他又出版了 5 部关于机器人的小说。1956 年，美国工程院院士、著名机器人专家约瑟夫·恩格尔伯格遇到了发明家乔治·德沃尔工程师。他们俩开始讨论阿西莫夫的机器人哲学与运作。后来他们发明了世界上第一台真正意义上的机器人，彻底改造了现代制造业。由于恩格尔伯格对机器人领域的巨大贡献，被业界称为"机器人之父"。1957 年，他成立全球第一家机器人公司 Unimation，1959 年，世界上第一个工业机器人尤尼梅特诞生，这是一个重达两吨，但却有着 1/10000 英寸精确度的机械手臂。1961 年，尤尼梅特第一次投入通用汽车公司的一条汽车装配生产线，让汽车界第一次领教了机器人黑科技的魔幻魅力。

机器人在工业生产中的大量使用，与计算机在工业上大规模应用的历史几乎一样长久。机器人包括工业机器人和服务机器人两大类。机器人最核心的模块是控制系统、驱动系统、减速系统，那么其三大部件就是控制器、减速器、伺服系统（伺服电机和驱动器）。目前机器人最成功的应用领域是汽车工业。全球有 40% 的机器人效力于汽车工业，在中国这个数字则为 70%。2016 年，全球汽车行业的价值是 8650 亿美元，其中，机器人和自动化技术产生了 6560 亿美元的价值。可以说，没有机器人，就没有现代汽车工业。

汽车工厂大量雇用的机器人显然并非好莱坞电影所展示的那

样，完全拥有类似人类智能。事实上，这些机器人最常做的活儿是两样：拿起和放下。和公众想象的不同，这些机械苦力并没有全面的感知能力。它们只会固定的一套动作。即使是这一套动作，也是工程师反复调试出来的。

汽车制造机器人给汽车产业带来极大的竞争优势。现代汽车制造领域进入了机器人总动员的集结号时代。

1）机器人的汽车应用。每辆汽车上都有数千个零件，其制造过程需要大量的制造工艺。汽车机器人技术的进步，如视觉系统和力感测，意味着比以往更适合机器人自动化。一些最适合的汽车制造应用领域有焊接、装配、机器维修、材料去除、零件传送、油漆和密封等。特别是汽车装配线在大量使用机器人专门进行点焊和喷漆工作。

2）提高汽车制造质量。汽车制造机器人减少了零件之间的差异。机器人具有高度可重复性，它们永远不会疲倦抑或是分心，因此，每个循环都以相同的方式执行。它们也不会掉落零件或以造成损坏的方式处理零件。汽车机器人配备了视觉系统，甚至可以检测输入材料的变化，并根据其编程路径进行调整。它们可提高质量并降低保修成本。

3）解决供应链制造能力。在汽车供应链中有很多场合使用机器人。汽车零部件厂使用机器人可不受轮班疲劳的影响，整个生产周期都是全天候工作，而且在生产高峰期的速度也是一致的。这大大有利于实现零库存和准时供应。

4）保护工人。汽车制造业的许多工作都是有危险的。如在汽车装配中，使用机器人可以避免工人接触焊接和喷漆产生的烟雾，以及焊接闪光和冲压机的噪声。由于汽车机器人承担了这些肮脏和危险的任务，所以减少了事故和伤害的索赔。

尤尼梅特第一次投入通用汽车的一条装配生产线

在汽车生产线上忙碌的机器人

5）增加灵活性。比起硬性生产线或专用自动化线，使用汽车机器人有三个优势：一是实现从一份工作到下一份工作的最短转换时间；二是能够处理产品系列，实现瞬间切换新零件程序所需的灵活夹具设计；三是通过使用视觉系统或射频识别（Radio Frequency Identification，RFID）等其他技术，可以处理各种各样的零件生产。当一条生产线停产时，汽车机器人可以重新部署投入新的生产线，而不需要额外的成本和培训。

激光与汽车

1960 年 5 月 15 日，年轻的美国物理学家西奥多·梅曼在休斯公司的研究室里进行着一项重要的实验。他的实验装置里有一根人造红宝石棒，突然，一束深红色的瑰丽亮光从装置中射出，它的亮度是太阳表面的四倍。这是一种完全新型的光。它被命名为 laser，即是英文"受激放射光放大"的缩写，中文译为激光。同年 7 月 7 日，梅曼宣布成功研制出世界上第一台实用的红宝石激光器，这标志着激光技术的诞生。

激光是继核能、计算机、半导体之后人类的又一项重大发明，被称为"最快的刀""最准的尺""最亮的光"。近年来，随着科学的不断发展，激光技术应用的范围也在不断拓展，主要有激光打标、激光焊接、激光切割、光纤通信、激光光谱、激光测距、激光雷达、激光武器、激光唱片、激光指示器、激光矫视、激光美容、激光扫描、激光灭蚊器，等等。激光技术是涉及光、机、电、材料及检测等多学科的一门综合技术，因具有单色性、相干性、高能量和平行性等特点，激光适用于材料加工，对加工对象的材质、形状、尺寸和加工环境的自由度很大，特别适用于自动化加工。50 多年来，激光技术与应用发展迅猛，已与多个学科相结合形成多个应用技术领域。尤其是 21 世纪以来，汽车工业大量应用激光技术。激光技术最显著的产业化也是在汽车领域，它在汽车工业中占据越来越重要的地位，应用也越来越广泛。

1）激光技术已渗透于汽车大部分零部件制造。有 50% 至 70% 的汽车零部件是用激光加工来完成的，其中主要以激光焊接、激光切割和激光打标为主。激光焊接在汽车工业中已成为标准工

梅曼成功研制出世界上第一
台实用的红宝石激光器

艺。激光焊接技术在焊接铝材，用焊接件代替铸件以及全车身构
架结构焊接的轻量化应用前途最大。汽车工业正在步入能按用户
要求进行柔性模块化生产方式，这给激光焊接技术的大规模应用
提供了机遇。

2）激光前照灯让车灯更小、更亮、更节能。汽车前照灯经历
了一系列的技术革新，即从卤素灯、氙气灯、LED 灯到未来的激光
前照灯。激光前照灯除具有 LED 灯的优势外，其亮度是 LED 前照
灯的一千倍，照射距离更远，改进灯光可视效果，提高行车安全，
也给汽车设计师留下了更多的设计空间。更为重要的是，激光前照
灯的照明效率更高，也更节能。

3）激光雷达助力自动驾驶汽车发展。激光雷达又称 LIDAR（激
光探测及测距），是以发射激光光束探测目标的位置、速度及距离等
特征的系统。激光雷达最初用于军事领域，作为目标探测和跟踪系
统，被认为是更难被敌军干扰和探测到的装置。有别于摄像头和超

激光技术已渗透于汽车大部
分零部件制造

声波传感器，激光雷达通过读取激光反射数据，可以精确判断出物体的形状和位置，甚至可以探测出道路的标记、坑洼和坡度，这些数据对于汽车实现自动驾驶来说非常重要。此外，由于激光光束射程远，它可以探测更远的物体，使汽车可以"看"得更远。在可预见的未来，自动驾驶汽车的发展将为激光雷达创造巨大的市场需求。

4）激光抬头显示器。抬头显示器（Head-up Display，HUD）近年来在汽车上受到了越来越多的关注。激光 HUD 采用具有较高功率的红、绿、蓝单色激光器为光源，混合成全彩色，当扫描速度高于所成像的临界闪烁频率，就可以满足人眼"视觉残留"的要求，人眼就可清晰观察。与传统的 HUD 相比，激光 HUD 所显示出来的数据会更加清晰，即使在日光较强的室外也可以看清楚。

激光技术在汽车上的应用还不仅限于此，比如已经有研究机构和汽车制造商开始尝试将激光器用于发动机点火系统来提高燃烧效率；此外，还有利用激光进行手势的探测和测距，用于手势控制系统进行系统的操控。展望未来，随着技术的不断发展和新需求的出现，激光将发挥更多的潜能，满足汽车对安全、环保、轻量化和智能化的需求。

人工智能为汽车产业"赋能"

艾伦·图灵是英国著名数学家、现代计算机科学的奠基者、密码破译专家，更重要的是，他还是人工智能（Artifical Intelligence，AI）领域的先驱。早在 1948 年，图灵就写了一篇题为《智能机器》的论文，描绘了现在成为人工智能核心的许多概念，包括遗传算法、神经网络、强化学习等。在没有电子计算机的年代，图灵用纸和铅笔做出了这项开创性的研究。图灵在人工智能领域最著名的成就之一是图灵测试。他提出，如果机器所进行的对话无法与人类对话相区别，那么可以说这台机器能够"思考"。

人工智能是研究使用计算机来模拟人的某些思维过程和智能行为（如学习、推理、思考、规划等）的学科，主要包括计算机实现智能的原理、制造类似于人脑智能的计算机，使计算机能实现更高层次的应用。人工智能被认为是 21 世纪的三大尖端技术（基因工程、纳米科学、人工智能）之一，也是现在科技界最火的黑科技。说到人工智能，人们往往会想到阿尔法狗（AlphaGo）战胜了世界排名第一的围棋名将。很多公司开始在 AI 的应用方面下功夫，把 AI 产品真正应用到人们的生活中。人工智能汽车运用已成为一个独立的科技分支。AI 为汽车产业创新发展"全面赋能"和"添翼",人机交互(Human Machine Interface,HMI)将成为汽车发展和创新的核心要素,汽车将进化成智能移动空间,融入未来智慧城市。百度人工智能交互设计院认为,决定未来智能汽车设计的九大趋势如下:

1)用于跨交通工具与跨领域的出行系统。随着互联网、云计算、人工智能等技术的快速发展,未来出行设计涉及汽车、火车、飞机、人力交通工具等不同的对象,且汽车行业参与者的背景日益复杂。在这种背景下需要多领域、多专业、多部门从整个交通系统层面来重新定义汽车设计。未来的设计对象不再是单一的汽车产品,而是人、交通工具、基础设施、城市和环境等所构成的一个整体的跨交通工具的无缝出行交通系统。

2)用于智能汽车与周边物理和虚拟环境的互联服务。目前,几乎每辆汽车都可以通过自身或者车内的移动设备等连接网络,智能汽车已经逐渐变成继手机以来的一个新的移动终端。汽车在多数情境下是除了家庭和办公场所以外,用户使用时间最长的个人空间。智能汽车与周边物理和虚拟环境的互联服务是未来智能汽车的发展趋势。

3)用于出行共享服务。汽车共享分为多个模式,如汽车租赁、基于站点的汽车共享、即时用车、网络专车等。当前流行的共享模式,如共享自行车、网络约车等,汽车共享在产业界逐渐成熟;可持续设计要求关注人和环境的和谐发展,设计出既能满足当代人需要,又兼顾保障子孙后代可持续发展需要的产品、服务和系统,而共享又作为可持续设计的核心已经成为汽车设计的主流方式。

4)用于泛在的车内外多形式全面信息展示。车载显示不断朝着更高分辨率、更大尺寸以及更创新的产品形态、材质的趋势发展,为泛在的显示提供了技术基础;智能汽车系统本身数据、车内外信息交互数据及用户状态数据快速增长,使得显示信息的数量快速上升,显示信息的维度也出现复杂化的趋势,显示内容和维度的快速增长为无处不在的显示提供了重大需求。车内外的不同位置和介质都可能成为显示媒介,多屏显示很可能是未来智能汽车的重要趋势。

5)实现人机介入式控制。随着智能汽车自动化水平的提高,用户对于汽车的控制权也在减少,在无人驾驶阶段,甚至可能出现控制权丧失的情形,控制权的减少或丧失,会对用户的安全感和情绪造成负面影响。控制权的接管与移交将成为未来智能汽车人机关系的核心。未来汽车人机交互设计在人机控制上的趋势是，智能汽车系统的控制权会根据驾驶情境的需要在人和智能汽车之间转换，实现任务的接管与移交，即人机介入式控制。

6）实现从数字媒体到实体媒体交互。随着显示技术的发展，特别是在泛在的显示趋势影响下，各类智能产品逐步向着显示控制一体化的方向发展，汽车人机交互界面的复杂化促使新交互模式的出现。在未来智能汽车应用中，车内实体设备都有可能成为交互媒介，并被赋予全新的交互功能。在媒介材料上，其材质、柔韧度、弯曲度等性能实现了多样化实体，通过控制交互传感器的线性度、灵敏度、重复性等条件构建新交互形式。

7）实现基于生物识别和感知技术的个性化。个性化是汽车用户长期以来也是未来的重大需求。生物识别与感知技术的发展赋予汽车智能个性化感知的能力。在生物识别的基础上，线上数据和线下生物识别的整合，将是个性化汽车最为核心的趋势。在个人身份识别的基础上，结合生理心理感知技术，可以实现智能汽车对人的生理心理状态的实时监控，从而实现智能汽车人机交互界面的实时个性化。

8）实现多通道融合的用户体验与交互。多通道融合交互是包括智能汽车在内的智能产品用户体验的重要特征。近年来，随着自然语音、传感识别、机器感官增强和情感计算等多项技术的发展，为多通道融合交互的实现创造可能。在未来多通道融合的人机交互系统中，视觉依然是最主要的通道，其他通道发挥积极作用。语音交互将会成为智能汽车的标配。手势交互可以为用户提供更自然的交互方式。嗅觉通道的交互是未来最可能实现的全新交互方式。

9）用于从高智商机器到高智能情感的交互。随着人工智能技术的发展，人们要求它们在越来越多的方面能够补偿、加强和替代人的感知功能、思维功能和行为功能，这就必然要求这些产品具备更强的情感识别、情感理解和情感表达能力。未来的汽车在能够"理解和思考"的基础上实现智能情感交互，成为智能汽车的重要趋势。智能汽车作为一个智能体，不仅会和车内的用户产生交互，还会和车外的周边交通个体产生交互。

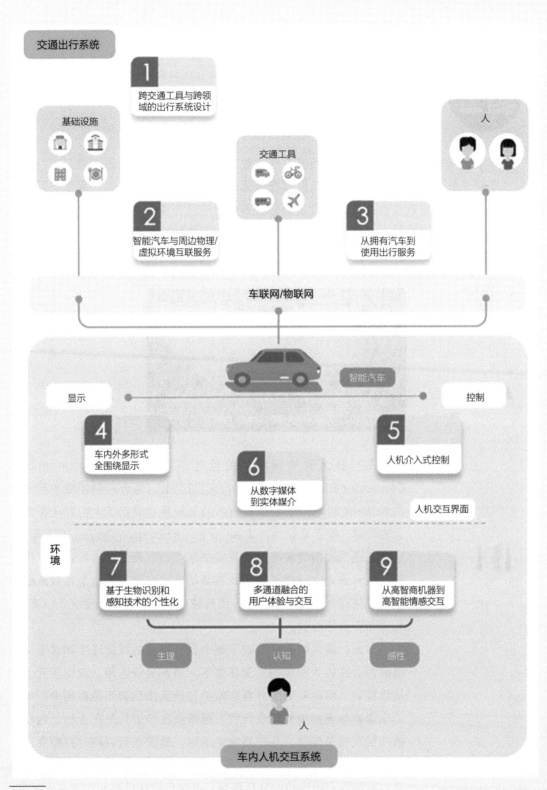

交通出行系统

1 跨交通工具与跨领域的出行系统设计

基础设施

交通工具

人

2 智能汽车与周边物理/虚拟环境互联服务

3 从拥有汽车到使用出行服务

车联网/物联网

智能汽车

显示　　　控制

4 车内外多形式全围绕显示

5 人机介入式控制

6 从数字媒体到实体媒介

人机交互界面

环境

7 基于生物识别和感知技术的个性化

8 多通道融合的用户体验与交互

9 从高智商机器到高智能情感交互

生理　认知　感性

人

车内人机交互系统

智能汽车实现与车内用户、车外周边交通个体和环境的交互

改变汽车的
100个
黑科技

语音交互：会说话的汽车

汽车智能网联的快速发展以及消费者个性化需求的增加，使得车载语音交互在汽车上的配置率越来越高，更是成为各大厂商汽车智能化的重要卖点。与此同时，高度识别率及人工智能的发展让车载语音系统的开发者们早已不满足于语音拨打电话、发短信、看导航这些基础功能，为博眼球，各用奇招，赋予了车载语音更多的可能性和功能，并推动整个语音系统越来越人格化。

现在科隆阳光明媚，温度为45华氏度

车载语音交互

在科技大秀的国际消费类电子产品展览会（International Consumer Electronics Show，CES）上，语音识别领域的行业巨头 Nuance 现场对语音最新技术的呈现再次刷新了人们对于车载语音的理解，除了语音外，Nuance 公司的 Dragon Drive（声龙驾驶）平台还通过理解驾驶者眼部及头部动作，以及驾驶者的语调、情感等，与驾驶者之间展开助手式甚至朋友式交流，让整个语音系统更加人性化、个性化和全面性，使驾驶者和乘客能够享受娱乐、高效、互联和安全的驾驶。

首先，最大的感受莫过于整个语音系统的反应速度和对语义的理解力。在较为嘈杂的实测环境下，测试者快速用"查询明天上午从北京到上海的航班""只看东航的""明天出门要不要带雨伞"等口语化语言快速问询航班及天气，而系统显示屏几乎在 1 秒之内快速精确呈现相关信息，且在系统说话时，驾驶者可以随时打断更正信息。而在语义理解上，甚至是"我要吃面"此类自然人才理解的语义，系统则会给出相关餐厅信息，甚至可以按价格和距离进行排序；一句"我好热"，系统可以自动打开空调……这也意味着用户不需要学习任何指令语言，跟机器交流只需像对待正常人说话即可。

许多人认为在智能语音交互中"云"很重要，实际上对消费者来说，操作的便捷性和稳定性最为重要，他们或许不知道"云"是什么概念，但在体验性上却有较大期待。

其次是系统的多感知性，并支持增强现实（Augmented Reality，AR）功能。上述中亦提到 Nuance 创新技术还将语音识别与驾驶者眼部和头部相结合，可通过眼部、头部动作方向与车外兴趣点进行交互，从而使驾驶者能够获得有关营业时间、点评等信息。与此同时，相应的信息能够在增强现实中突出标明，并使用透明屏幕显示在智能风窗玻璃上。

第三点是多任务执行，语音系统变身全能小助手。即在驾驶者专注驾驶的同时，语音系统可以跨空间地完成多项复杂的任务操作，如打开车窗、打开空调、听音乐、找停车场等。而随着自动驾驶的快速发展，相信语音技术还有更多的空间有待挖掘，如语音控制座椅升降转动、语音解锁车门等。

还有一点是，由"机械式交流"发展到"情感式互动"。如今，人们待在车上的时间越来越多，漫漫旅途，如果能有人聊天亦不失为一件趣事儿。Nuance 的"声龙驾驶"⊖语音系统庞大的知识量储备使其可以充当导游角色，解答驾驶者的各类疑问，如当地风土人情、建筑特色等；也会应要求讲个段子，背首诗来解解闷儿。

在语音和语义识别能力的基础上，Nuance 的"声龙驾驶"在关注其高效、功能。这些技术代表除了 Nuance 外，也代表着车载娱乐系统最新及未来发展方向。而随着自动驾驶的快速发展，相信车载语音还有更多的能量正等待我们解码。

不过近年来，随着车载语音交互平台的争夺战日趋白热化，各方势力频频出招，前有亚马逊、谷歌（Google）等国际巨头，后有科大讯飞、百度等中国厂商，在此大背景下，Nuance 在技术上的创新力度进一步增强。Nuance 与其他同行一起，通过携手全球各大车企巨头，共同推动车载语音交互从"命令式""自然式"向"主动对话式"时代全面进击。就汽车领域而言，第一款互联网汽车荣威 RX5 便使用了 Nuance 的技术，该车拥有的会话型语音界面集成了声龙驾驶本地嵌入及云端混合式语音识别和基于深度神经网络的自然语言理解技术，可保证在没有 4G 网络时依旧能实现基本功能，并通过云端收集用户的使用数据用于未来对系统的迭代。

有了人工智能的助力，新的"个人助理"功能可以执行从日程

⊖ "声龙驾驶"以超过40 种语言为当今道路上行驶的超过 2.5 亿辆汽车提供技术支持。

管理到在线网购的一系列功能,在上面描述的这个情景中,驾驶者的眼睛可以始终看着道路,仅用语言下达指令即可。

当与智能家居设备同步后,车载语音识别软件还可以远程控制恒温器、智能家居、灯和门锁。但这些语音识别软件虽然为有车族带来了许多便利,但由此而带来的隐私问题和个人数据采集问题也是十分值得关注的。

挥手就能控制汽车

就像变魔术一样,汽车可以根据你的手势,听从你的指挥,让汽车跟着你的节拍走,这是不是很神奇呢?近年来,手势交互产品不断涌现,如任天堂 Wii 和微软 Kinect 等已经彻底地改变了传统游戏的交互方式,智能家居、智能手机、汽车交互和各类增强现实产品也在不断地改变着我们的生活方式。这些设备竟然能够识别常见的手势和身体姿势,而汽车手势交互作为一个较新的交互设计领域,为交互设计提供了新的挑战和机会。

有一种说法是,"懒"是科技进步的原动力。确实,越来越多的黑科技都是在为人们提供便利,也就是说,让人们"懒"得更舒服。汽车领域也不例外,从最早操作繁琐的手动档,到自动档,再到无人驾驶,不仅要解放驾驶者的双手,还要解放双脚、双眼……手势控制这种黑科技,便是能够让驾驶者摆脱各种按键、旋钮,只需挥挥手就能完成各种操作的"手势控制"。

宝马的手势控制系统,预设了 6 种手势控制动作,通过 3D 传

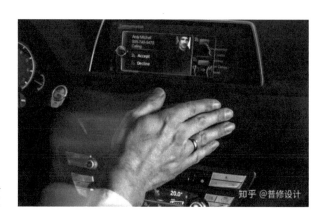

汽车手势交互

感器检测和识别手势动作，使用户开车时不必分神即可轻松控制导航和信息娱乐系统等。宝马在新款宝马5系上采用了最新的IDrive系统，这套系统与之前新款宝马7系上的系统相同，支持手势操作和语音控制。它通过车内后视镜前方车顶部位的传感器来采集手部动作，让驾驶者可以在直视前方道路时通过手势控制部分系统功能。只要将手放到变速杆上方、出风口前方时，传感器就可以识别手势。比如"挥手"可以拒绝来电，"单指点击"接入来电，食指顺时针或逆时针圆周运动可以调节音量等。此外，宝马的手势控制还预留了一个自定义的手势控制动作等。

基于视觉的手势识别主要包括手势分割、手势特征提取、静态手势识别、动态手势识别。简单地说，手势识别就是一种用手势来直接控制计算机运算的一种技术，简单且便捷。

汽车手势控制是控制汽车信息娱乐系统的最新方式。汽车手势交互属于新兴的行为设计门类，具有巨大的发展潜力。它与人脸识别、HUD显示和语音命令等先进技术相结合，将更好地应用于汽车交互。

目前的系统可支持多种预设手势控制，通过中控台上方的3D传感区域检测和识别手势动作。通过左右挥手、空中轻点和横扫、手指画圈以及两个手指的平行或斜向拖曳等一系列动作，用户可以接听、拒听电话，控制音量，翻页查询交互界面信息，缩放地图页面，转动摄像头视图等操作。手势控制还预留了一个自定义的手势控制动作，用户可通过食指和中指空中点击进行个性化手势设定，例如"引导至家庭住址""开关静音""最近使用的菜单"或"历史通话"等。

汽车手势交互未来呈现如下发展趋势。

1）多模式交互相结合。未来随着AR、HUD技术在车载电子中的不断普及，语音交互、人脸识别不断应用，无人驾驶技术不断成熟。随着车联网时代的到来，车载人机交互将发生革命性的改变。手势识别技术将在这次产业升级、技术更新当中扮演着重要的角色。例如将微动手势识别与HUD结合时，可以保证用户视线不离开前方道路的情况下实现信息的实时反馈，在保证行车安全的前提下，大大提升车机交互的体验。

2）最大限度地减少驾驶者分心。安全和降低认知负荷是所有汽车交互需要考虑的首要问题。在未来将尽量采用容差性较强的手势捕捉方案，以实现手势的大范围模糊操作，降低错误率，减少需要手眼协调的情况。

3）降低学习难度。相应的汽车手势及应用都应该是简单易学的，并且手势的数量需要受到严格限制，从而降低用户分心和操作失误的可能性。筛选出几个具有强烈直观性和低心理负荷的手势，组成手势数量较小的手势集，以降低学习难度和心理负荷。

4）建立统一标准。由于各种移动设备、桌面设备和物联设备等都将应用手势控制，用户将在一个设备上学会的手势自然应用到另一个平台上，这就会导致手势标准的生成。

"手势控制"是世界上不断发展的技术之一，它的应用是无止境的。良好的汽车手势交互设计需要注意用户需求与技术的平衡，目前的汽车手势交互还在萌芽状态，未来，手势识别很可能与语音识别、人脸识别等技术一起，成为未来车内自然交互方式中的重要组成部分。在未来的设计中，设计师的角色需要在其间进行调和，达到技术和用户需求的平衡。

HUD：像飞行员那样驾驶

我们在看一些诸如《星球大战》之类的科幻电影时，常会看到场景中的驾驶者或飞行员面前的风窗玻璃如同计算机屏幕，放射出各种信息数字，充满了未来主义色彩。其实，这就是前风窗抬头显示（HUD）技术，或叫平视显示系统。

HUD 是普遍运用在航空器上的飞行辅助仪器。飞行员不需要低头就能够看到一些需要的重要信息。HUD 能将飞行参数、瞄准攻击、自检测等信息，以图像、字符的形式，通过光学部件投射到座舱正前方组合玻璃上的光／电显示装置上。这样，当飞行员透过组合玻璃观察舱外景物时，可以同时看到叠加在外景上的字符、图像等信息。HUD 不仅可以降低飞行员低头查看仪表的频率，还能避免飞行员注意力的降低或中断，从而提高飞行安全。HUD 设计的用意就是让飞行员不需要低头查看仪表的显示与资料，始终保持抬头的姿态，降低低头与抬头之间忽略外界环境的快速变化以及眼睛焦距需要不断调整产生的延迟与不适。

HUD 首先使用在 1975 年法国达梭飞机公司的飞机上。之后美国与其他国家也陆续竞相研发或者购买 HUD 系统，并开始普及化。1988 年，HUD 第一次以选装的安全配置出现在通用汽车的车型上，但由于其功能过于单一而市场反响冷淡。随着技术不断进步，到 2000 年后，HUD 技术逐步成熟，成为各豪华车型的竞争热点。目前 HUD 技术已经广泛用于如奔驰、宝马、奥迪、凯迪拉克、雷克萨斯等高档汽车。

HUD 是进入汽车的黑科技。汽车引入 HUD 这样的黑科技当然不只是为了显摆炫酷，最重要的是它可以把如车速、油耗、导航方向等信息映射在前风窗玻璃上，让汽车驾驶者"低头不见抬头见"重要的行车信息，以保证驾驶者将更多精力放到观察路面情况上。与此同时，它也可减少驾驶者在观察远处道路情况与近距离查看导航、车辆信息时，视线频繁转换引发的视觉疲劳。

科技发展得太快，以虚拟现实（VR）、增强现实（AR）的黑科技已越发成熟了。目前，就有一些国外科技公司开发出了 AR 技术的显示屏，其科技含量和承载信息比 HUD 更丰富、直观、高效。增强现实抬头（AR-HUD）显示器可以在驾驶者视线区域内合理叠加显示一些驾驶信息，并结合于实际交通路况当中。通过 AR-HUD 技术，驾驶者可以扩展并增强自己对于驾驶环境的感知。

未来的 HUD 有可能成为车联网的显示系统。在互联网公司抢夺人类生活"第四屏"的路上，HUD 系统与车载互联网相互连接将成为常态。也有企业试图让 HUD 能显示出驾驶信息以外的更多社交信息，比如让驾驶者还能接电话或短信，甚至微博或微信的通知，视线都不用离开风窗玻璃。就像最近流行的 VR 眼镜一样，驾驶者还可在风窗玻璃上直观地看到 AR 叠加信息，如夜视、社交软件信息、仪表板、导航等内容，甚至还有智能预测、集成红外扫描功能等。

随着汽车更加自动化，最后达到完全无人驾驶的程度，HUD 技术将变得更加有用，将发挥关键的技术作用和显示效应。不管是主动（人工）驾驶和被动（自动）驾驶，汽车以后都会标配 HUD 系统。

汽车前风窗玻璃上的抬头显示

HUD 系统可以在传统驾驶模式下彻底关闭（当驾驶者紧握方向盘看向前方路况时，HUD 将立即关掉显示变得透明），也可以开启辅助驾驶（屏幕显示导航和安全信息），或者在完全自动驾驶模式下激活全套屏幕和相关应用程序以保证乘客的安全性。

车载芯片：汽车技术的高地

　　1958 年 9 月 12 日，美国德州仪器公司的杰克·基尔比工程师向实验室同事演示了他简易的触发电路实验。基尔比紧张地将 10 伏电压接了输入端，再将一个示波器连在了输出端，接通的一刹那，示波器上出现了频率为 1.2 兆赫兹、振幅为 0.2 伏的振荡波形——现代电子工业第一个用单一材料制成的集成电路诞生了。1959 年，仙童公司的鲍勃·诺伊斯工程师发明了集成电路的制造方法——掩膜版曝光刻蚀技术。虽然基尔比的电路与后来在硅晶片上实现的集成电路相比其貌不扬，但是它们工作得非常好。它们告诉人们，在一种材料上做出所有电路需要的器件才是电路微型化的出路。基尔比因这个发明于 2000 年获得了诺贝尔奖。

　　20 世纪 50 年代，由基尔比和诺伊斯兴起的半导体工业，如今成了世界第一大产业。在半个世纪的历程中，他们的发明给我们的世界带来了巨大的变化。随后，集成电路、微处理器、计算机、鼠标、视窗操作系统、计算机语言、互联网、浏览器等一系列伟大的发明，不但彻底改变了人们的生活方式，也深刻地影响着社会组织的方方面面。

基尔比发明的第一个用单一材料制成的集成电路

集成电路（Integrated Circuit, IC）又称芯片或微电路、微芯片，是指内含集成电路的硅片，体积很小，常常是计算机或其他电子设备的一部分。但它更是电子设备中最重要的部分，承担着运算和存储的功能。芯片的应用范围覆盖了军工、民用的几乎所有的电子设备，当然，也广泛应用于现代汽车。

目前汽车芯片的学名叫微控制单元（Micro Control Unit, MCU），也叫单片机，以此构成汽车现代化、智能化、网络化的高端和特殊功能的电控单元结构系统 ECU。近年来，在 MCU 上已应用嵌入式处理，把 MCU 提升到更具个性化、更高级、高度集成和固化应用的水平，具有人脑的功能，几乎一个 MCU 就具有一部高级计算机的全工况性能。据统计，每辆汽车大约需要 100 多颗芯片，成本已达到汽车总成本的 20%，预计 2030 年将增加到 50%。

过去汽车芯片以与传感器对应的电子控制单元为主，主要分布于发动机等核心部件上。随着汽车智能化的发展，汽车传感器越来越多，传统的分布式架构逐渐落后，由中心化架构域控制单元（Domain Control Unit, DCU）、多域控制器（Multi Domain Controller, MDC）逐步替代。随着人工智能的发展，汽车智能化已成趋势，目前辅助驾驶功能渗透率越来越高，这些功能的实现需借助摄像头、雷达等新增的传感器数据，需要大量并行计算，传统中央处理器（Central Processing Unit, CPU）算力不足，这方面性能强大的图形处理器（Graphics Processing Unit, GPU）替代了 CPU。再加上辅助驾驶算法需要的训练过程，图形处理器加现场可编程逻辑门阵列（Field Programmable Gate Array, FPGA）成为目前主流的解决方案。着眼未来，自动驾驶也将逐步完善，届时又会加入激光雷达的点云（三维位置数据）数据以及更多的摄像头和雷达传感器，GPU 也难以胜任，专用集成电路（Application Specific Integrated Circuit, ASIC）性能、能耗和大规模量产成本均显著优于 GPU 和 FPGA，定制化的 ASIC 芯片可在相对低水平的能耗下，提升车载信息的数据处理速度，随着自动驾驶定制化需求的提升，ASIC 将成为主流。

汽车产品大量应用集成电路芯片，它由多核 CPU 和 GPU 组成，用于数字化的组合仪表、车载多媒体和导航系统、自动驾驶路径计算，或者特定用途的集成电路芯片，用于电子控制模块的信号处理、算法运行和控制执行部件，如自动泊车、启动安全气囊、自动驾驶的雷达信号分析等。新型芯片甚至集成了神经元网络、深度学习等人工智能功能的智能化芯片，也即将在汽车中得到应用。当 2021 年汽车的电子电气架构从控制器局域网（Controller Area Network，CAN）变成以太网络（Ethernet），数十个电子控制模块由多个大型车载服务器替代时，汽车就是一个可移动的服务器或超级计算机机房了。◎

芯片的核心技术为材料能力、架构设计能力和工艺能力。芯片产品和制造能力需要 10 至 15 年周期的培育。芯片是相当复杂的小空间集成电路，它由千万条电路和无丝毫偏差的三万余个零件构成，好比在指甲盖大小的地面上设计建造世界摩天大楼。又由于芯片的民用商品性，它必须符合成本和效率优化的经济规律，接受质优、价廉、效率高的市场经济竞争。芯片制造工艺要求的光刻槽越来越细，光的波长是纳米级别的，其技术难度极高。芯片及其制造在汽车产业和"中国制造 2025"中具有举足轻重的核心地位。

◎ 汽车生产线也大量应用集成电路芯片，无论是冲压、焊装、涂装，还是总装线，都有相应的冲压机床、焊接机器人、喷涂自动机或机器人、无人物料配送车、检测站的传感器、生产控制的服务器、RFID 扫码机，这一切，都离不开芯片。

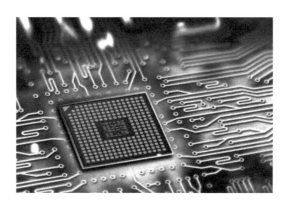

汽车产品大量应用集成电路芯片

改变汽车的
100 个
黑科技

石墨烯与汽车

石墨烯被称为"黑金""新材料之王"，也被比喻为是最接近科幻小说《三体》中"二向箔"这样的黑科技神秘物质。2004 年，英国曼彻斯特大学的两位科学家安德烈·盖姆和康斯坦丁·诺沃洛夫发现，他们能用一种非常简单的方法得到越来越薄的石墨薄片。他们从高定向热解石墨中剥离出石墨片，然后将薄片的两面粘在一种特殊的胶带上，撕开胶带，就能把石墨片一分为二。不断地这样重复操作,石墨片越来越薄。最后,得到仅由一层碳原子构成的薄片,这就是被科学家预言将"彻底改变 21 世纪"的神奇材料——石墨烯。

在发现石墨烯以前,大多数物理学家认为,热力学涨落不允许任何二维晶体在有限温度下存在。因此,石墨烯的发现立即震撼了凝聚体物理学界。虽然理论和实验界都认为完美的二维结构无法在非绝对零度稳定存在,但是单层石墨烯确实能够在实验中被制备出来。实际上,石墨烯本来就存在于自然界,只是难以剥离出单层结构。石墨烯一层层叠起来就是石墨,1 毫米厚的石墨大约包含 300万层石墨烯。用铅笔在纸上轻轻划过,留下的痕迹就可能是一层甚至几层石墨烯。这以后,制备石墨烯的新方法层出不穷。2009 年,安德烈·盖姆和康斯坦丁·诺沃肖洛夫在单层和双层石墨烯体系中分别发现了整数量子霍尔效应及常温条件下的量子霍尔效应,他俩因此而获得 2010 年度诺贝尔物理学奖。

石墨烯的研究与应用开发持续升温。鉴于石墨烯材料优异的性能及其潜在的应用价值,在化学、材料、物理、生物、环境、能源等众多学科领域已取得了一系列重要进展。石墨和石墨烯有关的材料广泛应用在电池电极材料、半导体器件、柔性显示、透明显示屏、传感器、电容器、晶体管等方面。未来,石墨烯将在航空航天、武器装备、重大基础设施、节能环保、电子信息,特别是新能源、动力蓄电池、汽车工业等领域有广泛应用。

1)在动力蓄电池中的应用。利用石墨烯所具有的超薄超轻、优异电化学性能、较高比表面积、电子和离子传导性能及特殊的二维单原子层结构,可以将其应用于动力蓄电池石墨烯负极复合材料、锂离子蓄电池正极导电剂和石墨烯功能涂层铝箔等,可大幅度减少蓄电池内阻、提升锂离子蓄电池充放电速度,提高锂离子蓄电池比容量、倍率性能及能量密度,获得稳定的充放电性能及高循环效率;极大地减轻蓄电池重量,从而降低整车质量,延长蓄电池使用寿命,大大提高电动汽车的续驶里程和充电速度,彻底解决电动汽车的"里程焦虑"问题。

2)车身涂装领域。石墨烯的高疏水性及独特的纳米结构,可以将其运用于车用涂料领域,提高防腐效果。加了石墨烯的界膜剂可在各类钢材表面形成一层缓蚀界面膜。与传统磷化膜相比,该界面膜不仅耐腐蚀性能好,而且与金属外涂装层之间的结合力也显著增强。

3)汽车电路。目前,电路技术所用硅晶体管尺寸已经接近相

动力蓄电池

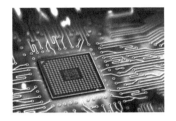

汽车电路

关物理定律极限。研究表明，与硅相比，电子在石墨烯内移动阻力更小，消耗能量更少；同时，基于石墨烯的晶体管尺寸可以更小，从而可实现更高的集成度。因此，石墨烯被称为后摩尔时代取代硅的微电子材料。随着技术的成熟，基于石墨烯的电路完全可以用于汽车。

4）车用导电功能塑料。在汽车燃油供给系统中，以快速紊流方式流动的燃油能产生静电，用于燃油供给系统的部件（如油箱、油管接头、滤清器等）需要其导电率能阻止静电堆积，消除火花、爆炸等危险。目前，以碳纳米管作为添加剂的导电塑料已应用于汽车燃油供给系统。石墨烯具备与碳纳米管相媲美的导电性能，且制备成本更低，完全可以用于导电功能塑料领域。基于石墨烯的导电功能塑料还可以运用于汽车挡泥板、门把手、后视镜壳等方面，方便车身的静电喷涂，省去了相对于非导电性塑料在静电喷涂前需要进行的表面导电化处理。

5）在汽车轮胎上的应用。利用石墨烯超薄、超轻及高机械强度、高导热等优越特性，在汽车轮胎中应用石墨烯，获得的轮胎比传统轮胎性能有较大改善。这种轮胎具有高耐磨、耐抗刺扎、爆胎几率减少、抓地力强的特点；抗湿滑性能和滚动阻力有很大改善，轮胎行驶里程提高近两倍，导热性提高近一倍，轮胎更轻；真正实现了更安全、更节油环保、更坚实耐用。另一方面，加入石墨烯的轮胎还具有良好的导静电性，通过轮胎与金属轮毂嵌合，由轮面接地时段导出车体静电。易燃易爆品运输车使用该轮胎，在轮胎3至5年的使用寿命内可消除静电危害，杜绝静电灾难。这种轮胎在电动汽车特别是无人驾驶汽车消除车体静电上具有不可替代的优势。

6）在汽车玻璃中的应用。利用化学气相沉积的方法，在玻璃表面实现石墨烯的直接生长，所获得的石墨烯玻璃具有诸多特性，兼具优异的透光、导电、导热及表面疏水性等特性。石墨烯应用于汽车玻璃具有加热使热致变色涂层颜色发生改变，从而可使车玻璃具有不同颜色的变化功能，也取代了玻璃贴膜的繁琐和成本。利用石墨烯导热及疏水性抑制车窗上水雾的产生，极大提高了雨雾等恶劣天气下行车的安全性。

7）汽车夜视功能。伴随着新型石墨烯材料的出现，未来汽车可实现夜视功能。一种全新的石墨烯半导体材料，有望被用在汽车的前风窗玻璃上，它的作用就是夜视功能。其原理是将石墨烯应用到热成像设备的芯片中，制成红外传感器，目前，这种紧凑型的传感器已可探测到物体的形状。如果将它应用在汽车前风窗玻璃上，那夜晚开车能看到的范围更广，也更清晰。

8）石墨烯润滑油。石墨烯在金属表面具有优异的润滑及防锈性能。添加了石墨烯保护剂，可在发动机摩擦副表面吸附上一层石墨烯保护膜，石墨烯纳米微粒在摩擦表面形成"滚珠轴承"，具有高效的防摩擦抗摩擦性能。

9）电动加热座椅。电动加热座椅是体现汽车档次的装备之一。石墨烯的导热性非常优秀，将石墨烯作为增强材料加入聚苯乙烯中，得到了强度更高、导电导热性更好，重量更轻的复合材料。将石墨烯运用于汽车智能加热座椅上，座垫受热快速、均匀、安全，给车主带来体贴、温暖的座驾感受。

3D 打印汽车

3D（三维）打印，即增材制造(Additive Manufacturing, AM)，被认为是人类历史上继蒸汽机、计算机、互联网后又一次伟大的发明。作为一项基础制造技术，其价值必须要体现在产业的应用上。增材是相对于传统的车、铣、刨、磨这种去材制造而言的。现有的成形方法采用的是减材成形等技术，如加工所需的汽车零部件，通过不断切削去除材料来获得所需要的零件形状。而增材制造技术是采用材料逐渐累加的方法生成实体零件的技术，相对于传统的材料去除切削加工，它是一种"自下而上"的制造方法。

近20多年来，3D打印技术取得了快速的发展，"快速原型制造""实体自由制造"之类的名称各异分别从不同侧面表达了这一技术的特点。3D打印采用逐渐增加材料的方法快速生成零件。因为这种成形方法不需要模具，所以又被称为实体自由成形技术或快速成形技术。这里，"自由"和"快速"都是指不需要模具来成形，省去了十分冗长的制造模具过程和昂贵的模具制造成本。

3D打印技术是一种以数字模型文件为基础，运用粉末状金属或塑料等可黏合材料，通过逐层打印的方式来构造物体的技术。3D打印技术出现在20世纪90年代中期，实际上是利用光固化和纸层叠等技术的最新快速成形装置。它与普通打印机工作原理基本相同，打印机内装有液体或粉末等"打印材料"，与计算机连接后，通过计算机控制把"打印材料"一层层叠加起来，最终把计算机上的蓝图变成实物。这种打印技术称为 3D 立体打印技术。

3D 打印存在着许多不同的技术。它们的不同之处在于以可用材料的方式，并以不同层构建创建部件。常用材料有尼龙玻璃纤维、耐用性尼龙、石膏、铝材、钛合金、不锈钢、镀银、镀金、橡胶等材料。

2010 年初，世界首款 3D 打印汽车 Urbee 在美国面世，它是一款混合动力汽车，绝大多数零部件来自增材制造，耗时 2500 小时。Urbee 的造型很奇特，它只有 3 个车轮。这种平扁的造型使其风阻系数达到了 0.15，可以最大程度地避免空气阻力，而 3 轮车的设计也是基于这一点的考虑。在动力方面，Urbee 采用的是混合动力系统，两台电机加一台发动机，发动机使用的是乙醇燃料。蓄电池则可以通过 Urbee 顶部的太阳能面板充电。总之，一切都是为了最大程度地节省燃料消耗。时隔 3 年后，Urbee 的升级版 Urbee 2 诞生。Urbee 2 包含了超过 50 个增材制造组件，这相较传统制造工艺显得十分精简。该车除了底盘、动力系统和电子设备等，超过 50% 的部分都是由 ABS 塑料打印而来。生产 Urbee 2 需要花费 2500 小时，相当于没日没夜 100 多天才能"打印"这样一辆车。

3D 打印技术被誉为未来工业领域颠覆性技术之一。凭借"自由制造、复杂制造、快速制造"的优势，掀起了以"数字化、智能化"为核心的第三次工业革命浪潮，并在当前工业结构调整、工业化和信息化融合中充当着核心力量。我国政府已经提出要将 3D 打印技术与汽车、航空航天、生物医疗等重要细分领域分门别类地进行跨行业联合，突破一批 3D 打印专用材料，来满足行业发展需要。

作为工业 4.0 时代的一大标签，3D 打印的发展无疑为汽车制造提供更好的助力。当前，3D 打印在汽车领域的应用已从简单的概

3D 打印的 Urbee

念模型到功能型原型朝着更多的功能部件方向发展，渗透到发动机等核心零部件领域的设计。未来几年，汽车行业研发领域将迎来 3D 打印技术引入的爆发期。

"黑客"入侵汽车

随着汽车技术进步，汽车的中控台也逐渐配置了车联网的功能，汽车智能驾驶系统应用也越来越多，可以说汽车将是一辆辆在路上行驶的计算机。那么，有没有网络"黑客"会进入车联网，从而对汽车进行网络攻击？这一幕会不会像科幻电影中"黑客"入侵一辆汽车后能够控制整个汽车的运行？为了解析疑虑，需要有人扮演或反串"黑客"角色，验证"黑客"到底有没有那么恐怖的实力。

从 1997 年开始的每年七八月份，美国拉斯维加斯都会举行一场全部参与者都是网络"黑客"的聚会，被称为"世界黑客大会"。这个大会每年都会由许多出没于网络的著名"黑客"参加，他们在这个大会上演绎反派角色（类似军事演习中的"蓝军"），如果能够呈现最顶尖"黑客"能力的人将会获得一笔不菲的奖金。2013 年的世界黑客大会上曾出现让人惊叹的一幕：有"黑客"在现场"黑入"两辆智能汽车，通过计算机上的数据让汽车进行了转向、制动以及点火的操作，这让智能汽车能够被"黑客"随心所欲地操控。无独有偶，2014 年的大会上，360 公司也通过网络控制了一辆特斯拉汽车，他们能够实现特斯拉开门、开窗等一系列的控制。特斯拉公司也因此而找到了汽车系统的漏洞，并尽快将其修复。这一系列事件说明，"黑客"技术是能够入侵智能汽车的，"黑客"入侵行为令人恐惧；同时，"黑客"攻击也是可以预防的。

"黑客"一词最早用来称呼研究盗用电话系统的人。黑客，英文为 Hacker，通常是指对计算机科学、编程和设计方面具备高度理解的人㊀。20 世纪 70 年代，"黑客"很多群落聚焦在硬件研究，20世纪 80 年代和 20 世纪 90 年代，"黑客"很多群落聚焦在软件更改（如编写游戏模组、攻克软件版权限制）。今天，互联网上的"黑客"早已不再是鲜为人知的人物，而是已经发展成网络上的一个独特群体。

黑客入侵并控制汽车

㊀ 在信息安全里，"黑客"指研究智取计算机安全系统的人员。在业余计算机方面，"黑客"指研究修改计算机产品的业余爱好者。

尽管我们现在眼中的汽车车联网系统已经十分成熟，但是这项技术其实仍然处于正式使用的初期，许多漏洞还没有被发现，因此汽车厂商在汽车上装备了车联网平台之后，都在不断地进行着测试以及系统的升级。虽然这让车联网的安全性越来越高，但是远没有互联网成熟，因此在"黑客"眼中，这个网络中有很多可以入侵的地方。

　　如果有些"黑客"将这项技术用于犯罪，例如偷车、制造交通事故，那么其隐蔽性会更高，让警方更难排查线索。了解了这些事之后，很多人都会害怕自己的智能汽车会不会被一些"黑客"通过一系列的程序入侵。从理论上来说，每一辆智能汽车都有可能被"黑客"入侵。既然你能通过远程遥控器打开车门，那么"黑客"同样能够截取到这个信号，他也有开车门的能力了。同样，一些起动发动机和空调的功能也有可能被黑。

　　尽管如此，我们也没必要杞人忧天，陷入对汽车"黑客"的惶恐。就像害怕生病一样，我们能因为生活环境中有病菌，就不吃不喝待在无菌室里吗？汽车"黑客"固然厉害，但是他们的数量毕竟十分有限，而且各国对于"黑客"的相关政策也十分严厉，因此"黑客"入侵汽车的案例几乎找不到。有的汽车公司甚至招聘来一些网络"黑客"，让他们担任公司中的汽车网络开发以及科技领域的技术工作，在工作中，他们通过对汽车进行攻击，从而发现自己公司汽车中存在的漏洞，好让公司能够有时间进行漏洞修复。随着汽车科技不断发展，车联网技术也会不断地进步，其网络安全性也会不断地提高。这样，我们的汽车生活会越来越安全和便捷。

电影中汽车被"黑客"入侵
的一幕

汽车里的"贾维斯"或"黑间谍"

当我们观看电影《钢铁侠》时，特别羡慕托尼·史塔克的钢铁战衣、小辣椒和贾维斯。在漫威电影世界中，贾维斯作为精密的人工智能被引入。它出现在 2008 年电影《钢铁侠》、2010 年电影《钢铁侠 2》和 2012 年电影《复仇者联盟》及 2013 年电影《钢铁侠 3》。贾维斯作为托尼·史塔克的助手负责连接到任意计算机终端——万无一失地操控斯塔克的房屋和钢铁侠战服的内部系统。

而前不久，即时通信巨头 Line 推出了拥有全息形象的智能助手——全新版本的 Gatebox，它让智能语音助手摆脱了"只闻其声，不见其人"的技术瓶颈，以一种更为拟人的姿态呈现在用户面前。试想，当"智能语音助手 + 全息投影"获得成功，电影《钢铁侠》系列中的贾维斯可能会真的成为人工智能终端中的"朋友"。

今后随着人工智能的不断发展，语音识别准确性和实用性都会大幅度提高。真的会像电影《钢铁侠》中贾维斯那样，比如高速行驶的汽车，在 10 千米范围内推荐餐厅；导航会根据实际交通路况，给出最快到达的路径。它还会与驾驶者的手机绑定在一起提供定制服务；一旦驾驶者在手机等移动设备中输入他们的时间表，这些通知会被同步到汽车内；此外，智能驾驶安全技术用于检测车辆周围的物体和交通信息，并通知驾驶者未察觉到的风险。

数字智能语音助手虽有助于驾驶，但随着应用的深入发展，也引发了人们的无限联想，消费者有充分的理由担心车载智能语音助

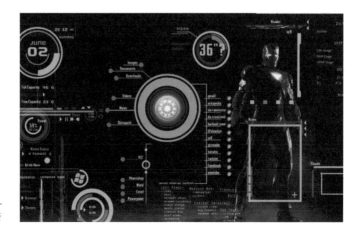

电影《钢铁侠》中的贾维斯

手的隐私问题,怀疑其究竟是无微不至的"贾维斯"还是潜伏的"黑间谍"?

情景描述:一位驾驶者正开着汽车在高速公路上行驶,突然她想到,这周的周末要干什么来着?于是她通过智能语音助手功能要求车载系统查看一下她的日程安排。几秒钟后,智能语音助手传来声音,告诉她系统已经自动回复了一个朋友的生日宴会邀请,并且建议她带上一件生日礼物——一件底特律雄狮队的球衣。于是,这名驾驶者要求智能语音助手下单订购这件球衣。不到两分钟,下单已经成功了。与此同时,车内的这段对话已经被发送到了一个远程数据中心,用于针对职业橄榄球比赛的广告分析——即便这位驾驶者并不喜欢橄榄球。

车载语音系统的普及给很多制造企业、营销机构和其他企业带来了利好。一旦人工智能技术能够更好地理解各种口音和方言、俗语,汽车就可以对驾驶者的行为产生更深入的理解,并将这些信息与其他企业进行共享。

语音识别技术使汽车能够轻易收集驾驶者的购物习惯和常去地方的信息,但同时这些信息也可能被用来制作有针对性的视频或音频广告,或是销售订阅服务,甚至被泄露给第三方企业。对于一些大公司来说,他们通过汽车收集的用户数据越多,就有更多的机会将这些数据卖给其他客户。

目前,各大汽车厂商都在加速收割语音识别技术的红利。有些厂商放弃了亚马逊、苹果和谷歌的技术,转而研发自己的车载语音识别系统。未来几年,科技公司与汽车厂商围绕车主数据的争夺必将愈演愈烈。

虽然语音识别系统一般都需要一个"唤醒词"才能被唤醒,但这个过程也并非是万无一失的。在全球用户使用语音识别系统的过程中,也曾出现过许多各种各样的问题和状况,有些状况比较搞笑,而有些状况则只能用恐怖来形容。最令人担忧的是,在某些案例中,系统不小心将人机对话发送给了车主手机通讯录中的联系人;在个别案例中,系统意外下单购买了大量商品。

"语音助手越来越像人了!"这是一名手机用户在与新一代谷歌助手互动时,所发出的感叹。事实上,随着人工智能的高速发展,一系列新型语音助手相继问世。同时,由语音助手催生的泄密或安全威胁,成为我们不得不关注的问题。

当下,"深度学习+大数据+并行计算"共同推动了人工智能技术实现跨越式发展。面对未来，当我们在迎接这黑科技的欣喜之余，也不能小看它所带来的后果。至于智能语音助手究竟是"贾维斯"，还是"黑间谍"，其答案可能是不一而同的。

改变汽车的
100 个
黑科技

汽车也可售电

　　智能电网正成为助推新能源汽车发展的黑科技。要普及电动汽车，就要解决汽车与电网的"智能"沟通。充电站是解决电动汽车充电问题的主要场所。充电站业务模式是指电动汽车用户在汽车电能将要耗尽时，选择到固定地点的充电站或充电桩为汽车的蓄电池进行直接充电的模式。从"车辆到电网（V2G）"的概念正在形成。解决汽车与电网的"智能"沟通，就是要通过"从车辆到电网"及其系统让电动汽车能够与电网连接，从而实现最优化的用电模式。

　　电动汽车充电站技术已经相当成熟，而建设电动汽车智能电网是实现新能源汽车产业化的关键一环。智能电网的出现，实现了信息化、自动化、数字化、互动化的功能，并使电力流、业务流、信息流形成一体，为纯电动汽车和插电式混合动力电动汽车的市场推广和发展前景带来了新的曙光。

　　电动汽车充电站按照功能可以划分为四个子模块：配电系统、充电系统、蓄电池调度系统、充电站监控系统。

　　充电站给汽车充电一般分为三种方式：常规充电、快速充电、蓄电池更换。常规充电多为交流充电，可以使用 220 伏或 380 伏的电压。快速充电多为直流充电。

　　充电站主要设备包括充电机、充电桩、有源滤波装置、电能监

特斯拉超级充电站

控系统。

在电动汽车充电站建设中，建设相应的电动汽车充电计费系统，引入集中式的信息管理平台，是开展纯电动汽车充放电站建设工作的重要组成部分。

建设电动汽车充电计费系统，该系统由三部分组成：一是充电计费系统管理，对系统涉及的基础数据进行集中式管理，例如电动汽车信息、购电用户信息、资产信息等；二是充电计费系统运营平台，用于对电动汽车的充放电及购电用户的充值进行运营管理；三是充电计费系统查询平台，用于对管理平台及运营平台产生的相关数据进行综合查询。

美国 V2G 的概念体现了插电式混合动力电动汽车或纯电动汽车与电网的关系。这些车辆中的动力蓄电池，可以理解为一个智能电网的分布式储能单元。当车载动力蓄电池需要充电时，则电流从电网流向汽车。当汽车暂停使用时，车主可以把车载蓄电池中的电能返销给智能电网系统。理想中的平台是在非高峰时段自动充电，在高峰时段放电售电，以替代效率较低的调峰电厂。一般的火力发电厂在接到调峰信号后，需要一定的起动时间。而高性能车载动力蓄电池对信号的反应速度是以毫秒来计算的。

显然，单辆电动汽车的动力蓄电池远远无法满足电网调峰的需要。但是通过智能化电网平台，分散的资源就可以实现规模化。美国电网公司曾与电动汽车制造业举行过峰会，专门就技术的应用进行了磋商，意欲打造一个充满活力、运行效率极高的电网系统。

福特汽车提出了互动智能电网，即汽车消费者与电网的互动。电动汽车消费者既可能是电力用户，也可能成为可再生能源电力的供应者，通过携带芯片的充电装置可遥控管理在充电站公共插座上实现买电和售电的交易行为。具体来说，当插电式混合动力电动汽车接入外接电源时，其动力蓄电池系统能够通过公用事业公司传送出的智能参数与电网直接进行沟通。车主通过使用触摸屏导航界面，就可选择车辆在什么时候充电，以及充电的时间和费用。例如，车主可以选择仅允许在晚上 0 点到早上 6 点的非高峰时段充电（电费较便宜），或者也可以选择仅在提供风能和太阳能等可再生能源产生电力的时段充电。当汽车暂停使用时，车主可以将车载动力蓄电池中的电能返销给智能电网系统。

未来智能电网的应用，将大大突破电网仅能为纯电动汽车充电服务的局限，更可以通过某种形式的组织（例如将来的电动汽车车友会可成为电网调峰市场中最具活力的参与者），实现 V2G 系统信息化、自动化、数字化、互动化的功能，实现电力流、业务流、信息流成为一体的新型商业模式。

水陆两栖：亦车亦船

　　水陆两用车又称水陆两栖车，顾名思义，就是一种同时具备车与船的特性，既可在陆地行驶，又可泛水浮渡的特种车辆。水陆两用车一般在水中采用车轮或履带直接划水，或用专门的水上推进器（螺旋桨或喷水推进器）驱动；在陆地行驶时，其行驶装置则为车轮或履带。这种车辆的浮力以其密闭车体形成的必要排水量来保证。水陆两用车结构简单，但水上航行速度和机动性差。采用专门的水上推进器（螺旋桨或喷水推进器）驱动的车型，其水上性能好，航速可达 20 千米 / 时以上。

　　水陆两用车的发展可追溯上百年的历史，有资料记载，1805年美国人奥利弗·埃文斯发明制造了第一辆水陆两用车。为了能在水中行驶，奥利弗·埃文斯在车上装了轴和桨轮，用发动机飞轮轴的传动带和传动带轮来驱动桨轮。当这辆两栖车进到水中时，车尾的桨轮开始工作。更准确的描述是，奥利弗·埃文斯的发明应该称为"一辆使用蒸汽动力的装有轮子的船"。但这在当时，不啻是一个震动美国社会的黑科技重大事件。

　　1940 年初，德国生产的大众 166 型水陆两用车，陆地行驶最高速度接近 90 千米 / 时，水中速度约为 10 千米 / 时。到 1944 年末，166 型水陆两用车在沃尔夫斯堡工厂和保时捷位于斯图加特的工厂总计生产了 14238 辆。

　　20 世纪末以来，美军花巨资研制了滑行车体型的履带式先进两栖突击车 AAAV，其设计的水上最大速度可达到 46 千米 / 时。由于两栖车具有卓越的水陆通行性能，可在行进中渡越江河湖海，而不受桥或船的限制，因而在交通运输，特别是军事上得到广泛的重视和应用。

　　我国的水陆两用车辆系列中，除部分装甲车辆具有浮渡性能及工程兵部队有较少量的两栖运输车外，较典型的是我国自主研发的

宝马研发的水陆两栖车

BY5020TSL 型水陆两用汽车，它既可在道路上行驶，又能越野，且具有浮渡性能，完全可以满足我国经济建设和国防建设的需要。

改变汽车的
100 个
黑科技

福特：飞机和汽车的结合就要来临

我们经常在 3D 科幻电影中观看和体验各式各样的飞行汽车，它们灵巧的体形和灵活的姿态足可适应陆地与天空的自由飞驶。飞行汽车的概念引发我们对它无穷的幻想和黑科技般的憧憬。

飞行汽车概念最早可追溯到 1917 年，称为飞行汽车之父的格·寇蒂斯首次向人们展示了飞行汽车这种新型交通工具。他的铝制 Autoplane 夸张地装有 3 只伸展达 12.2 米的机翼。汽车发动机驱动车尾的 4 叶片螺旋推进器。最后 Autoplane 虽未真正飞上天空，但它毕竟实现了一些短距离的飞行式跳跃。

1926 年，亨利·福特以福特 T 型车的理念，制造了一架名为福特 Flivver 的单座飞机汽车，福特希望将这款产品和汽车一样大规模生产，并以低价销售。可惜这个项目在两年后被迫停止了，因为它在试飞时坠毁，并造成驾驶者死亡。虽然福特 Flivver 并不算一辆成功的飞行汽车，但福特在退出研制时，留下了这样的惊人预言："飞机和汽车的结合就要来临，你们可能会笑，但这一定会来临。"他的话当时像一道黑科技闪电划破长空。

到了 20 世纪 50 年代后很长一段时间，更多的人开始不断地研制和试验飞行汽车。其中，继往开来的一马当先者是一位名叫莫

尔·泰勒的美国人。他经过不懈努力，在 1986 年终于将汽车技术
与航空技术珠联璧合，研制出一种既能在大地上飞驰，又能在天空
中飞翔的飞行汽车，并获得政府签发的飞行许可证。泰勒从此被人
们誉为现代飞行汽车的先驱。但由于装有比车身宽 5 到 6 倍的平直
固定翼，泰勒的飞行汽车很难进入实用，只能成为试验场上的样车。

　　进入 20 世纪 90 年代之后，为使飞行汽车真正实现实用化，一
些专家冲破泰勒的设计模式，致力于折叠式飞行汽车的研制。斯洛
伐克工程师兼设计师自 20 世纪 90 年代初开始研制飞行汽车，他给
这款梦想中的飞行器取名"空中移动"。最早的雏形为"空中移动"1.0
版，如今已升级到 3.0 版。2013 年 9 月，"空中移动"首次试飞。
这款飞行汽车蓝白相间，使用钢制框架和碳纤维复合材料的外壳，
有着流线型的驾驶舱、光滑的尾翼，外观相当漂亮。它长 6 米，净
重 450 千克，可供两人乘坐，带有折叠式机翼，在尾部有一个螺旋桨，
由一台 Rotax912 发动机驱动。收起机翼时，它能轻松停进一般的
停车位或车库，也能在普通加油站加油；开进机场，它能在数秒内
打开机翼，变身成一架超轻型飞行器，翼展为 8.2 米。试飞结果显示，
它在飞行模式下最高速度可达 200 千米 / 时，地面极速为 160 千米 / 时；
加满油后空中飞行距离为 700 千米，地面行驶距离为 500 千米。

　　美国马萨诸塞州的 Terrafugia 公司也推出飞行汽车。2009 年
3 月，这架"飞跃（Transition）"首次试飞成功。它可在 15 秒内从
一辆有两个座位的汽车变身为一架飞机。由于它使用普通汽油燃料，
驾驶这样的汽车很简单。另外，普通的车库就可以放得下它。"飞跃"
靠 76 千瓦的发动机提供动力，发动机既是汽车的驱动器，也可摇
身一变成为"飞机"的后置推进器。想"飞行"时，只需按一下按

福特 Flivver 飞行汽车

泰勒的飞行汽车

钮,15 秒内变成一架翼展 7 米多的飞机;不飞时,机翼可以折叠起来,缩放在驾驶座旁边。此外,"飞跃"配有全球卫星定位系统、电子计算机自控系统及卫星控制技术等高端科技装备,而驾驶者无须掌握像飞机飞行员那样的高难驾驶技术。"飞跃"被称为全球第一款可操作、实用的飞行汽车。2017 年,吉利汽车收购了美国飞行汽车公司 Terrafugia。

汽车与仿生学

　　仿生学是一门既古老又年轻的学科。人们研究生物体的结构与功能工作的原理,并根据这些原理发明出新的设备、工具和科技,创造出适用于生产、学习和生活的黑科技产品。汽车智能化(人工智能)的最高阶可能是趋于仿生化,即帮助汽车化身为一种自动自主的类生命体。其中,汽车车身形态一个重要方向就是"汽车车身形态仿生设计",这是利用自然界生物和自然物质的形态、功能、色彩、结构、动感等的丰富性、优异性相应的设计手法,表现在汽车的形态之中,使之赋予仿生寓意和黑科技的生命灵性。

　　现代汽车车身仿生形态所传达的情感性与生命象征意义成为人与汽车交互的精神所需,因此,仿生设计成为汽车车身形态设计创新的重要手段。从汽车诞生时起,仿生设计就开始融入到汽车设计中,最初是无意识地应用到汽车车身形态设计中,但逐渐就开始了

仿生化帮助汽车化身为类生命体

有意识的模仿。

汽车车身设计中仿生设计包括仿生物"形"和仿生物"态"。汽车车身仿生设计中，生物的"形"和"态"设计是最重要的，它们也是相互依存、不可分割的，不能取其一。

汽车仿生造型经历了流线型风格时代、尾鳍型风格时代、梦幻型风格时代、肌肉型风格时代与现代型风格时代。车身设计中还包括了色彩仿生设计、功能仿生设计、结构仿生设计、材料仿生设计、肌理仿生设计。它们和形态仿生设计共同组成了不可或缺的汽车车身仿生因素。

阿尔法罗密欧 4C 搭载 1.75 升四缸涡轮增压发动机，最大功率为 176 千瓦，车重仅为 875 千克，车身上几乎没有一条直线条，采用大量跃动优雅的曲线，全车最受人热议的部分就是其前脸——整个鹦鹉鱼以及神似昆虫复眼的前照灯。

运用汽车仿生学设计，最具代表性的莫过于大众甲壳虫了。它的外形就如同一只等比放大数倍的"钢铁甲壳虫"，不论从整个外观还是细节之处，都将"甲壳虫"的仿生运用到了极致，而且车名也直截了当地使用"甲壳虫"。从大众甲壳虫诞生到现在，经过几十年的更新和换代，它圆润可爱的造型始终没有发生改变，如今的大众甲壳虫仍是时尚靓丽的代名词，备受年轻消费者的喜爱。

汽车的仿生应用、仿生设计不仅只应用在汽车外形上，同时在车体结构方面也有所涉及。奔驰 300SL 的"鸥翼门"设计之初为赛事专用，车辆本身由金属管焊接而成。工程师为了保证车体的高刚性，将整车两边的梁高提高，以便能够承受比赛中巨大的扭曲力，这就导致了传统车门无法装配。为了方便人员进出，采用向上开启鸥翼门。该车一经推出深受欢迎，奔驰也将经典的鸥翼门设计保留至今。此外，类似的还有特斯拉 Model X 的"鹰翼门"、阿尔法罗

阿尔法罗密欧 4C

大众甲壳虫

奔驰 300SL 的"鸥翼门"

特斯拉 Model X 的"鹰翼门"

密欧的"蝴蝶门"等。

　　运用各种文化基因仿生设计可以生动地再现汽车文化，感受不同文化背景设计理念的不同，感受人类黑科技所体现在车身上的不同文化印记。传统文化对汽车车身形态具有强烈的影响力，汽车车身形态不仅说明人与自然的和谐统一，更能表达传统文化带来的象征意义和传统人文价值。汽车车身形态和姿态仿生设计中黑科技效应是形成汽车文化要素的主要内涵，其各种自然基因要素可打造汽车品牌的形象特征。

用人工智能预测汽车流行色

近年来科技与时尚的跨界融合愈演愈烈,汽车的时尚科技已经产生内涵式的改变。尽管人工智能技术在短时间内没办法创造设计天才,但它有办法结合大数据,帮助汽车企业和汽车设计师对颜色的流行发展趋势做出快速反应,并给实际的设计生产带来良好的应用指导。

轿车颜色可分基本色和流行色两种,基本色是市场需求基本不变的重要颜色,它们仅受到新材料和新技术应用的影响而稳步发展。流行色属于新潮色,因时而变。在轿车领域,流行色的变化特别明显,因此人们也将轿车工业称为"时尚产业"。

过去几十年乃至上百年,流行色主要依靠时尚媒体和色彩机构定义。而在人工智能时代,图像识别技术显示的黑科技强大,能定义真正意义上的流行色,由此诞生了一系列汽车流行色的色谱。

例如,腾讯优图借助 AI 人脸识别与图像处理技术发现,中国"95 后"年轻人最喜欢的颜色是 RGB 值为 22、20、24 的黑色,将其定义为"95 度黑"。对这一流行色的发掘,黑科技的应用是关键。其技术手段主要依靠腾讯优图的 AI 人脸识别与图像处理技术,以及 QQ 空间海量的大数据。对流行色的统计分为以下三步。

第一步:从 QQ 空间千亿张公开照片中选出"95 后"的生活照,看似大海捞针,但在腾讯优图人脸检测与分析技术和大数据的帮助下,就能够实现精准选取。

第二步:在确定了目标人群后,为了保证每张图片都可用,还需要精确到生活场景,这里就需要优图图像识别技术发挥作用,它可以快速识别图片内容和场景信息是否为日常生活场景,准确地反映"95 后"生活中的穿衣常态。

第三步:在整理出所有图片后,就是数据统计的工作了。通过人工智能算法,图片中的人体和衣服被分割出来,服装的颜色信息被分类统计得出最终数据。

借助人工智能的深度学习能力,汽车的颜色设计越来越深入人心和迎合时尚发展。随着汽车业向自动驾驶车辆的发展,巴斯夫公司预计,未来用户购车时,将选择较为常见的色调。红色的可视性效果较好,或将成为自动驾驶车辆的主流色调。

当涉及 AI 人机交互时，金属灰很能展现婴儿潮人群对千禧年的心理偏好。

心理学家结合 AI 成果研究后认为，颜色能按不同方式影响人的心理。市场心理学研究表明，轿车颜色是仅次于造型的一种影响购买心理的要素。如红色轿车给人的感觉是喜悦和充满活力，能激发欢乐的情绪；黄色以往很少用于轿车，如今，不但为人们所接受，还是日本本田轿车的代表色；蓝色是豪华型轿车普遍采用的颜色，如奔驰、劳斯莱斯都有蓝色车身显示其豪华气派；白色轿车能给人以纯洁、清新、平和的感觉；黑色可以说是一种矛盾的颜色，人称黑色轿车代表性感形象，既有代表保守和自尊的一面，又有代表新潮的一面；绿色轿车给人带来沉静、和谐的气氛；近年来又流行鲜紫和桃红色车身，表现为活跃赋有个性。

（1）颜色就是效益

颜色早已成为影响轿车市场销售的重要因素之一。轿车造型师发现，颜色具有先声夺人的艺术魅力。在观赏轿车的最初 20 秒内，人对颜色的感觉要占 80％，而对造型的感觉仅占 20％；两分钟后，对颜色的感觉占 60％，5 分钟后占 50％，并将一直持续下去。颜色的这种先入为主的艺术效果对用户选购轿车影响极大。

（2）全球化市场策略与自然环境和民族性问题

随着汽车工业全球化发展，全球化市场已成为各国轿车厂商面向未来的重要研究课题。种族和信仰不同，形成各地生活方式的差异。不同习俗和经历的人对轿车颜色的要求不尽相同。在低纬度地区，日照时间长，光照相对较强，因此，车身的日照面与背面颜色反差很大，如采用柔和的中间色调就可消除这种反差。而在高纬度地区（如欧洲），日照时间短，光照相对较弱，车身日照面与背面颜色反差小。针对这些地域特点，一些欧洲轿车厂商常在同一产品上推出两三种纯度不同的颜色，例如同样是红色，但红得各不相同，收到极好的结果。因此，研究地域色彩，考虑各地民俗、景色的不同因素和条件，可以减少设计的盲目性。

（3）颜色的造型效果

颜色的造型效果取决于面积、明度、纯度及匹配等因素，对于三维物体如轿车，由其形体、质量及色差所造成的这种影响就更为明显，因此，必须根据车身的大小和形状来控制颜色。

明度和纯度高的颜色能使车体显得大一些，因此适用于微型轿车。对于中型和大型轿车来说，采用明度和纯度适中的颜色较宜。

大型轿车最好采用低明度和低纯度的颜色，因为这类颜色所产生的压缩效应使车体看起来较为紧凑和坚实。在概念车上采用比较朦胧的颜色，会在视觉上增加动感气氛。车体丰满的轿车只要喷上一两种颜色不同的装饰条，就会使胖乎乎的车体变得"俏丽苗条"起来。

（4）颜色与安全问题

轿车安全性不仅受其操作安全视线的影响，还受到车身颜色能见度的影响，心理学家认为，视认性好的颜色能见度佳，因此把它们用于轿车外部以提高行车安全性。统计学显示，黑色汽车事故率最高，白色汽车事故率最低，其他颜色汽车的事故率由高到低依次是绿色、棕色、红色、蓝色、银灰色。

从安全角度考虑，轿车以视认性好的颜色为佳。有些视认性不太好的颜色，如果进行合理的搭配，也可提高其视认性，如蓝色和白色相配，效果就大为改善。荧光和夜光漆能增强能见度和娱乐气氛，因而被广泛应用于各种赛车、摩托车赛车及雪橇等。但对于轿车来说，目前选用这类颜色的仅限于概念车。由于荧光颜色过于强烈，在未来应用中必须要有适当的管理办法来加以控制。好在有了AI做帮手，有关汽车颜色及其流行色预测就容易把握了。

改变汽车的
100个
黑科技

汽车与虚拟现实技术

所谓虚拟现实是一种基于可计算信息的沉浸式交互环境，有时也称灵镜或幻境，即采用以计算机技术为核心的现代高科技手段，在特定范围内生成逼真的视、听、触觉等一体化的虚拟环境，也是一种可以创造和体验虚拟世界的计算机系统。早在 20 世纪 60 年代，虚拟现实的概念和技术就被提出来了，从 20 世纪 80 年代起，发达国家就已经开始研究和发展这项技术。虚拟现实技术具有多感知性、交互性、沉浸感、自主性四个重要特征。其中，沉浸感是指用户有身临其境的感觉，而交互感是指用户可以用日常使用的方法对环境内物体进行操作。

全球虚拟现实技术发展方兴未艾。对汽车工业而言，虚拟现实既是一个新的技术开发方法，更是一个复杂的仿真工具。虚拟现实

人们使用 VR 体验汽车驾驶

技术在汽车工业中的应用主要有以下三方面。

1）在产品设计中的应用。借助虚拟现实技术建立的三维汽车模型，可显示汽车的悬架、底盘、内饰，直至每一个焊接点，设计者可确定每个部件的质量，了解各个部件的运行性能。这种三维模型准确性很高，汽车制造商可按得到的计算机数据直接进行大规模生产。

各个虚拟现实工作室工作人员，可以在不同地点、不同时间、不同场合进行虚拟现实对话，在进行产品设计的同时，虚拟现实技术有能力提供大量的数字化三维模型，对分析、研究、建立生产装配线、工艺流程、原材料品种和消耗、工厂费用和成本等，通过检测，最终选定一套最佳的工厂设计方案。

2）在汽车制造中的应用。虚拟现实技术是虚拟制造系统的基础和灵魂，虚拟制造系统是由多学科知识形成的综合系统，是利用计算机支持技术对必须生产和制造的汽车进行全面建模和仿真。它能够仿真非实际生产的材料和产品，同时产生有关它们的信息；也可以制订零件生产的机加工方案、拟定产品检验和试验步骤等。

虚拟制造技术的应用范围涉及汽车的整个生命周期，它可以在汽车生产设备、工装和模具，甚至样车的设计之前，很容易地将生产系统和工艺过程进行建模、修改、分析及优化。汽车柔性生产系统、计算机集成制造系统的设计和应用就广泛运用了虚拟现实技术。

3）在汽车试验中的应用。虚拟试验技术作为虚拟制造技术的一个环节，按传统的工作方式，汽车从产品设计到最后投产，期间不仅要经过几轮实车试装，以检验设计和工艺的合理性，还要进行大量艰苦又费时耗力的野外试验。如果利用虚拟现实技术，则可在计算机上虚拟各种试验条件，进行车辆的动力性、经济性等试验。如虚拟风洞可以让汽车工程师看到模拟的空气流场，使人感到好像真的站在风洞里一样。试验人员把虚拟发动机放入这种"风洞"中，可考察发动机进气、燃烧、排气时气体流动的状况，观察热量在其零部件上的散发过程，以改善制动、排气系统的冷却性能。

设计师设计出的新型汽车是否合理，往往需要经过碰撞、风洞等测试加以检验。而采用虚拟试验方法，则只需先用黏土或陶土做一辆汽车模型，在风洞中测定其空气动力学数据，再把模型扫描进虚拟环境系统，把它放大成与真车一样的大小。通过虚拟环境系统模拟撞车，可以精确地把假人的手或脚的受力情况反映出来。采用这个系统，可以减少约一半的设计费用及时间。

同时，企业管理层、工程技术人员、经销商、供应商等，还可在该虚拟现实环境中，共同探讨各种产品的性能与市场前景，以便生产出用户满意的汽车产品，并且有关产品的供货合同、设计、生产、试验、储运等问题，都可以一并解决。随着虚拟现实技术自身的不断发展完善，人们有理由相信，它必将引起汽车各个领域革命性的变化。

智能移动空间

趋势表明，汽车的传统功能在发生变化。通过人机界面实时与外部世界保持更人性化和主动的连接，现代汽车将成为比智能手机更加强大的超级智能移动终端；同时，移动功能、房屋和互联网一旦相结合，社会目前几大支柱产业，包括汽车、交通、住房和互联网，将发生嬗变或颠覆。人类历史上可能会诞生一个全新的产品品类——智能移动空间。智能移动空间将会彻底改变社会结构，改变人类世界的生活方式。

未来汽车将从现在单一的交通工具向智能移动空间转型，即具备千人千面的个性、体贴入微的情感、舒适灵动的空间，成为人们融入智慧城市、体验智慧交通可靠的生活与工作伙伴。未来的汽车，不仅存在巨大的发展空间，而且也存在巨大的想象空间和创新空间。智能移动空间最根本的特点是将汽车与房屋合二为一。

汽车的品类，从大的领域分，有乘用车、商用车；房屋的品类，从大的领域分，有住宅、写字楼、商铺和酒店等。当将汽车品类与

房屋品类进行不同组合时，将会产生很多种创新的产品和应用场景，每种新产品品类又都可以分为商用和私有。例如，将乘用车与酒店组合，未来的产品应用场景就是白领人士去北京出差时，一个智能移动空间就可以解决出行、住宿、办公和会议的需求；又如，将乘用车和办公室进行组合，很可能产生一种移动办公室的产品。未来，城市的写字楼、酒店，其设计和经营理念都将会发生翻天覆地的变化。

经历 130 多年的历练，传统汽车的"身躯"已经十分强壮，但是它的"头脑"还略显简单，基本停留在简单的移动功能上，因此，需要赋予它一个智慧的"头脑"和敏捷的"身躯"。智能移动空间由智能座舱和智能底盘两部分组成，智能座舱好比是"大脑"，智能底盘好比是"身躯"。当然，这个"大脑"与"身躯"都是黑科技集合体。

（1）智能座舱

目前，智能座舱的重点仅限于"驾驶舱"概念，即仅是驾驶辅助而已，其关注点主要是仪表、中控、前排乘客区以及一些辅助电子器件；关注面主要是驾驶过程中的信息交互、娱乐交互等功能，如抬头显示、手势操作、人脸识别、语音助手等黑科技。

而智能电动汽车的到来，会让智能座舱应用从原来的驾驶场景，不断地向静止场景扩张。最终，将使得静止状态的使用成为汽车使用的主场景，而驾驶场景将成为汽车使用场景中的辅助场景。未来智能座舱的核心功能，将不会仅是驾驶过程中信息及娱乐的交互辅助，而是让智能座舱的时空利用率最大化，让智能座舱跟随车主移

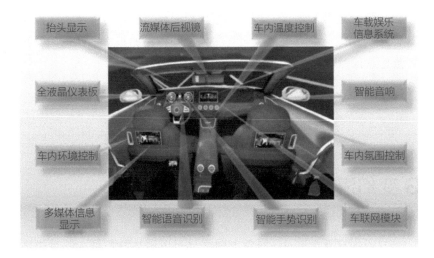

抬头显示	流媒体后视镜	车内温度控制	车载娱乐信息系统
全液晶仪表板			智能音响
车内环境控制			车内氛围控制
多媒体信息显示	智能语音识别	智能手势识别	车联网模块

智能座舱

动，同时满足其办公、学习、商务、家居和娱乐等多种功能。未来智能座舱还应是一个接收快递、外卖的目的地。智能座舱有储存箱（冷冻功能），当机器人快递员在获得授权的情况下，可以通过二维码将其打开。

智能座舱的功能性、对乘客的舒适性与多用途方面的设计，也变得越来越重要。随着数字技术、移动互联智能技术和人工智能技术等的引入，智能移动空间的整体功能将大幅提升，从仪表板到中控台，车内的设计更加倾向"虚拟驾驶舱"的改变；继电视屏幕、计算机屏幕、手机屏幕之后，智能移动空间的屏幕可能是人们生活中第四个屏幕。

（2）智能底盘

智能底盘具有敏捷的移动功能，它包括以下三方面。

一是轻量化。智能移动空间是一个动态多变的系统，需要深入研究智能底盘的每个细节和系统的配合程度，让转向、制动、悬架、行驶等系统尽可能完美运作。

二是平台化。智能移动空间需要结合不同的智能座舱，因此智能底盘要具有延伸性，通过零部件的变化，可以让它适用从 SUV 变成轿车或商务车用途的系列用途，使它未来有更多的应用发展。

三是智能化。提高智能底盘的舒适性，保证其可变的平台开发，以提供更加舒适的智能移动功能。在轻量化和平台化的基础上，进行动力、转向、悬架和制动等系统的新设计；加入更多的传感器和黑科技，从而提高其便利性、安全性、舒适性。

同时，未来智能移动空间携带的蓄电池不仅是移动的微电源点，也是移动的微储能点。通过与智能电网的衔接，这一个个移动的微储能点可以与再生能源形成最佳组合和交互。智能移动的微储能点是解决可再生能源间歇性的根本途径，因其数量庞大，所汇集的储电容量足以保障可再生能源的充分发展。

5G 变幻汽车产业像玩"魔方"

我们现在正处在 4G 时代，网速已可以满足我们绝大部分生活场景的需求。但是不久的将来，5G 智能网络时代就会到来。5G 的到来不仅仅是通信技术的变革，它还会对汽车产业带来极大的变化。G 是英文 Generation 的缩写，不难理解，5G 就是第五代智能移动通信技术。4G 是一个预定义网络，也就是所有的功能都已定义好。但5G 网络像一个魔方，它可以根据汽车产业和市场需求不停变形，找到汽车产业发展最需要的业务。因此，5G 是一个更加聪明的网络。

回顾过往，第一代移动通信技术为模拟技术，仅能提供质量不怎么高的语音通话；第二代移动通信技术则实现了数字化语音通信，可以提供清晰的数字语音通话和极慢的数据传输业务；第三代移动通信技术即我们所熟知的 3G 技术，是以多媒体通信为特征，能同时提供语音和数据业务的通信系统；第四代移动通信技术是正在铺开的 4G 技术，其通信速率大大提高，可在线流畅观看 1K 高清视频节目；而到了第五代移动通信技术，则能够承载更多的设备连接，拥有更快的反应，传输更大的流量。5G 除了包含 4G 网络的一切功能之外，一个最主要的特点就是万物互联。如果说 3G 提升了速度，

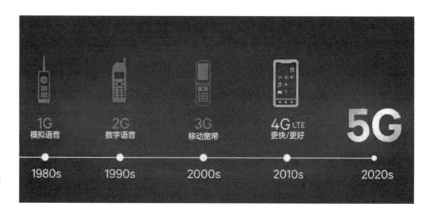

移动通信的发展历程

注：1980s 表示 20 世纪 80 年代，以此类推。

4G 改变了生活，那么 5G 将改变社会；如果说 1G、2G 是短信，3G 是照片，4G 是图像，那么 5G 将是虚拟现实、万物互联。5G 不仅仅是带宽的提升，更是一次颠覆性的升级。5G 将人与人之间的通信向万物互联转变，使人类置身于一个智能、可互动的网络里，彻底改变我们的社交与互动方式。

5G 不仅仅是一种比当前 4G 移动通信速率更快的技术。如果 4G 通信技术创造了智能设备的连接，那么 5G 是连接包括汽车在内的各种物体的互联网的核心技术。它不仅速度快，而且可以连接更准确。5G 可为汽车及其产业带来极大变化。

1）信息更丰富的前风窗玻璃显示屏幕。在一个模拟的车辆面前，通过 VR 眼镜模拟未来的驾驶场景。通过 5G 网络和传感器识别各种物体信息的图形，可以通过前风窗玻璃显示屏幕实现可视化。

2）真正实现自动驾驶。5G 要求的速度和响应时间，对于自动驾驶汽车来说非常重要。目前汽车已经解决了一部分自动驾驶问题，但是还无法应对交叉路口信号灯的变化，特别是道路交通和突发事件的响应。而 5G 时代，汽车的反应速度将是毫秒级的。每辆汽车都会互联，由此就可判定相互的位置，而且即使行驶速度达到 150 千米 / 时，也能够有足够的响应速度。

3）实现零误差的高清地图。目前的高德地图、百度地图、谷歌地图虽然已很方便，也很清晰，但是它依然是有误差的。高清地图是自动驾驶汽车必不可少的元素，与现有的 GPS 相比，它要求的误差幅度大大降低。与现有地图不同，高清地图可以将几乎所有物体的信息定位在道路上，并且可以精确定位；通过预测驾驶路线，还有助于驾驶更安全。此外，未来车内还可以通过 5G 网络将监控车辆和监控车辆识别的周围物体的实时变化上传到地图，这样就可以相互知道彼此的位置。

5G 能使 HUD 信息更丰富

5G 助力真正实现自动驾驶

高清地图

5G 将使电动汽车充电问题得以解决

4）车载娱乐更发达。当然 5G 通信技术实现之后，车内娱乐功能也将更加方便。由于速度非常快，消费者甚至可以在车内用几秒的时间下载一部高清电影；然后由车辆自动驾驶，乘客在车内不管是看电视、看电影，还是玩游戏，都会更加随心所欲。

5）人工智能服务更发达。随着人工智能不断发展，语音识别准确性和实用性都会大幅度提高。人工智能管家真的会像《钢铁侠》电影中贾维斯那样无微不至地关怀我们。

6）充电问题不再困扰电动汽车。电动汽车管理综合监控解决方案管理动力蓄电池的充电状态和操作信息，并执行能够监视电动汽车充电站的控制功能。

改变汽车的
100 个
黑科技

汽车与生物识别系统

什么是生物识别系统？通俗来说，就是我们手机上的指纹解锁、人脸解锁，以及在高端实验室中的唾沫检验……因为指纹、脸庞、虹膜、DNA、掌纹、手脉、手形、声音及唾沫都是人这个生物的组成部分，所以叫生物识别系统。在汽车领域，生物识别技术正在越来越多地被应用，其中车载语音系统自技术 2015 年开始得到快速应用。据有关机构预测，2017 年之后，每年约三分之一的新车搭载语音识别，这成为汽车智能化的重要卖点。语音识别仅是生物识别技术的一种，此外，手脉识别、指纹识别、人脸识别、虹膜识别等将不断提升汽车智能化程度，同时为用户的驾驶提供更便捷、更安

指纹起动系统

全的操作。汽车应用生物识别系统这个神秘的黑科技正在改变汽车社会和我们的人生。以前想都不敢想的黑科技，如今竟然就应用在我们的身边。

1）指纹识别系统。指纹识别目前在手机、门禁等领域应用广泛。指纹识别主要是通过分析指纹全局和局部特征，例如脊、谷、终点、分叉点或分歧点，再经过比对来确认一个人的身份。在2017年CES展上，大陆集团对外展示了搭载有指纹起动系统的车型，就像手机上的指纹按键一样，指纹一致时可开启车门、起动发动机等。

2）人脸识别系统。人脸识别是通过脸部特征和脸部器官之间的距离、角度、大小外形等，进而量化出一系列参数进行识别的技术。说到人脸识别，大家熟悉的火车站的人脸安检、刷脸移动支付等都采用了人脸识别技术。人脸识别系统目前也是多家汽车企业正在攻坚的生物识别技术之一，其中一些著名整车厂商的智能自动驾驶系统均包含了人脸识别功能。这个功能主要通过红外传感器和面部识别软件进行解锁。而部分汽车的人脸识别软件还能自动检测驾驶者是否有疲劳驾驶或分心等迹象，并向驾驶者发出警告，保证车辆行驶安全。

3）虹膜识别系统。在科幻电影里，我们经常看见车主对着车内后视镜看了一眼就起动了车辆，其实这就是虹膜识别技术。虹膜识别是通过人体独一无二的眼睛虹膜特征来识别身份的技术，被广泛认为是目前精确度、稳定性、可升级性最高的身份识别系统。

4）手脉识别系统。手脉识别也是目前较为方便与安全的识别

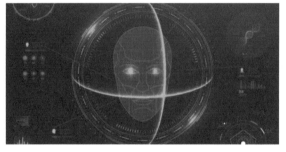

人脸识别系统

虹膜识别系统

技术，它通过特殊的光电转换设备和计算机图像处理，根据血液中的血红素吸收红外线光的特质，将获取到的手脉图像进行数字处理，并使用复杂的算法从数据库中进行匹配，从而对个人进行身份鉴定。在汽车领域，该技术可保证用户不用钥匙就可以刷手开车门，实现人车绑定，这一技术前景或将应用于车门解锁。

黑科技般的生物识别技术已近在眼前。根据《2016—2025年全球汽车行业生物识别技术》报告预测，到2025年，将有近三分之一的汽车会安装生物传感器。而当下的各大汽车企业正抱着不同目的积极投入于研发和使用生物识别技术，这将进一步推动汽车应用的生物识别技术更精准、更灵活、成本更低。加之自动驾驶技术的成熟，生物识别未来扮演的可能是得力的工作助手、贴心的娱乐助手等。而对于生物识别衍生的，诸如个人生物特征数据泄露、黑客入侵车辆等问题，待其规模应用时，必将有相应的解决方案。

手脉识别系统

将取代燃油汽车的电动汽车

在智能电网发展时代，被人们称为电动汽车"心脏"的动力总成由先进的电力驱动及控制系统取代后，有关心脏充满智慧的古老想法可在电动汽车上成为现实：电力驱动及控制系统拨动着汽车的"心弦"，加上智能电网和车联网出色的"伴奏"，将演绎出现代城市智能型电动汽车川流不息的华丽乐章。

现代电动汽车不是 130 多年前原始电动汽车的重复，它集合机电、电子、电网技术、车联网、智能控制、化学电源、计算机、信息技术、新能源、新材料等学科，以及新型商业模式，是多种高新技术智慧凝聚的成果。

环境和能源问题催生电动汽车，新能源汽车中最受人注目的是纯电动汽车。电能来源广泛，除了化石能源外，可以从太阳能、水能、风能、地热能，以及海洋能等无限地获取；电能作为电动汽车的驱动力在运行中不排放污染物；纯电动汽车噪声低，能源效率高，结构简单，维修方便。

纯电动汽车是由车载可充电蓄电池或其他能量储存装置提供电能、通过电机驱动的汽车。纯电动汽车有多种类型，大部分纯电动汽车采用电机直接驱动，即把电机装在"发动机"舱内；也有采用分布式驱动的，即把驱动电机分别安装在 4 个车轮上的形式进行驱动。

（1）电动汽车的分类

电动汽车主要有以下几类。

现代电动汽车是多种高科技
智慧凝聚的成果

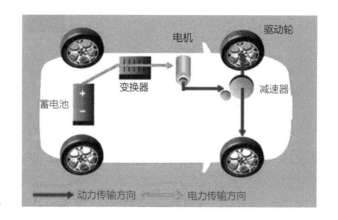

电机直接驱动式纯电动汽车

1）纯电动汽车。纯电动汽车（Battery Electric Vehicle，BEV）装有足够容量的动力蓄电池，其车速和续驶里程基本可满足日常较远距离的使用要求。

2）混合动力汽车。混合动力汽车（Hybrid Electric Vehicle，HEV）是能够至少从两类车载储存的能量中获得动力的汽车：可消耗的燃料，可再充电能 / 能量储存装置。最常见的混合动力汽车是油电混合动力汽车，即既可以使用燃油驱动，又可以使用电来驱动。

3）增程式电动汽车。增程式电动汽车是为弥补蓄电池能量的不足，在普通意义的纯电动汽车上增加一个小型车载辅助供电装置（增程器），在蓄电池电量用尽后还能依靠辅助供电装置提供电能，以较低车速继续行驶到充电站充电。

（2）电动汽车的优点

电动汽车自19世纪末诞生以来，在世界范围内经历过多次起落，纯电动汽车之所以能再度崛起，是由于它具有不同于内燃机汽车的独特优点。

1）不排放有害气体和产生温室效应气体。纯电动汽车的驱动电机工作时不产生废气，几乎是零污染，对环境保护和空气的洁净是十分有益的。另外，电动汽车无内燃机产生的噪声，电机的噪声也很小。

2）能源效率高。研究表明，电动汽车能源效率⊖超过汽油机汽车。特别是在城市运行中的走走停停，行驶速度不高，电动汽车更加适宜。电动汽车停止时不消耗电能；在制动过程中，电动机可自动转化为发电机，实现制动减速时能量的再利用。

3）能源来源多样化。电动汽车另一个优点是它使用的电力可

⊖ 有研究表明，同样的原油经过粗炼，送至电厂发电，电力充入蓄电池，再由蓄电池驱动汽车，比起经过精炼变为汽油，再经汽油机驱动汽车，其能量利用效率高。因此，电动汽车有利于节约能源、减少有害气体和二氧化碳的排放。

以从多种一次能源获得，即向纯电动汽车蓄电池充电的电力可以由煤炭、天然气、水力、核能、太阳能、风力、潮汐等多种能源转化而来。同时，电动汽车技术相对简单成熟，只要有电力供应的地方都能够充电。这样，电动汽车的推广和应用可有效地减少对石油资源的依赖。

电动汽车还可以避开用电高峰，充分利用晚间用电低谷时富余的电力充电，有利于电网均衡负荷、减少费用。

4）使用维修方便。电动汽车较内燃机汽车结构简单，运转、传动部件少，因此，电动汽车维修保养工作量小。当采用交流感应电机时，电机不需要保养维护，更重要的是电动汽车易操纵。

（3）纯电动汽车的结构

纯电动汽车的结构组成包括电力驱动及控制系统⊖、驱动力传动等机械系统、完成既定任务的工作装置等。电力驱动及控制系统是纯电动汽车的基本组成部分，也是纯电动汽车的核心，正是由于纯电动汽车有了这个核心系统，才区别于内燃机汽车。

1）驱动电机。电能通过驱动电机的作用转化为机械能，再通过传动装置或直接驱动车轮和工作装置。电动汽车用电机主要有直流电机、三相交流感应电机、永磁同步电机、开关磁阻电机等。电动汽车在不同的历史时期采用不同的电机，最早采用的是直流电机。随着电机技术、电力电子技术和自动控制技术等不断发展，交流电机、永磁电机和开关磁阻电机在电动汽车上逐步取代了直流电机。

2）电机控制装置。电机控制装置是为电动汽车的变速和方向变换等设置的，其作用是控制电机的电压或电流，完成电机的驱动转矩和旋转方向的控制。

全球汽车产业迎来前所未有的颠覆性变革，而推动这一变革的力量来自于技术的创新——绿色能源、智能电网、信息技术、移动互联等跨界融合与快速迭代，这为电动汽车产业的蓬勃发展注入新的动力。

⊖ 电力驱动及控制系统由驱动电机、动力蓄电池和电机控制装置（分别简称电机、电池、电控，即三电）组成。纯电动汽车的其他装置基本与内燃机汽车相同。

具有双重"性格"的混合动力汽车

混合动力汽车具有双重"性格"，它运行中时而从容平和，时而亢奋激昂，但不管如何演绎，其本色与表现性格总能与工况环境浑然一体。驾驭混合动力汽车，可让强劲动力与能效成本不再顾此失彼，让灵敏至极的操控不再遥不可及。混合动力汽车通过搭载使用电机，使得动力系统可以按照其实际运行工况要求灵活调控，而发动机保持在综合性能最佳的区域内工作，从而降低油耗与排放。

专家估计，除非燃料电池技术有重大突破，在未来20年内电动汽车还无法取代内燃机汽车。现实迫使工程师们设想出一个两全其美的技术过渡办法，即开发了具有内燃机和蓄电池两种动力源装置的汽车——混合动力汽车。

广义上说，混合动力汽车是指拥有至少两种动力源，使用其中一种或多种动力源⊖提供部分或者全部动力的车辆。从目前的功能上看，混合动力汽车采用的新动力主要是解决节省石油燃料这个现实问题；但从发展势头看，混合动力汽车将通过与新能源结缘，衍生出不同的族群，也可称为新能源汽车。因此，在新能源汽车分类中，也将它划为电动汽车的一种车型。

混合动力汽车使用的内燃机既可用柴油机又可用汽油机，也可经过改造使用其他替代燃料，例如压缩天然气、丙烷和乙醇燃料等；使用的电动力系统中包括高效强化的电机、发电机和蓄电池；使用的动力蓄电池有铅酸蓄电池、镍锰氢蓄电池和锂离子蓄电池等，将来应该还能使用氢燃料电池、太阳能蓄电池等。

追溯混合动力汽车的历史会有惊人的发现。在很多人看来，丰田是这项技术的开创者。其实不然，在1899年，费尔南德·保时捷作为年轻的工程师已经设计出一辆名为"Lohner-Porsche Mixte Hybrid"的油电混合动力汽车，并于1901年开始生产，而这时距离汽车诞生也就仅仅15年之久。与此同时，比利时一家汽车制造商Pieper也在1900年推出了一辆油电混合动力汽车。进入20世纪90年代后，混合动力汽车成为各国汽车企业竞相研发的重点。经过多年的研发，混合动力汽车有的已经成功实现了产业化。

混合动力汽车按照动力布置形式主要分为串联式、并联式和混

⊖ 混合动力汽车多半是采用传统的内燃机和电机作为动力源，通过混合使用热能和电力两套动力系统来驱动的。

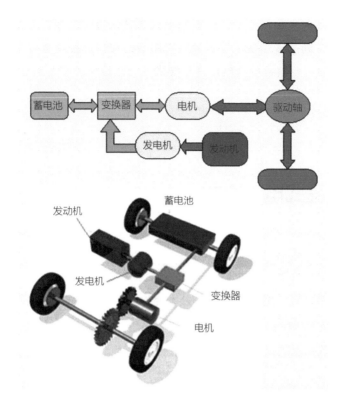

串联式混合动力汽车

联式三种。此外还有一种介于混合动力和纯电动之间的车型——增程式混合动力汽车。

综合来看，混合动力汽车的优势十分明显，主要包括：

1）混合动力汽车可与汽油发动机汽车一样到加油站加油，不用改变消费者使用汽车的习惯；政府和企业推广这种产品也无须投资新建充电装置或加气站。

2）混合动力汽车燃油经济性好，而且行驶性能优越。混合动力汽车的内燃机使用燃油，而且在起步、加速时由于有电机的辅助，可以有效地弥补内燃机低转速、转矩不足的弱点，降低油耗；可关停内燃机，由蓄电池单独驱动，实现零排放。

3）混合动力汽车内燃机可十分方便地解决耗能大的空调制冷取暖、除霜等纯电动汽车遇到的难题；电机可十分方便地回收制动时、下坡时以及怠速时的能量。

4）混合动力汽车可让蓄电池保持良好的工作状态，不发生过充、过放，以延长其使用寿命、降低成本。

目前，混合动力汽车要进入产业化，需要具备高比能量和高比功率的能量存储装置，低成本、高效率的电子设备和燃料经济性好、排放低的发动机。从技术层面看，混合动力汽车技术逐步成熟，已进入产品市场竞争期，率先实现产业化。混合动力汽车技术进步加速，整车产品更接近消费者需求。世界主要汽车制造商加快了混合动力汽车量产步伐，插电式混合动力汽车作为一种具有纯电动和混合动力双重特征的电动汽车技术成为全球新的研发热点。

增程式电动汽车

　　增程式电动汽车在纯电动模式下可以达到其所有的动力性能，而当车载可充电蓄电池无法满足续驶里程要求时，打开车载辅助发电装置（增程器）为动力系统提供电能，以延长续驶里程。

　　因此，增程式电动汽车的本质是纯电动汽车，只是在纯电动汽车上安装了一个汽油发电机，即车辆的所有机械能是由驱动电机产生的。增程器只管发电，但产生的能量有三种传递方式：1）只由动力蓄电池驱动电机；2）增程器同时给驱动电机和动力蓄电池供电；3）增程器单独给电机供电。

　　增程式电动汽车可能成为未来一段时间纯电动汽车发展的主流。这种汽车完全为纯电驱动，并且内置小型辅助内燃机可以随时根据需要对电动汽车蓄电池进行充电。增程式电动汽车使用成本低，也更容易实施大规模应用。

　　笼统地说，增程式电动汽车与插电式混合动力汽车都属于可充电的混合动力汽车，但是它们之间却有着本质的差别：插电式混合动力汽车是在深度混合动力汽车的基础上再增加配置少量蓄电池，使用者可获得更多的纯电行驶里程（由于深度混合动力汽车本身就具有纯电行驶功能，所以稍增加蓄电池、稍微调整一下控制方式就能实现）；增程式电动汽车是在纯电动汽车基础上，装备一个增程器以备蓄电池电量不足时为其充电。由于目前纯电动汽车遇到的最大难点是动力蓄电池自重太重、价格太贵、续驶里程短，为平衡这三者之间的关系，增程式电动汽车便应运而生。

　　由于增程式电动汽车在行驶期间，虽然用油，但可省油一半以上，且蓄电池用量只约为纯电动汽车的40%，车辆自重较小，价格较低，技术优势明显。[一]虽然增程式电动汽车目前还未能完全解决蓄电池体积大、电能经过二次转换效率低等问题，但没有电机与变速

_____
　[一] 有专家认为，中国发展纯电动汽车的出路在于增程式电动汽车。

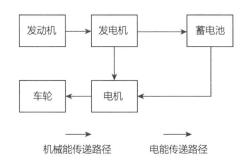

机械能传递路径　　电能传递路径

增程器的动力传递路径

器的集成控制问题，摆脱了传统技术的控制；对发动机的要求最小，可实现电能从发动机到电机的无缝连接；对蓄电池的要求降低，降低了产业化门槛，优势明显⊖。

⊖ 使用传统铅酸蓄电池，增程式电动汽车的成本与纯电动汽车相比将大为降低。

　　总之，发展增程式电动汽车具有八大优势：一是不必配备太大容量的动力蓄电池，且可远行；二是蓄电池组不会缺电和过放电，寿命延长；三是利用停车场夜间充电，不需另建充电站，节省土地；四是不需要充 / 换电的周转蓄电池，投入低；五是不需要大量的换电设施和人员，节省运行费用；六是可全部继承传统汽车的设施和成果，且易加工；七是现有技术就可节油 50% 以上，节能减排；八是政府补贴负担轻，且容易过渡到无补贴。

　　在续驶里程和充电时间这两大瓶颈问题尚未完全解决之时，纯电时代离我们还有一定的距离。在蓄电池的能量密度没有显著提高之前，增程式似乎是介于纯电动汽车和混合动力汽车之间最和谐的方式了。在这个过渡阶段，可以规避里程焦虑问题的增程式电动汽车似乎是个不错的选择。而将来动力蓄电池技术一旦得到突破，增程式电动汽车会很自然地过渡到纯电动汽车。

改变汽车的 100 个 黑科技

超级电容公交车

　　超级电容技术非常适用于固定行车路线的公共交通工具。超级电容公交车外观与普通无轨电车相似，只是头上不见了两根"辫子"。超级电容公交车底部装了一种超级电容器，在车辆进站后的上下客间隙，车顶充电设备随即自动升起，搭到充电站的电缆上，通过 200

超级电容公交车

安培的电流强度完成充电。它只需在上下客间隙充电 30 秒到 1 分钟，就能持续行驶 3 千米到 5 千米。超级电容公交车不用燃油，无噪声，低污染，属于一种清洁能源汽车。目前我国是唯一将超级电容公交车投入量产的国家，更重要的是这项黑科技为我国自主研发。

伴随超级电容产业的快速发展，超级电容器市场正蓄势待发。超级电容器是一种介于电容器和蓄电池之间的新型储能元件，具有安全可靠、放电比功率高、快速充放电能力强、循环寿命长、环境友好等性能，可部分或全部替代传统的化学电池，比传统的化学电池应用更广泛，已从最初的电子设备领域扩展到新能源汽车、轨道交通、公共汽车、新能源发电、工程机械等诸多能源领域。

超级电容汽车本质上也属于纯电动汽车，其使用的超级电容器又名电化学电容器，是 20 世纪 80 年代初发展起来的一种新型储能装置。作为介于传统电容器与蓄电池之间、具有特殊性能的电源，超级电容器主要利用活性炭多孔电极和电解质组成的双电层结构获得超大的容量，因而不同于传统的化学电源。之所以被称为"超级"，在于其在分离出的电荷中存储能量，用于存储电荷的面积越大、分离出的电荷越密集，其电容量越大。

超级电容器的优点：1）充电速度快，充电 10 秒到 10 分钟可达到其额定容量的 95% 以上；2）循环使用寿命长，深度充放电循环使用次数可达 50 万次，没有"记忆效应"；3）大电流放电能力超强，能量转换效率高，过程损失小，大电流能量循环效率超过 90%；4）功率密度高，相当于蓄电池的 5 到 10 倍；5）产品原材料构成、生产、使用、储存及拆解过程均没有污染，是理想的绿色环保电源；6）充放电线路简单，不需要蓄电池那样的充电电路，安全系数高，长期使用免维护；(7)超低温特性好，温度范围宽（-40 ~ +70℃）

超级电容器的缺点：1）功率输出随着行驶里程加长而衰减；2）受环境温度影响大。

由于在同等重量下，超级电容器续驶里程仅为铅酸蓄电池的三分之一，这意味着，依靠超级电容器提供给车辆的动力强劲却不能持久，必须在短时间内频繁充电，这对于路线和行驶状况多变复杂的私人乘用车而言，显然并不合适。然而，由于公交车的线路站点是固定不变的，只要在停靠站点或者线路上合适的地方建立超级电容电动大客车充电站即可；公交车辆行驶也比较平稳，满足超级电容器对于倾斜角度的限制要求；超级电容器的充电时间很短，因此可以利用公交车进站的时间充电，不会影响乘客的乘车感受；此外，建设满足超级电容公交车充电站的投资比建设加油站或加气站低很多。

超级电容公交车在一个站点充电30秒到1分钟后，空调车可以连续运行3千米，不开空调则可以坚持行驶5千米，最高行驶速度可达44千米/时。

超级电容公交车除了能兼顾环保和市容市貌，运营成本的优势也比较明显。以百公里燃料消耗成本计算，柴油车约为220元，天然气车约为140元，超级电容汽车则只需70元左右。据了解，目前一辆超级电容公交车的造价在80万元左右，其中包含了研发费用。上海市公共交通协会表示，超级电容公交车一旦转化为产品，造价可以降到每辆65万元。

以超级电容器为脱线运行动力的变频驱动空调无轨电车的实测结果是，1）一次充电公交模式续驶里程7.9千米，平均车速22千米/时，电容器输出能量5千瓦；2）续驶里程测试结束后进行充电测试，充足电时间为90秒；3）从静止到40千米/时加速时间为16.5秒；4）最高车速为44千米/时；5）7.8%坡道上驻车后，顺利通过爬坡；6）再生制动能量回收明显。

飞轮储能：为新能源汽车注入新动力

飞轮储能系统指的是利用电动机带动飞轮高速旋转，将电能转化成动能储存起来，在需要时再用飞轮带动发电机发电的储能系统。飞轮储能装置中有一个内置电机，它既是电动机，也是发电机，在充电时，它作为电动机给飞轮加速；在放电时，它又作为发电机对外供电。

飞轮储能技术也是一种新兴的电能存储"黑科技"，它与超导储能技术、燃料电池技术等一样，都是近年来出现的有很大发展前景的储能技术。虽然目前化学电池储能技术已经发展得非常成熟，但是，化学电池储能技术存在着诸如充放电次数的限制、对环境污染严重以及对工作温度要求高等问题。这样就使新兴的储能技术越来越受到人们的重视。尤其是飞轮储能技术，已经开始应用于汽车行业中。如果能实现将此项技术应用在新能源汽车领域，采用相对小的发动机来提供动力，则可达到节能和减排的目的。

飞轮储能系统主要包括三个核心部分：高强度复合纤维飞轮、电机和电力电子装置。它最基本的工作原理就是将外界输入的电能通过电动机转化为飞轮转动的动能储存起来，当外界需要电能时，又通过发电机将飞轮的动能转化为电能，输出到外部负载，要求空闲运转时损耗非常小。

车辆在正常行驶和制动时给飞轮电池充电；飞轮电池则在加速或爬坡时给车辆提供动力，保证车辆运行在一种转速平稳、最优的状态下，可减少燃料消耗、空气和噪声污染，并可以减少发动机的维护，延长发动机寿命。飞轮电池电动汽车利用储存在随车飞轮中的机械能驱动汽车前进。它的推进系统由飞轮电池、电机控制器、电机和传动系统等组成。

事实上，为了减少空闲运转时的损耗，提高飞轮的转速和飞轮储能装置的效率，飞轮储能装置轴承的设计一般都使用非接触式的磁悬浮轴承技术，而且将电机和飞轮都密封在一个真空容器内以减少风阻。通常，发电机和电动机使用一台电机来实现，通过轴承直接和飞轮连接在一起。这样，在实际常用的飞轮储能装置中，主要包括以下部件：飞轮、轴、轴承、电机、真空容器和电力电子装置。

飞轮技术由于是电能和机械能的相互转化，不会造成污染，所以逐渐走进汽车制造商们的视野。美国飞轮系统公司（AFS）就生

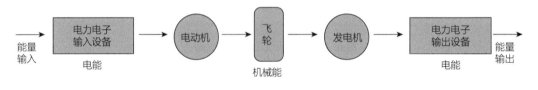

飞轮储能系统工作原理

应急电源车

产出了以克莱斯勒LHS轿车为原型车的飞轮电池轿车AFS20。飞轮电池的充电放电次数很多而且充电速度很快，因此更适合应用于混合燃料汽车技术中。这种汽车是靠内燃机和电机两种方式共同提供推动力的，在汽车正常行驶和制动时给飞轮电池充电；在汽车爬坡和加速，需要大功率时，让飞轮电池放电，这样可以大幅度提高汽车的性能。

在能量方面，飞轮电池比镍氢蓄电池大2至3倍；在功率方面，飞轮电池高于一般化学蓄电池和内燃机，其快速充电可在18分钟内完成且能量储存时间长。飞轮电池既能快速充电，也无化学电他的损寿问题，整个电池的使用寿命远长于各种化学蓄电池。更重要的是，飞轮为纯机械结构，不会像内燃机那样产生排气污染，同时也没有化学蓄电池的化学反应过程，不会引起腐蚀，也无废料的处理回收问题。

四种主要储能装置的性能比较

对比特性	化学蓄电池	燃料电池	超导储能装置	飞轮储能装置
储能方式	化学方式	化学方式	电磁方式	机械方式
使用寿命	3至5年	10年以上	20年以上	约20年
对环境的影响	有污染，需要回收蓄电池	污染极少	几乎无污染	几乎无污染
工作温度	要求高	有要求	严格控制温度	要求低
相对尺寸	最大	较大	较小	最小
储能密度	小	大	大	最大
充电时间	慢	—	慢	快

一辆用20节直径为230毫米、质量为13.64千克的飞轮电池汽车，充电时间需要6小时，快速充电只需要15分钟，一次充电行驶里程可达560千米。充电时，飞轮中的电机以电动机的形式

运行，在外接电源的驱动下带动飞轮旋转，达到极高的转速，从而完成电能到机械能转换的储能过程；放电时，飞轮中的电机以发电机的状态运行，在飞轮的带动下对外输出电能，完成机械能到电能转换的释放过程。

作为一门新兴的高科技储能技术，飞轮储能装置拥有传统化学电池无可比拟的优势已经被人们所认同，它的理论论证已经比较成熟，而且它的技术特点非常符合未来能源储存技术的发展方向。目前，飞轮技术已经不断地应用于航天航空设备和汽车的一些领域中，可以预测，未来几年的储能装置市场将会有很大一部分为飞轮储能装置所占领。

真正零排放的太阳能汽车

据记载，人类利用太阳能已有 3000 多年的历史。而将太阳能作为一种能源和动力加以利用，只有 300 多年的历史。1953 年，美国贝尔研究所首先试制成功硅太阳能电池，获得 6% 光电转换效率的成果。太阳能电池的出现，好比一道黑科技炫光，引起各界人士，尤其是航天领域科学家的注意。由于当时宇宙空间技术的发展，人造地球卫星和宇宙飞船上的电子仪器和设备，需要足够的、持续不断的电能，而且要求重量轻、寿命长、使用方便，能承受各种冲击、振动的影响。太阳能电池完全满足这些要求。1958 年，美国的"先锋一号"人造卫星就是用了太阳能电池作为电源，成为世界上第一个用太阳能供电的卫星。空间电源的需求使太阳能电池作为尖端技术，身价百倍。现在，各式各样的卫星和空间飞行器上都装上了布满太阳能电池的"翅膀"，使它们能够在太空中长久遨游。

太阳能电池又称为太阳能芯片或光伏电池，是一种利用太阳光直接发电的光电半导体薄片。它只要被满足一定照度条件的光照到，瞬间就可输出电压及在有回路的情况下产生电流。太阳能电池是通过光电效应或者光化学效应直接把光能转化成电能的装置。目前，以光电效应工作的晶硅太阳能电池为主流，而以光化学效应工作的薄膜太阳能电池则处于起步阶段。

真正将太阳能作为"近期急需的补充能源""未来能源结构的基础"，则是近时期的黑科技。早在 20 世纪 50 年代末，世界第一个光电池研制成功；1978 年，第一辆在英国研制的太阳能汽车速度达

太阳能汽车

到 13 千米 / 时。20 世纪 70 年代初，世界石油危机促进了新能源的开发，太阳能电池开始转向汽车应用。随着技术的进步，光电转换的效率不断提高和成本的大幅度下降，太阳能汽车逐步展示出广阔的应用前景。人类驾驭太阳能汽车已不是一个神话。

太阳能在汽车上的应用主要有以下两方面。

1）作为汽车的驱动能源。太阳能汽车与传统汽车不论在外观还是运行原理上都有很大的不同。它没有内燃机、底盘、驱动系统、变速器等构件，而是由电池板、储电器和电机组成，利用贴在车体外表的光伏电池板，将太阳能直接转换成电能，再通过电能的消耗驱动汽车行驶⊖。目前，此类太阳能汽车的速度最高能达到 100 千米 / 时以上。

2）作为汽车的辅助能源。传统汽车的功率一般在几十千瓦左右，而太阳辐射功率每平方米是 1 千瓦左右。因此，完全用太阳能驱动汽车，需要几十平方米的接收面积，显然难以达到。但用太阳能作为辅助动力，可减少汽车常规燃料的消耗，可用作汽车蓄电池的辅助充电能源，以及用于驱动风扇和空调等系统。

太阳能汽车的外表是密密麻麻蜂窝状"皮肤"，即太阳能电池阵列。当前太阳能汽车普遍使用的是晶硅电池和薄膜电池。例如，常用的晶硅太阳能电池，即由许多独立的硅片（近 1000 个）组合，形成太阳能阵列。这些阵列通常的工作电压为 50 至 200 伏，并能提供一千瓦的电力。其能量大小受光强、云层覆盖度和温度高低的影响而变化。在太阳能汽车的电池研究方面，各国都在研究如何才能把太阳光的转化率提到最高。

太阳能汽车的车身外形非常新颖，大多数太阳能车型都呈扁平状，车型的设计⊖要结合空气阻力、太阳能量吸收和行驶安全最佳来综合考虑。

复合材料技术在太阳能汽车中得到广泛应用。复合材料由如"三明治"夹层状的结构材料构成，表面是非常轻质又相当于钢强度的

⊖ 太阳能汽车本质上也属于纯电动汽车。太阳能汽车通过太阳能光伏电池，把采集的光能转化成电能，储存于蓄电池并为行驶提供动力。太阳能汽车实现了真正意义上的零排放。

⊖ 受制于光能效转换问题，太阳能汽车必须实现轻量化和低风阻，同时为了高效利用太阳能，在造型上有时需具备可伸缩、折叠翼（活动太阳能电池板）。

太阳能电池阵列

材料，如碳纤维和玻璃纤维材料等，中间的蜂窝状和泡沫塑料是常用的合成填充材料。

太阳能汽车的"心脏"是电力储存系统，它由电能组和蓄电池组成。电能组好比传统汽车的发动机，它包括电机、控制器和功率电子器件等。一般而言，太阳能汽车都是轮边驱动和后轮驱动。太阳能汽车行驶时，被转换的太阳光能被直接送到"发动机"控制系统。但有时提供的能量大于"发动机"需求的电力，那么多余的能量就会被蓄电池（相当于传统汽车的油箱）储存以备后用。当太阳能电池阵列不能提供足够的能量来驱动"发动机"时，蓄电池内储存的备用能量会自动补充。可见，太阳能电池的关键在于太阳能转换效率。

太阳能是人类最理想的绿色能源。太阳能汽车已成为人们最向往的车坛"阿波罗"，也是最看好的新能源汽车之一。太阳能光伏发电是一种零排放的绿色能源，也是可以实现大规模应用的便捷能源。随着人们对可移动、可穿戴、分布式发电的需求，以及太阳能无人机、太阳能汽车等可移动能源的兴起，作为移动能源核心技术的薄膜发电技术，以其独特的技术和成本优势，必将成为太阳能发电的重要发展方向。

近年来，各国都在竞相研发新型太阳能汽车。太阳能汽车已经在一些幅员辽阔的国家或沙漠地区得到了有效应用。全球最负盛名的太阳能汽车比赛每年在澳大利亚举行，造型各异的赛车千姿百态，跃跃欲试，为推动太阳能汽车的发展做出了巨大贡献。

改变汽车的
100个
黑科技

核动力汽车：一辈子加一次"铀"

最早的"核动力汽车"设想诞生于1957年的美国。当时，福特汽车设计出了一款名为Nucleon的核动力概念车，该车可谓是当时用于军事工业核潜艇上核反应堆的压缩版本，在以汽油、柴油为主要燃料的时代，这样的设计绝对令人震撼。

Nucleon概念车两个后轮之间的核反应堆以铀元素的核裂变为能源，能够把水变成高压蒸汽，再推动涡轮叶片驱动汽车。然后蒸

Nucleon 概念车

汽在冷却之后返回核反应堆里再次加热。只要核燃料还没用完，它就能不断发出动力。按照当时的设计思想，大约在 8000 千米核燃料耗尽之后，核燃料将能够在路边的"加铀站"得以补充，而且使用者还可以选择自己所需要的动力类型——持久型或爆发型。由于公众对于核爆炸的担忧，这款概念车连同"加铀站"最终没有投入量产。福特汽车本来想利用当时的人们对核能的敬畏以及对核动力的向往，引领汽车新革命的浪潮，但是由于这款车的配套设施——核燃料补充站无法在短时间内兴建，再加上核辐射的问题无法解决，所以尽管福特汽车投入了大量时间和金钱，这个项目还是宣告暂停。

而汽车工程师并未因此而放弃对核能应用方面的探索。进入 21世纪，著名汽车制造商凯迪拉克设计出一款听名字就令人感到惊异的核动力概念车 WTF，WTF 是取自 World Thorium Fuel 三个单词的首字母，意思是钍燃料。钍作为一种在地球上储量较大的放射性金属元素，在核反应中可以放射出巨大的能量。凭借这一特性，驱动这辆车所需要的钍燃料极少，也因此，它的发动机几乎在 100 年之内不需要保养。然而这款车现在仍旧停留在概念阶段。但是，毕竟利用"钍"转为汽车电力，仅需 8 克"钍"就相当于加了 22.7万升的汽油，几乎等于一辈子加一次，就不用再补充。

在 2015 年，奥迪曾设计过一款搭载了核动力系统的概念车（Mesarthim F-Tron Quattro），这款车可以将核动力转换为电力，每年只需添加一次燃料。据悉，该车搭载一套核动力系统，后轴前方安装了一套核动力装置，该装置产生的电能为电池充电，最后由电池为电机供电。由于采用核动力系统，该车的底盘也是全新设计的，并采用特殊的金属合金通过 3D 打印技术制造。这款奥迪全新概念车 Mesarthim F-Tron Quattro 出自俄罗斯的汽车设计师格里高利·戈林之手。在造型方面，这款概念车十分科幻，采用红黑为主色调，车内采用了大量的液晶显示器，方向盘的造型也很独特，独特的车门则绝对是吸引目光的利器。Mesarthim F-Tron Quattro 最大的特点是外形前卫十足，颇有蝙蝠车的味道。

综上所述，核动力汽车的设想不是第一次被提出，很多知名汽车厂商都曾设想过以核燃料代替传统燃料。然而，直至今日还没有一款核动力汽车能够真正投入使用。这就必须要提及核能应用为汽车功能可能带来的诸多问题：

1）安全问题正是核动力应用到汽车面临的第一大问题。核能的确能够为汽车提供巨大的能量，但是一旦这股能量失控，造成的破坏也是巨大的。毕竟大家都知道原子弹拥有无与伦比的破坏力，而汽车所携带的核反应堆就相当于一枚受保护的小型核弹，一旦发生严重车祸造成核泄漏，甚至引起核爆炸，后果将不堪设想。

2）核反应所产生的辐射也是一个不可忽视的重要问题。既然汽车上搭载的核反应堆相当于一个小型的核电站，而真正的核电站外都有几米厚的水泥墙来抵挡核辐射，显然汽车不可能配备厚重的装甲来抵御核辐射。

3）核动力汽车要想投入量产还必须解决成本问题。核动力系统是一套复杂而精密的系统，涉及的环节也比较多，要将其压缩在一辆汽车内部必将投入大量的研发成本和工艺成本。同时，还要为核动力汽车兴建大量的配套设施以满足其正常私用和保养。

4）核废料的回收可能会带来麻烦。核动力汽车所带来的核废料则需要经过专业的处理并且保存在专门的设施当中。如果不能妥善处理，一旦核废料带来危险性或造成污染，后果将不堪设想。

即使以上问题都能得到妥善解决，核动力汽车打开市场的过程也不会一帆风顺。但是正是得益于这种努力的探索，才将我们出行所乘坐的交通工具从畜力时代、蒸汽时代带入油气时代。在不远的将来，我们即将迈入以氢燃料和纯电动为代表的时代。而随着我们

凯迪拉克设计的核动力概念
车 WTF

奥迪核动力概念车 Mesarthim
F-Tron Quattro

对燃料效能的不断追求，核能也不一定是无稽之谈。总之，"核动力时代"不会来得那么快，但它迟早会来！

改变汽车的
100个
黑科技

燃料电池汽车：驶向"氢经济"时代

科学家梦想，全球社会将会进入"氢经济"时代。虽然氢是最普通的元素，资源极为丰富，但是氢和石油不同，地球上并不储存大量氢气，而是作为氢原子与其他原子结合在一起，必须付出能量才能从其他元素中提取出氢。根据能量守恒原理，考虑到消耗，取出的能量总是小于得到的能量。也就是说，我们并不能无偿地、无限制地取得氢。现代燃料电池教父杰弗里·巴拉德（Geoffrey Ballard）很形象地解释说，氢只是一种"流通货币"，不是原始能源，即氢只是一种能量的载体，而不是能源。燃料电池就是把这种"流通货币"转换成电能的工具之一。燃料电池汽车（Fuel Cell Vehicle，FCV）就是以燃料电池系统作为单一动力源或是以燃料电池系统与可充电储能系统作为混合动力源的汽车。燃料电池汽车是电动汽车的一种。

国外一些媒体曾描绘过未来"氢经济"社会的美好图景：那时候石油、煤炭、天然气等能源封存，仅留作化工原料；各种类型的氢燃料电池成为普遍采用的发电工具；取消火力发电，当核电站、水力发电站、风力发电站、潮汐发电站等完成正常供电后，剩余电力用于电解水制氢，作为储备能源；建立家庭小型电站，取消远距离高压输电，通过管道网，输氢至千家万户；取消内燃机动力，汽车、火车、飞机等交通工具都改用氢燃料电池作动力，消灭一切能源污染隐患和内燃机噪声源；每个城市和每个家庭都有能源供应和回收的完善循环系统……

所谓"氢经济"社会，是指将氢作为燃料广泛应用于社会日常生活和经济活动之中，与电力、热力共同构成二次能源的三大支柱。氢燃料汽车更适合"氢经济"社会发展，它是驶向未来"氢经济"时代的主流交通工具。

氢燃料汽车又称氢动力汽车，即指以氢燃料为动力来源的汽车。

氢燃料汽车有两类，一类是氢燃料电池汽车，是未来的主流；另一类是氢内燃机（类似现在内燃机）汽车。前者使用的氢燃料电池是21世纪汽车的核心技术，它对汽车工业的创新和转型发展具有革命性意义。无论是氢燃料电池汽车还是氢内燃机汽车，它们都以氢气为燃料，排放出的是纯净水，没有污染。因此，氢燃料汽车是最被人们寄予希望的新能源汽车⊖。氢燃料汽车将成为促进汽车产业创新、推进"氢经济"社会发展的"引擎"。

氢燃料电池汽车核心部件燃料电池的电能是通过氢气和氧气的化学反应，不经过燃烧，直接从化学能变成电能的。氢燃料电池汽车的工作原理是，作为燃料的氢在汽车搭载的燃料电池中，与空气中的氧发生化学反应，产生出电能驱动电机，再由电机带动汽车中的机械传动机构，进而带动汽车的行驶机构和车轮来驱动汽车。

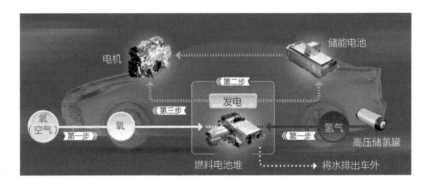

氢燃料电池汽车的工作原理

燃料电池最早是用于农业设备和民用发电设备的。自从氢燃料电池在汽车上应用成功后，各大汽车企业竞相开发出多种氢燃料电池汽车。第一辆FCV问世是在1991年，由美国人比林斯研制成功，它用质子交换膜电池作动力源，车内储存一小箱氢，氢气通过管道进入质子交换膜电池，在那里与空气发生化学反应，产生电能，成为汽车动力。这种FCV产生的排放物就是水。

FCV除了使用燃料电池以外，还需要有维持燃料电池发电性能的气体加湿装置、燃料电池的冷却装置、储存和供给氢气装置，以及供应空气装置。另外，与混合动力汽车一样，为了提高效率，FCV大都采用制动能量回收装置。

氢燃料电池要在汽车上应用，目前需要解决一些实际问题：一是技术问题，例如车用燃料电池要能承受长时间颠簸，且在高温、低温下都能正常工作；二是成本问题，例如现在一些燃料电池使用昂贵的铂作为电解质，并且这种电解质容易被氢气中的杂质污染；

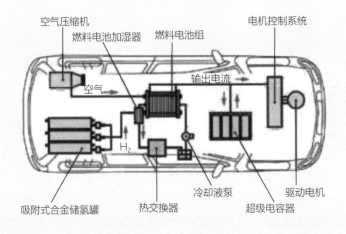

空气压缩机
燃料电池加湿器
燃料电池组
电机控制系统
空气
输出电流
H₂
吸附式合金储氢罐
热交换器
冷却液泵
超级电容器
驱动电机

FCV 基本构造

三是氢燃料的生产、储存及加氢站建设等问题。

目前广泛用于汽车的氢燃料电池属于质子交换膜燃料电池。各国汽车大生产企业都在研制 FCV，已经生产了燃料电池试验车型，有的已经进行了示范运行。氢燃料电池不仅适用于小型汽车，还可适用于大型公共汽车。

美国著名咨询家杰里米·里夫金认为：人类正经历以石油为基础的经济体制的最后几十年。人类开始踏上以氢为基础的新的能源体制。随着在"氢经济"三要素（氢生产、储运和应用）方面取得突破，人类将在 21 世纪中叶实现氢经济。氢燃料汽车是一种真正实现零排放的交通工具，它是替代传统汽车最理想的终极方案。我们可通过对 FCV 的理解，憧憬"氢经济"的光明；通过搭乘 FCV 创业的创新平台，驶向未来的"氢经济"时代。

奔驰氢燃料电池公共汽车

改变汽车的 100 个黑科技

汽车导航的秘密

在拥有全球导航卫星系统（Global Navigation Satellite System，GNSS）之前，我们人类移动或驾车一般是依靠人脑中与生俱来的类似 GNSS 般精巧到极致的"神经地图系统"前行的。而现在有了 GNSS，我们人类驾驶汽车的能力似乎正被这一黑科技所主宰。

GNSS 泛指所有的卫星导航系统，其特点是全球性、全天候、全天时、高精度（10 米之内）的导航定位。在 GNSS 中，使用最广泛的系统主要是被称为四大卫星导航定位系统的美国全球定位系统（GPS）、中国北斗（Beidou）、俄罗斯格洛纳斯（Glonass）和欧洲伽利略（Galileo）等。其中，GPS 历史发展最为悠久，并成为 GNSS 的代名词。

GPS 的前身是美国军方 1958 年研制的一种子午仪卫星定位系统 (Transit)，它在 1964 年正式投入使用。该系统用 5 或 6 颗卫星组成的星网工作，每天最多绕地球 13 次，在信息高度和定位精度方面不尽如人意。然而，子午仪卫星定位系统使得研发部门对卫星定位取得了初步的经验，并验证了由卫星系统进行定位的可行性。20 世纪 70 年代，美国开始研制新一代卫星定位系统 GPS。研制 GPS 的主要目的是为陆海空三大领域提供实时、全天候和全球性的导航服务，并用于情报搜集、核爆监测和应急通信等。经过 20 余年的研究实验，耗资 300 亿美元，到 1994 年，全球覆盖率高达 98% 的 24 颗 GPS 卫星星座已布设完成。

GPS 方案是 21 颗工作星和 3 颗备用星在互成 60 度的 6 条轨道上运行工作，向全球各地提供三维位置、三维速度等信息，其粗码精度可达 100 米，精码精度为 10 米。它由三部分构成，一是地面控制部分，由主控站、地面控制站、监测站及通信辅助系统组成；二是空间部分，由 24 颗卫星组成，分布在 6 个轨道平面；三是用户装置部分，由 GPS 接收机和卫星天线组成。GPS 的民用定位精度可达 10 米内。

其中，GPS 的用户装置部分与我们生活最为贴近。用户装置部分即 GPS 信号接收机，其作用是跟踪和接收卫星信号。当接收机捕获到跟踪的卫星信号后，即可测量出接收天线至卫星的伪距离和距离的变化率，解调出卫星轨道参数等数据。根据这些数据，接收机中的微处理计算机就可按定位解算方法进行定位计算，计算出用

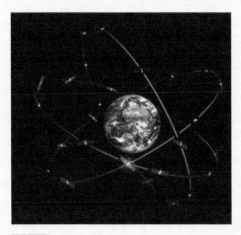

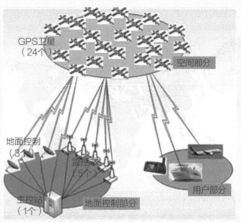

GPS 方案

户所在地理位置的经纬度、高度、速度、时间等信息，供 GPS 系统的消费者使用。GPS 用户设备由接收机硬件、GPS 芯片、机内软件以及 GPS 数据的后处理软件包等共同构成，包括车载、船载、机载 GPS 导航仪，GPS 测绘设备，内置 GPS 功能的手机等移动设备等。

　　GPS 多视点、多维度、宽视野地覆盖地球各个角落。在微观层面，我们日常生活中常见的手机、计算机及车载、船载、机载等 GPS 导航设备，以及近年来兴起的 GPS 定位鞋、定位书包、定位拐杖等，都是其组成中的用户部分。从宏观层面看，物联网、智慧城市、智能交通系统等都离不开它，特别是近年来蓬勃发展的车联网、智能网联汽车、共享汽车等。

车载导航系统

车联网技术

车联网是物联网技术在交通领域的典型应用，它是一种进行无线通信和信息交换的大系统网络。

车联网可根据汽车上安装的射频识别技术标签、传感器等识别车辆，同时能够利用汽车的静态属性和动态属性组建网络，根据不同的功能需求为汽车提供综合的信息服务。随着车联网技术与产业的发展，我国车联网产业技术创新联盟对车联网的概念进行了定义：车联网是以车内网、车际网、车载移动互联网为基础，采用先进的 ZigBee 路由通信协议，实现车与人、道路与车之间的互联和通信传输，利用无线通信、信息交换等大型网络为基础，构建一个智能交通系统，实现交通管理、信息服务、智能控制为一体。

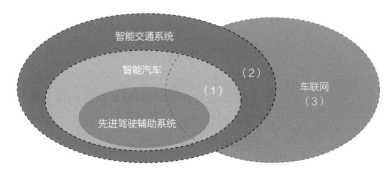

（1）协同式智能车辆控制（智能网联汽车）
（2）协同式智能交通管理与信息服务
（3）汽车智能制造、电商、售后服务及保险等

车联网的功能

车联网它由各个汽车构成，形成一个汽车、汽车行驶速度、路线等信息整合在一起的巨大交互网络，并且通过射频识别、摄像头、GPS、传感器等软硬件设备实现信息处理，汽车可以完成自身环境状态信息的采集，并且通过物联网技术将车辆的各种信息汇聚到中央处理器，分析和处理驾驶者及汽车的工作状态，及时安排汽车的最佳路线、汇报路况和信号灯周期，保证车辆安全驾驶。

车联网在智能交通的应用上采用了三层架构。第一层是端系统，端系统采用了先进的智能传感器结构，它可以负责采集汽车的运行状态信息，感知汽车的驾驶环境信息，同时端系统也是汽车之间通信传输、汽车内部设备通信、车联网通信的关键组成内容，可以让汽车具备车联网的寻址和网络传输可标识等功能。第二层是管系统，它能够解决汽车与汽车、汽车与道路、汽车与网络、汽车与人之间的网络通信和数据共享，实现利用汽车作为节点组件异构网络，实现汽车通信与漫游，并且能够在功能和性能上保障汽车操作的实时性、可靠性、可服务性。管系统也是车联网与互联网之间的通信接口。第三层是云系统，车联网是一个采用云计算服务模式的信息平台，它可以为汽车运行、汽车租赁、汽车制造、汽车紧急救援、汽车服务信息发布等功能提供操作平台，能够利用云计算的虚拟化技术将汽车按照矩阵模式连接在一起，形成一个自组织网络，并且可以实时地根据需求加入汽车、退出汽车，汇聚道路周边、汽车行驶环境的各类信息，并且具有实时交互、海量存储等多个云计算功能。

目前，车联网最常见的应用是碰撞检测、电子路牌、汽车诊断、红绿灯警告，利用这些信息规划汽车行驶路径，管理城市交通，改善人们出行的效率，缓解交通压力；同时，可以将汽车周边附近的娱乐、餐饮、社交等生活信息发送给驾驶者，提高人们生活的便捷性和娱乐性。

1）碰撞检测可以使用车联网计算每一辆行车与附近汽车之间的距离，将这些距离信息准确地提供给驾驶者或自动驾驶系统，驾驶者或自动驾驶系统就可以获知车辆四周的物体状况，避免发生碰撞。

2）电子路牌是一种车联网信息应用，它结合GPS与城市地图，同时展现每一个交通路口的详细信息，为汽车行驶提供决策和指挥。

3）汽车诊断功能可以利用车联网的传感器采集汽车自身的状

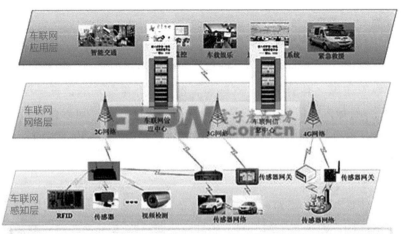

车联网：需要一种专有的协同通信架构和协议栈，将不同底层数据进行整合，实现信息交互，确保数据传输的实时性、完备性和安全性。

车联网系统架构

态信息，如采集车轮、档位、发动机、离合器等信息，查看这些设备组件是否需要维护或更换，以便保证汽车的正常运行。

4）红绿灯警告可以利用车联网采集红绿灯信息，并且对红绿灯的运行情况进行预判，为汽车驾驶者或自动驾驶系统提供决策信息，以便汽车驾驶者或自动驾驶系统能够根据红绿灯运行情况设置车辆速度，实现汽车信息的准确预判。

车联网应用开发关键技术包括射频识别技术、蓝牙、二维码和传感器等。

车联网作为智能交通的信息化基础，它可在汽车与人、道路、建筑之间形成一个自组织网络，实现汽车服务信息、交通控制信息、汽车驾驶控制信息的共享，为驾驶者或自动驾驶系统提供强大的智能化操作需求，具有重要的作用和意义。

智能汽车与智能网联汽车

智能汽车是一种集环境感知、规划决策、多等级辅助驾驶等功能于一体，集中运用计算机、现代传感、信息融合、通信、人工智能及自动控制等技术的高新技术汽车。

智能网联汽车是指智能汽车与车联网的有机融合，是搭载先进的车载传感器、控制器、执行器等装置，并融合现代通信与网络技术，实现车与X（人、车、路、基础设施等）智能信息交换共享；具备复杂的环境感知、智能决策、协同控制和执行等功能；实现安全、舒适、节能、高效行驶，并最终可替代人来操作的新一代汽车——智能无人驾驶（自动驾驶）汽车。○

目前，智能汽车是一种正在研制的高新技术汽车。智能汽车装有分别相当于人的眼睛、大脑和手脚功能的摄像头、处理器和自动操纵系统等之类的装置，这些装置都配备非常复杂的计算机程序，因此，智能汽车能和人一样会"思考""判断""行走"，可以自动起动、加速、制动，可以自动绕过地面障碍物。在复杂多变的情况下，它的"大脑"能随机应变，自动选择最佳方案，指挥汽车正常、顺利地行驶。

传统汽车只能跑一条道，而智能网联汽车（ICV）能同时在两条道上跑，即运行于网上网下的"殊途同路"。ICV在一定程度上更像是一个新的汽车技术功能包，成为物联网中的"物"：实现计算机、

○ 并非所有的智能网联汽车都可以实现无人驾驶，但智能无人驾驶汽车必须借助智能网联技术。相比于智能网联汽车，智能无人驾驶汽车需要考虑的情景、涉及的领域要多得多，甚至涉及伦理、法律等跨专业学科。

智能手机、智能传感器和先进执行器等其他智能设备之间的互联互通。智能网联汽车是一种突破性的技术，它会颠覆传统的汽车产业结构，迎来新的商业模式，并且改变汽车产业的本质。

智能网联汽车产业发展有七方面的核心功能：

1）自动驾驶：车辆自动行驶，不需要人员操作。但目前尚未普及，只适用于部分领域，例如自助泊车、高速公路行驶，以及在精心划定的运输路线上运输货物的联网货车。

2）安全性：对道路安全问题进行警告和自动感知并排除潜在碰撞的功能，例如危险预警信号和紧急呼叫功能。

3）娱乐功能：为乘客和驾驶者提供音乐和视频等娱乐项目的功能，例如智能手机接口、无线或局域网热点、社交网络访问接口或"移动办公"等。

4）身心健康：优化驾驶者身体健康和驾驶状态的功能，例如检测或减轻驾驶者疲劳的电子报警功能，以及其他形式的个人协助功能。

5）车辆管理：最大限度地降低运营成本，提高舒适度的功能，例如远程控制汽车功能、显示服务项目和汽车状态、传输交通数据。

6）移动性管理：根据特别针对车辆收集的数据而制订的操作规范，以实现更快、更安全、更经济、更节能的驾驶体验，例如显示实时交通信息、显示维修和服务相关信息和传送使用数据等。

7）家庭一体化：将车辆连接到住宅、办公室或其他建筑物的功能，例如连接家庭报警系统或能源监测系统。

智能网联汽车所依赖的车联网，实际上不仅仅是一个移动的互联（车内网、车际网、车云网），而是智能终端、智能电网、通信网络、通信平台的融合。智能网联汽车首先要有一套导航信息资料库，存有全国高速公路、普通公路、城市道路以及各种服务设施（餐

智能网联汽车

饮、旅馆、加油站、景点、停车场）等信息资料。其次要有以下系统：全球定位系统，利用这个系统精确定位车辆所在的位置，与道路资料库中的数据相比较，确定以后的行驶方向；道路状况信息系统，由交通管理中心提供实时的前方道路状况信息，如堵车、事故等，必要时及时改变行驶路线；车辆防撞系统，包括探测雷达、信息处理系统、驾驶控制系统，控制与其他车辆的距离，在探测到障碍物时及时减速或制动，并把信息传输给指挥中心和其他车辆；紧急报警系统，如果出了事故，自动报告指挥中心进行救援；无线通信系统，用于汽车与指挥中心的联络；自动驾驶系统，用于控制汽车的点火、改变速度和转向等。

随着物联网、云计算、大数据、移动互联、5G等新技术的发展并不断向传统行业渗透，在汽车行业，与此相关的智能网联汽车已成为目前发展的技术热点。智能网联汽车的技术构成可以用"两纵三横"来概括："两纵"指其主要包括车载平台与基础设施；"三横"指汽车制造、信息交互和基本技术支持三个方面。智能网联汽车技术包含以下九类：智能决策、环境感知、V2X通信、云计算和大数据映射、控制执行、信息安全、高精度定位、测试评估、标准法规。智能网联汽车的发展，将会为人们今后的出行带来更便利、舒适的体验，同时也将对人们的驾驶环境做出改变，从而使得汽车生活的意义被重新定义。

智能网联汽车发展五个趋势如下：

1）车内感知。车内要安装几百个传感器感知汽车各种部件各种状态和数据信息。

2）车外感知。未来的汽车会安装几十个智能化设备，包括摄像头和雷达设备，以便感知周边的路况和其他车辆的情况，这样汽车更加安全，不至于发生碰撞。

3）人车互联。现在正在发展车联网，对人车互联已经进行了很多尝试，众多的主机厂都在进行车联网的测评，车联网相关的运营平台、技术和软件都在不断推出和升级当中。

4）车车物联（V2V）。国内已经有行业组织推动这方面技术的发展。国外已比较发达，美国有小镇已经应用各种各样的车车物联技术。

5）人路互联。人们需要了解周边的路况，了解道路的紧急状态，发生了事故应怎么绕行，这些信息会通过人路互联系统告知车主。

总而言之，汽车智能化、网联化日趋明显。目前智能网联汽车前两个层次，如辅助驾驶技术和半自动驾驶技术已得到应用，并成为提升产品档次和市场竞争力的重要手段；各国汽车巨头正致力于第三个层次——高度自动驾驶技术的实用化研发和产业化，即将实现智能网联汽车技术突破和量产。

改变汽车的
100个
黑科技

自动驾驶汽车

2015年9月，在美国加利福尼亚州出现了戏剧性的一幕：一辆小型（俗称迷你，即英文mini的发音）谷歌无人驾驶汽车被警察截停进行盘查，原因是其跑得太慢。被盘查的迷你谷歌无人驾驶汽车呆萌气十足。据了解，出于安全考虑，谷歌设定无人驾驶汽车的速度一般被限制在39千米/时。谷歌公司说："我们希望无人驾驶汽车让人感觉友好且可靠近，而不是只会在大街上飞驰。与这名警官一样，人们有时会让它停下来，其目的多数是想看看无人驾驶汽车到底是怎么运行的。"

无人驾驶汽车是一种通过计算机系统实现不需要人类驾驶的智能汽车，也称为轮式移动机器人。它依靠人工智能、车载传感器、视觉计算、雷达、监控设备和全球定位系统、高精度地图等协同合作，让人类无须任何主动操作，机动车可自动安全地运行。无人驾驶汽车重点在于"无人"，即汽车可能无踏板、方向盘、驾驶者座椅，完全由计算机控制；而自动驾驶汽车保留有手动驾驶的条件，可自由切换自动与手动两种模式。

智能无人驾驶汽车集自动控制、体系结构、人工智能、视觉计算等众多黑科技于一体，是计算机科学、模式识别和智能控制技术

迷你谷歌无人驾驶汽车

高度发展的产物，也是衡量一个国家科研实力和工业水平的一个重要标志。

美国国家公路交通安全管理局（National Highway Traffic Safety Administration，NHTSA）与国际机动车工程师协会（SAE）分级定义了汽车的自动化等级。现在，汽车行业各界一般采用 SAE 的 5 级定义。

自动驾驶分级		名称（SAE）	SAE 定义	主体			
NHTSA	SAE			驾驶操作	周边监控	支援	系统作用域
0	0	无自动化	由人类驾驶者全权操作汽车，在行驶过程中可以得到警告和保护系统的辅助	人类驾驶者	人类驾驶者	人类驾驶者	无
1	1	驾驶支援	通过驾驶环境对方向盘和加减速中的一项操作提供驾驶支援，其他的驾驶动作都由人类驾驶者进行操作	人类驾驶者系统			部分
2	2	部分自动化	通过驾驶环境对方向盘和加减速中的多项操作提供驾驶支援，其他的驾驶动作都由人类驾驶者进行操作	系统	系统	系统	
3	3	有条件自动化	由无人驾驶系统完成所有的驾驶操作。根据系统请求，人类驾驶者提供适当的应答				
4	4	高度自动化	由无人驾驶系统完成所有的驾驶操作。根据系统请求，人类驾驶者不一定需要对所有的系统请求做出应答，限定道路和环境条件等				
	5	完全自动化	由无人驾驶系统完成所有的驾驶操作。人类驾驶者在可能的环境下接管。在所有的道路和环境条件下驾驶				全域

SAE 对自动驾驶汽车的分级定义

从 20 世纪 70 年代开始，美国、英国、德国等发达国家开始进行无人驾驶汽车的研究，在可行性和实用化方面都取得了突破性的进展。我国从 20 世纪 80 年代开始进行无人驾驶汽车的研究，国防科技大学在 1992 年成功研制出中国第一辆真正意义上的无人驾驶汽车。

在未来的 20 年里，无人驾驶汽车将在美国广泛使用。包括谷歌、苹果和梅赛德斯－奔驰在内的 20 多家大型企业都在努力打造自己的无人驾驶汽车品牌。特斯拉的 Model S 已经推出了一种可以在高速公路上行驶的无人驾驶汽车。专家预测，无人驾驶汽车将影响多个行业：保险、汽修、运输、酒店、航空、汽配、共享汽车、公交、停车场、快餐、外卖、能源、房地产、媒体娱乐、配送、零售、汽车经销、汽车售后服务、医疗保健、救援和紧急服务、驾驶培训、城市规划、网络服务、车内设计及制造、网络安全、交通执法、健身、护理、住房改造、法律服务、军事行动部门、非政府组织与灾害救助、数据中心和网络基建等。麦肯锡预测，无人驾驶汽车到 2030 年可以产生 5000 亿至 1.9 万亿美元的产值。

美国电气和电子工程师协会（Institute of Electrical and Electronics Engineers,
IEEE）预测，到 2040 年全球上路的汽车总量中，75% 将会是自动驾驶汽车。市场研究公
司 IHS 则预测，2035 年将达到 1180 万辆，届时自动驾驶汽车保有量将达到 540 万辆。
其中，2035 年 4 级自动驾驶汽车每年销量可达到 480 万辆。IHS 预测，到 2035 年，北
美在自动驾驶汽车市场上的份额将达到 29%，中国为 24%，西欧为 20%。未来，人类交
通系统或将发生翻天覆地的变化。

目前，已经开发出来的自动驾驶汽车技术包括自适应巡航控制和车道保持、智能制动、
路标识别等。这些还属于主动安全系统的范畴，推动自动驾驶汽车的发展还需要开发更先
进的传感器技术。另外，车 – 车、车 – 基础设施通信系统也将推动无人驾驶汽车的发展。

改变汽车的
100 个
黑科技

让汽车读懂人的大脑

目前，发展无人驾驶汽车的最大瓶颈就是安全性问题。因为，
很多人还是不太相信人工智能，毕竟人命关天啊。为了在传统驾驶
和无人驾驶汽车之间取得平衡，汽车制造商们推出的辅助驾驶功能
可以提高个人驾驶体验，比如在驾驶者注意力不集中的时候踩制动
踏板，或者协助停车等。然而，日产公司推出的这个黑科技着实吸
人眼球。他们正在开发"B2V"（Brain to Vehicle，大脑到汽车）
新汽车技术，如果能取得成功，即能增加驾驶者的反应时间，从而
使驾驶变得更安全。该技术通过使用脑电图技术来阅读和解读驾驶
者的大脑信号，日产的 B2V 可以预测人类驾驶者的行为，从而提前
实现转向或踩制动踏板等操作。这样，半自动驾驶汽车将会比人类
驾驶者快 0.2 秒到 0.5 秒采取相应行动。由日产智能出行（Nissan
Intelligent Mobility）实验室负责开发的"B2V"技术，可让汽车读
取驾驶者的"思想"，让汽车读懂人的大脑，也就是"B2V"技术系
统将会自动识别推断驾驶者的意图，从而做出相应的反应。

从本质上讲，B2V 就是一项脑波扫描技术。在使用中，B2V 技
术用到了脑波监控头盔，其可以追踪穿戴者大脑的内部活动。之后，
活动信息将会被传到日产无人驾驶系统，而系统则会自动推断驾驶
者的意图，并做出相应的反应。

日产 B2V 能让汽车读懂驾
驶者的大脑

　　这项技术是日产为了无人驾驶汽车而研发的。在驾驶环境安全
的前提下，如果系统察觉到驾驶者大脑中"不耐烦"信息，无人驾
驶汽车可能就会提升行驶速度。如果驾驶者准备采取行动，如转动
方向盘或是踩加速踏板，头盔会自主对信号进行识别，紧接着汽车
就能够以更快的速度响应并执行，缩短时间。如果驾驶者疲劳驾驶，
该科技可以适时做出座椅调整，让乘坐更为舒适；而疲劳比较严重
时，会做出安全警示；甚至驾驶中进入瞌睡状态时，该技术会主动
导航进行自动驾驶，进入最近的服务区，这样可避免了很多交通事
故。此外，当驾驶者醉醺醺地准备开车走时，该系统会自动通知预
先约好的朋友或者请人代驾。如突遇紧急情况，情绪混乱的同时，
该技术主动做出适当的驾驶，那么"马路杀手"也将不复存在。

　　与此同时，为了让人们理性对待这项技术，专家表示，B2V 并
不是真正的阅读思想。也就是说，如果驾驶者在脑中想着自己的目
的地，头盔并不能进行识别，B2V 系统也不会直接载着驾驶者驶向
目的地。从某种程度上讲，这一技术所达成的仅仅只是"辅助作用"，
缓解人们在乘坐无人驾驶汽车时产生的焦虑等。当进入自动模式时，
B2V 系统也可以检测驾驶者遇到的不适情况，并相应地调整驾驶方
式，或者使用增强现实技术来改变驾驶者看到的东西。

　　提到无人驾驶，大多数人往往会认为人只充当"甩手掌柜"的
角色。然而，B2V 技术却反其道而行之，利用人类大脑信号让驾驶
变得更加兴奋和愉悦。通过汽车智能移动系统，可提供更多的自主
性、更多电气化和更多连接，将人们带到一个更美好的世界中。

　　脑机接口并不是什么新鲜事物。历史上已经出现过多种形式的
脑机接口，有非接触式读取脑电波的系统，也有直接与大脑物理接
触的系统。目前，大多数脑机接口都只支持人脑向电脑发布指令，

主要用来帮助残障人士提高运动能力和交流能力。2018年，研究人员首次将人脑与互联网连接起来，将其变成"万维网上的物联网节点"。正如斯特拉公司埃隆·马斯克所希望的，将来能让大脑和电脑融合，以便让人类有能力与AI竞争。

B2V是通过类似头盔的脑电波读取设备来获取信息传递给汽车的智能系统，以此来实现大脑控制驾驶。而目前来说，技术已经取得突破性进展，可以更好地实现人车交互。通过脑电波的变化而进行信息辨读、传递，以此实现系统判断和命令并且执行。尽管它还不是直接读取人的思想，只能对读懂人的大脑起到辅助作用，但千万也不要因此而小看B2V系统。

共享汽车：黑科技的载体

共享经济将成为社会服务行业最重要的一股力量。共享经济发展至目前，已渗透共享出行、共享空间、共享金融等九大领域，并凭借其强大的生命力正在渗透更多的传统行业和细分领域。伴随着这股共享经济热潮，许多城市继共享雨伞、共享洗衣机、共享书房、共享单车等后，推出共享汽车。

共享汽车虽不算是硬核科技，但它的概念及内涵极具黑科技冲击力。共享汽车手机应用软件（App）集成了移动端身份证、驾驶证识别技术后，给用户带来的使用体验上升到一个新的层次，减少了用户在注册账号时绑定身份证、驾驶证的繁琐操作；它通过人证合一，把身份证、驾驶证识别技术与人脸识别技术相结合，最终让用户获得良好的人工智能体验。此外，共享汽车还涉及其独特的车载WiFi、车载充电、指纹识别介入、酒精测试、无人驾驶、宽带、云计算、物联网、区块链、大数据、移动支付、基于位置服务（LBS）等众多的黑科技。

共享汽车最早出现于20世纪40年代的瑞士，其定义是多人合用一辆车，而非合乘一辆车，即开车人对车辆只有使用权，而没有所有权，类似于在租车行里短时间包车。目前的共享汽车主要指分时租赁汽车，其他还涌现出一些较为成熟的业态，如网约车、移动代驾、定制公交等。

分时租赁汽车的共享模式有助于缓解交通压力，有利于社会低

滴滴出行推出的自动驾驶汽
车共享出行服务

碳节能减排。分时租赁汽车的推广，能满足社会公众的个性化出行、商务活动、公务活动和旅游休闲等不同需求，发展前景极为广阔。未来发展的智能网联汽车以及无人驾驶汽车，更是共享汽车的绿色交通服务。

共享汽车的发展有四个历史阶段，目前还处于2.0阶段。

1）共享汽车系统1.0。特征：①用户从哪里取车，就必须在哪里还车；②用户用车必须提前通过电话、网络或现场预约；③用户必须在预约时就明确何时还车，并严格按照时间点还车。

2）共享汽车系统2.0。特征：①预约或不预约，均可获取车辆的使用权；②仅需完成注册和身份认证等一些简单操作即可；③时间灵活，无须在规定时间节点还车；④用户在A站点取车，可在B站点还车（单向式出行）。

3）共享汽车系统3.0。伴随着移动互联技术的成熟和新型商业

出行的发展趋势

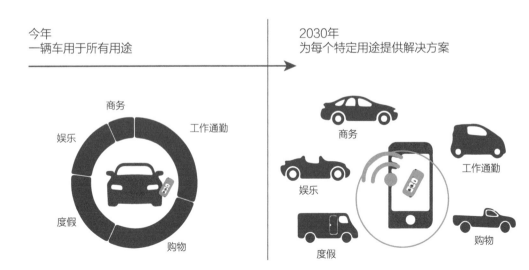

今年
一辆车用于所有用途

商务
娱乐　　　　工作通勤
度假　　　　购物

2030年
为每个特定用途提供解决方案

商务
娱乐　　　工作通勤
度假　　　购物

模式的变革，共享汽车服务也可以在道路上"守候"。特征：①用户不但可以在站点取还车，还可以在运营范围内的任意一个道路停车位上取还车；②用户通过计算机或手机应用将能够获得汽车位置的实时信息，预订他们偏好的汽车；③其他使用模式与共享汽车系统 2.0 的使用特征相似。

4）共享汽车系统 4.0。伴随着智能化、网联化、电动化、共享化四大趋势，汽车共享系统继续升级，"电动无人共享汽车"将成为汽车共享系统 4.0 出行服务载体。特征：①用户发布出行需求，后台调度系统根据用户位置自动就近分配汽车，一段时间后汽车自主行驶至用户指定候车处接用户上车；②将用户送至目的地，用户下车后，汽车自主前往下一位用户接单或者由于电量不够而前往站点处补电。目前，谷歌旗下的 Waymo 自动驾驶公司推出的全球首个商业无人出租车服务 Waymo One 进行封闭区域实验，它可能是未来实现共享汽车系统 4.0 所迈出的第一步。依托众多的黑科技，共享汽车服务还可建立移动应用平台整合各方资源，提供出租车、专车、豪华车、拼客顺风车、大客车、小客车、代驾、租车、共享单车等全面出行服务。

改变汽车的 100 个黑科技

大数据：新时代汽车的"石油"

工业经济时代的汽车产业消耗的主要是石油，而新经济时代的汽车产业更多消耗的是数据。随着网络和信息技术的不断普及，人类产生的数据量正在呈指数级增长，而云计算的诞生，更是直接把汽车产业送进了大数据时代。大数据在汽车产业释放出巨大的能量价值，吸引各国汽车企业家的关注和兴趣。因此，大数据也被誉为新经济时代汽车产业的"石油"。

大数据本身是一种现象，而不是一种硬核技术。大数据价值的完整体现需要多种技术的协同。大数据作为时下最时尚的黑科技，颠覆着传统汽车行业的管理和运营思维。大数据关键技术涵盖数据存储、处理、应用等多方面的技术，根据大数据的处理过程，可将其分为大数据采集、大数据预处理、大数据存储及管理、大数据处理、大数据分析及挖掘、大数据展示等。大数据采集技术是指通过射频识别数据、传感器数据、社交网络交互数据及移动互联网数据等方式获得各种类型的结构化、半结构化及非结构化的海量数据。

数据处理是对纷繁复杂的海量数据价值的提炼，而其中最有价

大数据被誉为新经济时代汽车产业的"石油"

值的地方在于预测性分析，即可以通过数据可视化、统计模式识别、数据描述等数据挖掘形式帮助数据工程师更好地理解数据，根据数据挖掘的结果得出预测性的情报。大数据应用的真正核心在于挖掘数据中蕴藏的情报价值，而不是简单的数据计算。汽车产业，应该借助大数据来为行业的生产运营管理服务。下面列举四方面展示大数据在汽车产业的创新应用。

（1）大数据有助于做好汽车市场分析

基于大数据的市场数据是汽车企业市场分析的第一步。汽车企业需要架构大数据战略，拓宽行业调研数据的广度和深度，从中了解汽车行业市场构成、细分市场特征、消费者需求和竞争者状况等众多因素。借助"大数据"技术，不仅能给研究人员提供足够的样本量和数据信息，还能够建立基于大数据数学模型预测未来市场。

（2）大数据可为汽车消费者"画像"

如今，每天在微博、微信、脸书（Facebook）、推特（Twitter）、论坛、新闻评论、电商平台上分享各种文本、照片、视频、音频、数据等信息高达几百亿甚至几千亿条，这些信息涵盖商家信息、个人信息、行业信息、产品使用体验、商品浏览记录、商品成交记录、产品价格动态等海量数据。企业通过"大数据"技术分析汽车消费者档案数据，可建立"全景洞察用户画像"，以更好地发展忠诚顾客。

（3）大数据支撑汽车产业收益管理

做好企业的收益管理，要重视需求预测、细分市场和敏感度分析三个重要环节，而推进这三个环节的基础就是大数据。通过大数据技术建立数学模型，使企业管理者掌握和了解潜在的市场需求、各细分市场产品销售和产品价格走势等。

标签是用户特征的符号表示，用户画像可以用标签的集合来表示

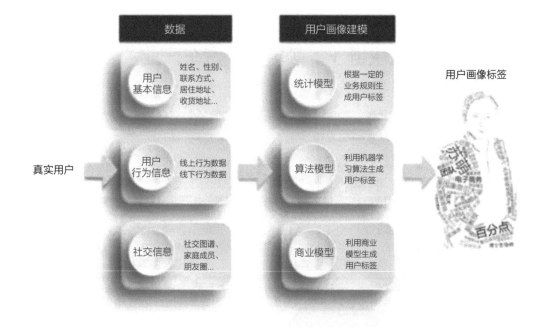

建立全景洞察用户画像

（4）大数据可助力汽车产品研发

自媒体上海量的网络评论形成了交互性大数据，其中蕴藏汽车产品需求开发价值。例如，网民对某款汽车优点、缺点、功能、质量、外形等进行点评的信息，可使构成有关产品需求的大数据变得更加客观、真实、专业化和理性化。如果能用"大数据"技术建立网评大数据库，然后再利用分词、聚类、情感分析等方法了解用户的要求，则能改进和创新产品。

在数据已成为汽车生产要素的今天，大数据更是当今汽车产业重要的管理利器。而大数据技术，就是从各种类型的海量数据中快速获得有价值信息的技术，它们已成为大数据采集、存储、处理和呈现的黑科技。汽车企业用好大数据技术，就能有效地帮助企业提高产品市场竞争力和管理效益。

改变汽车的
100个
黑科技

区块链＋：颠覆传统汽车产业

网络上铺天盖地布满魔幻般的"区块链"。当人们还对"区块链"一头雾水时，这个黑科技以"荷塘效应"不断蔓延和发酵，融入金融、物联网、保险、人力资源、艺术、法律、房产……融入汽车产业，大有从下至上彻底改变和颠覆汽车产业整个格局之势。

区块链被誉为是重塑交易信任的新技术。它起源于比特币。2008年一篇题为《比特币：一种点对点的电子现金系统》（作者中本聪）的论文，阐述了基于P2P网络技术、加密技术、时间戳技术、区块链技术等的电子现金系统的构架理念，标志着比特币的诞生。在随后的几年，区块链成为电子货币比特币的核心组成部分：作为所有交易的公共账簿。通过利用点对点网络和分布式时间戳服务器，区块链数据库能够进行自主管理。为比特币而发明的区块链使它成为第一个解决重复消费问题的数字货币。

区块链的关键技术是分布式数据存储、点对点传输、共识机制、加密算法等计算机技术的新型应用模式，其本质就是"去中心化"。它通过程序员敲代码形成的网络，各方相互合作交易均可直接对接完成，不需要靠第三方平台，也就省去了中间的一些程序和费用（省时省力还省钱），但为了合作或交易的安全，系统会将每一个参与者的动作传播给所有参与者，保障了整个过程的安全、透明，解决了信任问题。因此，综合起来，区块链技术相当于一个持久可靠、有内部通信和同步功能的分布式账本日志。

区块链是利用数据深度的挖掘和分析而创造出来的一种黑科技，它自带光环，从底层应用开始为诸多问题和需求提供完美的解决方案。汽车行业应用区块链技术，将彻底改变其各方面的面貌。

1）汽车供应链和制造业区块链。很多汽车制造商已经在探索供应链管理领域使用区块链技术。区块链网络数据库可以将汽车制造过程中使用的零件记录下来，可以帮助制造企业区分人类和机器人对汽车零件制造的参与度。经销商还可以将这些数据交付给车主。

2）AI和无人驾驶汽车。如果无人驾驶汽车成为现实，那么区块链还可以实现更多价值。AI技术在使用时需要进行大量的、毫秒级别决策，而使用区块链可以追踪AI决策指令，及时发现事故发生时的情况。

3）基于区块链的共享汽车。基于区块链的"智能合约"可增加汽车与乘客之间的透明度和信任度。共享汽车利用区块链的点对点通信，依赖每个用户节点，去中心化平台。当用完车后，可在随意地点还车结算。通过使用区块链技术可采用虚拟货币进行结算，收集用户的用车习惯，并记录车辆的状况传送到区块链信息中，从而获得更多关于用户的驾驶习惯，以及车辆的管理和维护细节。

4）基于区块链的P2P租车。P2P租车使用区块链技术之后，将每个用户和车主作为节点。通过去中心化，当车主的车辆处于闲置时，可以把它租用给其他用户，并通过区块链的智能计算和比特币进行车费和收益支付。所有过程的参与者，无论是车主还是用户，不用通过第三方平台建立关联。区块链技术最终将取代传统P2P租车平台。

5）车辆维护和修理中的区块链。使用区块链可以简化汽车的保养和修理。技师可以轻松查看每辆车的保养修理记录，查看可以使用哪些配件，并在同一辆车内记录自己的维修操作。这种记录可以减少汽车在制造或维修中出现"山寨"部件的可能性，也有助于增加车主对汽车维修流程的信任。

6）基于区块链的许可和注册。如果汽车制造商可以在区块链上记录注册车辆，那么社会也可以使用区块链系统来跟踪车辆所有权。这种综合系统将有助于减少汽车盗窃案件的发生，并增加消费者对二手车交易的信任度。从技术上讲，区块链可以实现人类所有具备价值的物品登记与追踪。

7）保险、税费、拥堵费和其他基于汽车的费用。区块链可以将汽车各类费用完全数据化。如果车主在不同城市开车时发生堵车，可以通过数字钱包自动支付拥堵费。此外，保险公司也可以更好地了解事故发生的情况，减少虚假索赔事件的发生。位置跟踪服务还可以准确无误地记录汽车的使用和里程。

区块链未来会成为汽车产业的基础设施，汽车产业充分利用物联网、云加密、大数据、人工智能、区块链等技术，将形成新型的模式和架构，彻底颠覆传统的汽车产业、汽车企业以及汽车社会。

薄膜电池汽车：移动能源的革命

随着薄膜太阳能技术的不断突破，移动能源概念似乎将随处可见。从技术突破到产业应用，再到逐步商业化，薄膜太阳能技术在多年的酝酿后似乎正迎来临界点，主要特征是以薄膜太阳能为核心技术的移动能源产业正在逐渐成熟。譬如，薄膜太阳能汽车不用汽油，在阳光下边行驶边充电，摆脱了对化石能源和充电桩的依赖；还有飞机、船舶、手机、平板计算机、背包、帐篷、衣服、建筑墙、瓦片等均可利用太阳能发电，即每一个个体都可能成为发电主体，能源利用变得更方便、更环保、更智能，能源生产和消费方式在悄然改变。

移动能源是以可移动的分布式发电技术为基础，通过储能、控制、信息通信等技术的有机结合，实现能源的可移动、全天候、高效率供应，是分布式发电进一步小型化、分散化的应用形式。作为后起之秀的黑科技——薄膜太阳能电池，因其光电转换材料仅有几微米厚的轻、柔、薄特性，制造工艺相对简化，生产成本有所降低，一直受到学术界和汽车界的瞩目，具有灿烂的发展前景。作为移动能源硬核技术的薄膜电池，最适合用作电动汽车的动力源，可解决电动汽车发展中困扰的"里程焦虑"和"充电难"问题。

薄膜太阳能模块是由玻璃基板、金属层、透明导电层、电器功能盒、胶合材料、半导体层等所构成的。薄膜太阳能电池制造能耗低、质量轻、光电转换效率较高，可根据用途使用软性基底制造，近年来其技术发展迅速。

太阳能汽车的电池主要分为晶体硅电池和薄膜电池两类。其中，薄膜电池常用的有非晶硅电池、铜铟镓硒 (CIGS) 合金电池和碲化镉电池等。

相对而言，成本较低的太阳能汽车薄膜电池在近几年吸引了更多的关注，一方面是因为薄膜太阳能电池的原材料诸如玻璃、塑料、陶瓷、石墨等成本低廉，便于大面积连续生产，可以形成微米级的薄膜厚度，实验室转换效率取得了突破性的进展；另一方面是因为，薄膜太阳能电池不仅可以制成平面结构，而且由于具有可挠性，还可以制成非平面构造，如汽车等表面，大大增加了其可应用范围。因此，薄膜电池越来越受到人们的重视，并被认为是未来太阳能汽车电池的发展方向。

非晶硅电池、铜铟镓硒合金电池和碲化镉电池是目前公认性价比较高的薄膜太阳能电池。其中发展最快、高效、低成本、可大规模工业化生产的是铜铟镓硒合金薄膜太阳能电池。铜铟镓硒薄膜太阳能电池作为第三代太阳能电池，与第一、第二代的单晶硅、多晶硅、非晶硅电池相比，优势主要体现在以下几个方面：

1）制备难度和成本相对较低。

2）对可见光的吸收系数高，优于其他电池材料。

3）较高的光电转换效率。玻璃衬底的 CIGS 薄膜太阳能电池实验室转换效率已超过 20%。

4）长期稳定性好。试验证明，CIGS 薄膜太阳能电池在室外条件下可连续使用三年，且性能并没有衰减。

5）弱光发电性好。CIGS 薄膜太阳能电池在晨昏时段、阴天、冬季，仍具有相当的发电能力，其弱光发电能力优于其他类型的太阳能电池。

6）抗辐射能力强。CIGS 电池可自我修复由于辐射造成的损伤，适合用作空间电源。

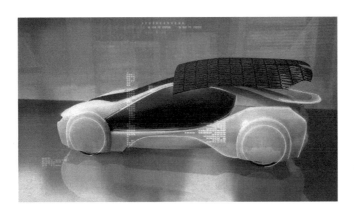

薄膜电池是未来太阳能汽车电池的发展方向

7）用途广泛。CIGS 材料的光吸收层可做得很薄，沉积在金属箔或高分子聚合物薄膜基底上，制成各种柔性薄膜电池，具有质量轻、可折叠卷曲、不怕摔碰等优点。可用于建筑、帐篷、可穿戴移动设备以及太阳能汽车。

随着材料技术的发展，太阳能汽车薄膜电池可实现的能量转换效率越来越高。德国 MANZ 集团研制的铜铟镓硒薄膜太阳能电池的实验室转换效率已达 21.7%，汉能集团的铜铟镓硒组件最高转化率也达到 21%。薄膜发电技术转化率最高的世界纪录是砷化镓组件，其通过美国国家可再生能源实验室认证的最高转化率是 30.8%。在未来太阳能薄膜电池的发展中，铜铟镓硒薄膜电池或许将以低成本、高效率成为新的亮点。

未来的汽车是智能移动的微储能点和微电源。薄膜电池汽车通过智能电网的衔接，可以与再生能源形成最佳组合。薄膜电池汽车是解决可再生能源间歇性的最后根本途径。

改变汽车的 100 个 黑科技

飞驰在真空管中的"胶囊车"

2013 年 7 月，美国电动汽车公司特斯拉和美国科技公司 ET3 相继公布了"超级高铁（Hyperloop）"设想和"胶囊车"计划。虽然名称不同，但二者的核心原理一样，都是利用"真空管道运输"的概念，建造一种全新的交通工具。埃隆·马斯克第一次公开谈论超级高铁，他认为，这种继汽车、飞机、火车和船舶之后第五种运输方式将是飞机、磁悬浮与空气曲棍球⊖桌的融合。人们将乘坐置于低压管中由空气支撑的豆荚状胶囊，及被"磁性直线加速器"驱动的交通工具。这种交通工具行使速度是飞机的两倍、子弹头列车的 3 至 4 倍。置身"胶囊"般的车厢，就像炮弹一样从车站发射，逐渐加速至每小时 6500 千米，从纽约至北京只需两小时，环球旅行也仅 6 小时。埃隆·马斯克的真空管道运输方案称"胶囊车"，是铝质材料制成的，长约 4.87 米，高约 1.5 米，可以设置 4 至 6 个座椅，重约 183 千克。"胶囊车"在封闭的真空管道中运行，几乎不存在与空气的摩擦力。

真空管道运输是一种极具潜力的运输方式，从其极高速度、极低能耗、极低噪声、极低污染和较高安全性等方面来看，它比现有的水运、铁路、公路、航空等运输方式都更具有优越性和发展前景。从技术上来看，实现真空管道运输系统比航天飞行和太空探索都容

⊖ Air Hockey，空气曲棍球，一种电子游戏，也称桌面冰球、迷你冰球、桌上曲棍球、气旋球等。

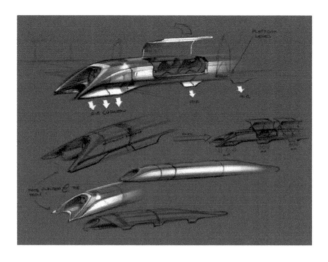

"胶囊车"

易得多，而且所需要的技术都是今天我们的时代所拥有的。真空管道运输系统的建成以及在全球的普及与应用，将是继火车、汽车、飞机和信息技术之后人类的又一大福音。更重要的是，将使我们今天面临的交通困境从根本上得以解决，也将给全球经济与社会生活方式带来全新的变化。

真空管道运输是 1922 年德国工程师赫尔曼·肯培尔在提出"磁悬浮车"概念时同时提出的设想。由于真空管道运输跟高速磁悬浮车密不可分的联系，所以有时也叫作"真空管道高速磁悬浮交通"。

真空管道运输的原理并不复杂。众所周知，在地表稠密的大气层中，高速交通工具运行时受到接触摩擦和空气摩擦的影响，目前最高速度仅为 500 千米 / 时左右。如何提升速度？只有降低摩擦。真空管道运输就是在地面或地下建造一条密闭的管道，用真空泵将其抽成真空或部分真空，利用磁悬浮技术使运载工具在其中无接触、无摩擦地运行，达到点对点的传送运输。

据称，"胶囊车"高效的能量利用使其运输成本大幅度下降。首先，利用直线电机将运载舱体加速至一定速度后，舱体能够依靠惯性在真空管道中运行，并不需要任何额外的能量，在乘客即将到站需要减速时，舱体的现有动能又可通过直线电机进行能量回收和再利用，运输成本仅为高速铁路的十分之一。

目前，连接两个目的地的真空管道与高速铁路一样搭建在地上，凡是有道路的地方，就可以有两根管道，供两个方向行驶。按照预想，真空管道或许还能"附着"在已经建成的高速架桥上，从而节省路线资源与基础设施的搭建成本。ET3 公司称："相比昂贵的机票价格，胶囊列车能将从旧金山至纽约的旅行费用降至 100 美元。"

与航空行程相比，真空管道运输不受天气因素影响，不会发生航班延误、取消等情况，埃隆·马斯克说："超级高铁不需要预订座位，可以直接乘车出发。"此外，据介绍，在真空管道沿线处每隔一定距离还设有安全舱，当车辆发生故障停止，或是密封舱体失压时，乘客可从安全舱逃离，躲避危险。

目前，国际上具有代表性的真空管道交通技术方案有三种：一是采用常导电磁悬浮的瑞士 Swissmetro 方案；二是采用气动 / 永磁悬浮和轮轨列车的美国 Hyperloop 系统计划（埃隆·马斯克）；三是采用高温超导磁悬浮技术的美国 ET3 和我国西南交通大学方案。

跟现有的运输工具（飞机、火车、汽车等）相比，真空管道磁浮交通具有以下优越性：

1）快速。例如纽约到洛杉矶，仅需 45 分钟；本地旅行速度350 千米 / 时，城际间旅行速度 1000 千米 / 时，国际间旅行速度大于 4000 千米 / 时。

2）方便。连续运行，可以在任何时候搭乘，没有时刻表，不需要遵循交通部门制订的出发时间；没有延迟与停止，到任何目的地均为直达。

3）高效节能。在一定速度下，能耗只有当前运输能耗的 1%；材料节省达 90%。

4）清洁。环境友好，使用可再生能源——少量电力，可持续性好，由于管道中抽成真空，自然形成隔声屏障，以至于无任何对外噪声。

5）安全。消除了相撞的可能性，不受任何气候条件影响，不会因不良天气而中断。

6）现实可行。所有建设真空管道运输的设备都是现成的；所涉及的各项技术都已投入商业应用。

磁悬浮"空中汽车"

在未来城市里，如果置身于一个舒适、静音、绿色环保的车厢，在高楼之间的空中来往穿梭，这是多么神奇的幻想。这个幻想将被"空中汽车公司（SkyTran）"计划变为现实。推出这一计划的公司不仅设计了一种全新的交通工具，而且彻底推动了新的城市规划，提供了一种未来可能运用到其他许多领域的技术。如果运行顺利，这不啻是一场革命。

SkyTran 项目公司位于加州山景城（Mountain View）的美国航空航天局艾姆斯研究中心内。该研究中心坐落在硅谷的中心地带，走进 SkyTran 项目办公室，第一眼并没有看到十分惊艳的景象。在一个角落里陈列着一种外形圆润、类似太空船舱的东西，有点像滑雪场缆车的车体。这个按照真实比例制成的空中汽车模型可以容纳两个人。

SkyTran 的设想是在一个街区、一个机场、一个城市，甚至是一个国家范围内，构建一个空中的轨道网络。这些轨道由柱台相连，车厢能承载 2 至 4 人，从 A 点运送到 B 点。乘客可以通过应用程序预订运送服务，从最近的车站上车，行驶速度为 100 至 200 千米 / 时。车站位于地面、空中或者地下。为什么说这一系统将胜过其他一切交通工具呢？原因有二：首先，这是一种已成熟的技术；其次，整体费用不贵。概括"空中汽车"项目的优势所在是"铝"。轨道和车厢都是由这种质轻而价廉的铝金属制成，只有支撑轨道的柱台是

"空中汽车"在城市空中穿梭

SkyTran 空中汽车模型

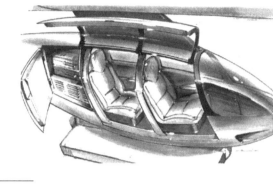

SkyTran 空中汽车效果图

由坚固的钢材制成的。铝的质量轻和导电性能佳的特点可以使车厢速度更快，耗能更少。最理想的状态是这种能源来自风能或是太阳能。

"空中汽车"的驱动动力是使用磁悬浮技术。磁悬浮技术于 20 世纪 60 年代被发明之后，并未有过新的进展，正是磁悬浮"空中汽车"添加了铝材料这个具有革命性的发明将铝变得有磁性，才得以实现。"空中汽车"项目公司声称，新技术的使用只需要现在混合动力汽车能耗的三分之一，因为空中汽车的重量仅有 300 磅（1 磅等于 0.454 千克）。

"空中汽车"确认修建 1.6 千米的轨道需要花费 900 万美元。如果比较 1.6 千米高速公路（4000 万美元）、1.6 千米铁路（1 亿美元）、1.6 千米高速铁路，这一数字并不昂贵。尤其是铺设轨道并不需要购买土地，只需要架设柱台。至于乘客，只需支付大约相当于一张公交车票或地铁票的钱。

"空中汽车"计划从地面上空建立起一个网格状的系统，用多样的"驶出闸道"作为"车站"，让已经提前在数据库系统中留下预订信息的乘客能够顺利享受到来自天空的出租车服务。只要拨打电话，一辆完全由计算机控制的，长得像豌豆荚一样的磁悬浮汽车就会出现在乘客面前。它会带乘客飞跃于城市上空，向目的地奔驰。如今对于许多大型城市来说，交通拥堵已经成为一个越来越普遍的问题。"空中汽车"计划，似乎是一个不错的解决方案。据报道，这种交通工具拥有无人驾驶导航系统，在城市的街道上空顺着高架铁轨构成的网路滑行——这就是"空中汽车"的优势。

"流动城市"：公交新概念

所谓"流动城市"，是由"流动街道"组成的。目前，所有城市的街道都是固定不动的，运动的是人和车。当人车不动，而街道运动时，就形成了"流动街道"。数十上百条"流动街道"组合起来，便是我们的"流动城市"，即街道像"河流"一样流动，而城市成为人流的"水系"。

"流动城市"系统概念和方案正是使用高速传送带作为骨干线路的全新公交系统。它就是利用一种早已成熟的技术——（机场里经常看到的自动人行道作为基础）来构架整个城市的交通网络。这个网络有着地铁的运输效率，却只需要地铁 1/15 的成本和 1/5 的建造周期。"流动城市"系统概念和方案已经获得中国国家专利授权，属于中国自有知识产权技术。

作为完整的运输网络系统，"流动城市"主要由运输网络、运输对象、控制系统、引导系统四部分组成。

（1）运输网络

运输网络包含主线路、出入线路、换乘线路三部分。各线路均架设在基础结构（桥梁、隧道）上，由每段 5 至 20 米长、1 至 2 米宽的电动传送带拼接组合构造而成。其中主线路、换乘线路设置为固定匀速运动传送带线路，而出入线路为逐级增或减的变速传送带线路。全部线路均在基础结构外围采取玻璃幕墙等透光材料设置外墙及顶面，以避免风吹雨淋。

主线路为整个运输网络中运行速度最高、流量最大的骨干部分。按照该系统的运输能力和可达性，在城市市区的主线路规划布置可以达到每两条平行主线路间距 600 米左右。主线路基础结构分高架和地埋两种，分别类似微型的高架轨道系统和地铁系统，运量与轨道系统近似，而工程量要小很多。

出入线路为本系统从地面静止处连接主线路的连接线路段。出入线路网络无须考虑运输的加减速，而是在任何能够满足站台段出入长度的地方均可设置出入线路。

（2）运输对象

运输对象包括行人与定制小车，即乘客可选择两种方式搭乘，一是直接步行搭乘，二是乘坐定制小车随小车自动运行。

（3）控制系统

与一般轨道交通的控制系统有所不同的是，该控制系统除了票卡检测处的乘客人数统计外，重点在各线路的线台段设置摄像头及重量传感器，将数据传送到控制中心。控制中心服务器根据各站台段的流量数据汇总，系统自动确定是否暂时关闭某个出入线路的入口，从而控制主线路各段的流量正常，保证系统的安全运转。

（4）引导系统

引导系统包含指示牌、指示灯、指示屏幕等指示设备，安装于每个需要提示运输对象的地方，如出入线路的入口外和出口前、主线路将到达某出入线路站台段之前、主线路将到达某换乘线路站台段之前、定制小车的指示屏幕和提示喇叭等。

"流动城市"通过匀速运行、不减速换乘，完全避免了时间的浪费；通过业主申请修建传送带支线，可减少乘客从站点步行到目的地的时间，甚至能够直接抵达商场、写字楼、住宅小区的内部。这是其他公交工具所不能想象的。尽管"流动城市"还是一个概念，其技术也是成熟的，但它的方案探索和幻想无疑具有黑科技的魔幻色彩。

发明一百多年之久的福特流水生产线的传送带，已经是非常成熟可靠的常规技术，而把这样的常规技术稍做改进，就能对城市交通发挥重要作用。无论从哪个方面来看，"流动城市"或许会给每个城市的交通带来一个光明的未来。

"斑马"：行驶在互联网上的汽车

斑马智能系统 3.0 是基于 AliOS 的斑马智行解决方案，旨在让汽车蜕变成拥有智慧生命的出行伙伴。

斑马智能系统实际上是扮演一个赋能平台的角色，它好比是行走在道路上的阿里巴巴旗下的"天猫"。斑马智能系统通过平台链接到阿里巴巴以及其他互联网生态，能够与汽车整车企业、供应商、内容和服务提供商等各方合作，让斑马操作系统和相应的能力在各

荣威 RX5

斑马智能系统 3.0

端搭载，从而吸引更多的服务及应用提供者，开发优质的移动创新服务与场景，并直达用户。服务与内容提供者能够与用户通过人机交互的方式建立直达关系，当这种直达关系足够多的时候，就会产生交易。而随着交易呈指数级增长，汽车整车企业、供应商、内容和服务提供商都会从中受益，斑马智能系统也就因此受益了。

（1）斑马智能系统最有代表性的五个场景

1）用数据说话的智慧车险。①理赔服务场景：斑马智能系统可以实现保险公司与用户"在线"智能连接，在事故报案、定损查勘等方面建立更为通畅的服务。同时，根据斑马车况在线数据，可实现对异常车况的精准判断，如发生危险时，车辆将自动预警，平台将按预定程序通知紧急联络人、交警、救援机构及保险公司，为保险公司控制成本。②延保服务场景：斑马智能系统可以根据车辆在全生命周期中的零部件使用频次、损耗情况帮助保险公司推出个性化创新的延保产品。③驾驶行为车险场景：基于未来车险市场的费率逐步放开，斑马智能系统可以利用行车数据，同时结合保险公司的理赔数据，有效预测车辆出险概率，帮助保险公司制定驾驶行为车险产品的精算模型，为其发展提前研究。

2）智慧加油。通过斑马智能系统与加油站系统的打通，车主加油不需要现金、手机、银行卡，可直接在车机上完成支付。汽车驶入加油站时，斑马智能系统的地理围栏就会自动识别车辆位置，用户熄火挂空档，即可触发智慧加油功能，弹出服务界面。用户在加完油后，选择加油枪号，输入金额，确认订单，用支付宝支付，最后打印小票。

3）智慧停车（无感支付）。斑马智慧停车，即车主进出支持智慧停车的停车场时，不需要停车取卡、排队缴费出场，而是在入场时，通过智能设备的图像识别技术，系统自动识别车牌，自动抬杆入场，并开始计算费用。出场时，通过斑马车机和支付宝进行绑定，斑马平台自动代扣停车费，停车杆自动抬杆，车主享受不停车进出停车场。

4）智能备件维修。后台通过云端，实施监控并分析总线上各个零部件的数据，可以对零部件健康状况进行预警，并可清楚地知道问题部件所属汽车的编码以及车主，同时可以了解问题部件的身份信息。

5）无缝场景切换。斑马汽车让每一辆车都与车主的淘宝／支付宝账号背后的身份证号直接关联，可通过车载终端实现全新的连贯生活体验。全程不需要发出任何指令，会完全基于人工智能技术无缝自然地呈现出来。

（2）斑马汽车的发展路径

如果把互联网汽车的发展路径分为四个阶段，那么如今的它仍处在1.0向2.0的过渡阶段，未来还有相当长的路要走。

1）1.0阶段，网联化——云端一体化操作系统。斑马智能系统的云端一体化可以更动态、更合理地分配云和端的存储资源、计算资源，借助云上的计算和存储能力大大减轻车端的压力，可最大限度延长在车端的硬件使用生命周期。用户个人的互联网账户体系与车绑定，实现连贯的服务场景以及服务找人。

2）2.0阶段，一体化——跑在总线上的操作系统。斑马智能系统是运行在汽车总线上的，未来斑马智能系统将深入汽车总线，接入所有包括发动机、变速器、仪表板、油箱、安全气囊车身电子控制模块在内的车辆核心数据。通过与汽车总线的融合，这些电器元件都可通过网络实现性能表现的优化，为车主实现诸如个性化的发动机调校、用车习惯学习等多方面的体验升级，这样就能做到车辆的千人千面。

3）3.0阶段，智能化——线上／线下智能融合。随着无人驾驶技术的逐步成熟，要求汽车对周边环境更为敏感，可对环境的变化做出实时的反馈。线下智能则扮演的是汽车神经末梢的角色，比如当前方有障碍物时需要立即制动，雷达采集的数据通过线下智能实时做出判断，从而大大减少制动时间，降低发生故障的概率。而基于云计算的线上智能则是负责路线规划、导航等工作。只有线上线下智能的相互配合才能既能保证路线正确，又能避免交通事故的发生。

4）4.0 阶段，全生态——系统中的系统。斑马智能系统的最终愿景是撬动全产业互联网的升级。斑马智能系统目前已经与加油站、停车场、4S 店展开合作，尝试以用户（车主）需求为驱动，通过服务与业务场景的对接驱动其信息化的升级。4.0 阶段，斑马智能系统将打通更多传统行业的"脉络"，通过不同行业、场景、汽车、车主信息间的流转，形成数字驱动的斑马服务生态，直至打造一个跑在公路上的"移动智慧城市"。

改变汽车的
100个
黑科技

HiCar：人－车－家智能互联

2019 年 8 月发布的华为 HiCar 是新推出的人－车－家全场景智慧互联解决方案，可让手机、汽车以及更多家庭智能设备具备互联互通的能力。

据悉，华为 HiCar 定义为车机互联 2.0，不仅为手机与车机互联建立了通道，还将手机的应用和服务延展到了汽车，让汽车和手机、其他物联网设备之间实现了互联。华为 HiCar 是一个开放的平台解决方案，让消费者、汽车企业和一级供应商、应用开发者等共同聚集在华为 HiCar 平台，形成共享生态。

1）对消费者：华为 HiCar 依托华为的跨终端分布式能力，在手机和车机之间建立快速连接通道，把手机和汽车的硬件资源、系统能力、服务生态快速融合在一起，让消费者感觉所有设备像一个虚

华为 HiCar 实现人－车－家
智能互联

拟超级设备。同时，基于华为终端分布式平台，出行场景与其他场景（办公、家庭等）保持紧密衔接，跨设备协同实现最佳体验，构建了全场景的智能座舱服务系统。

2）对汽车企业和一级供应商：基于华为 HiCar，汽车企业可以低成本引入手机等外部设备的计算能力、移动互联网全生态服务及全场景智慧生活，完成智能座舱体验升级，使得汽车企业和一级供应商核心平台能力实现批量复制，研发成本和周期降低。

3）对应用开发者：华为 HiCar 提供了平台，不仅使应用能快速、便捷接入，还提供了应用开发者进行服务升级和快速创新的能力。同时，通过用户运营、渠道推广、产品优化等工作，实现消费者与开发者、开发者与开发者的良性互动，降低开发者开发成本及运营推广成本。

华为 HiCar 可支持数十家车厂（包括前装、后装）的上百种车型，可支持导航、音乐、智能家居、有声读物、驾驶关怀五大类 App，生态还在进一步扩展中。

华为 HiCar 面向开发者提供 App 的入口、情景卡片式入口、语音交互入口、手势交互入口等多种人机交互入口。华为 HiCar 整合丰富的手机和车机后的硬件资源，并封装成应用程序接口给开发者使用。开发者通过华为 HiCar 平台快速接入汽车和手机融合后的硬件环境，不需要关心硬件的复杂性，保持应用对于底层硬件变化的透明和无感，确保丰富的手机应用可以在汽车的环境下无缝使用。

华为 HiCar 智能互联解决方案的核心是"4S 重新定义互联"。

1）Safety：安全，将出行安全作为基线，在交互设计标准和技术实现中植入安全交互基因，并提供驾驶者异常行为检测等主动安全能力。

2）Smart Connection：无感连接，提供高速、极简的连接；引流手机用户到车。

3）Seamless Experience：车内和车外的一致体验，采用分布式核心平台能力。消费者不需要关注资源是谁提供，只享受提供的服务。不同场景下的无缝切换，实际是应用和服务可以在多设备之间无缝流转。

4）Resource Sharing：资源共享，硬件互助，例如手机 AI 算力共享；汽车有更好的通信天线，和手机的通信能力结合；导航时综合使用车机、手机 GPS 数据更精确地导航；语音交互时综合手机和车机各自的优势，在语音唤醒、语音识别等能力上取长补短，达到单设备做不到的更好的效果。

与华为 HiCar 一并诞生的还有鸿蒙 OS，华为 HiCar 是一套互联方案，而鸿蒙 OS 是一套系统，并且鸿蒙 OS 将率先应用在智能手表、智慧屏、车载设备、智能音箱等智能终端上。据透露，将发布的鸿蒙 OS 2.0 正式支持车机。也就是说，在鸿蒙 OS "上车"之前，华为 HiCar 将优先在汽车上实现应用。

人工智能、云服务、大数据、人机交互技术在汽车行业的赋能是一个必将到来的节点，因为万物互联是一个不可逆时代趋势，像华为 HiCar 提出的这种"车控家"的理念就是想表达在"智能家居"领域，汽车是最后被接入一环的思想。

"胶囊旅行"概念

万变胶囊是漫画《七龙珠》里面，布尔玛家族企业所研制开发的一种高科技产品，小小的胶囊可以装下或演变成自由移动的房屋、工具、飞机、摩托、汽车等。而在如今的现实世界里，通过概念车 Concept A Active-agility，诠释了能够上天、下海、入地的胶囊旅行概念车。

2018 年 10 月 22 日，Concept A Active-agility 和 Concept H Hypervelocity 等概念车以及其他黑科技概念隆重推出。全新联结概念车 Concept A Active-agility 提出的概念是：个人自由和群体生活完美平衡的旅行胶囊。这款概念车展现了力求实现高度灵活的未来出行方式的理念。它特有的城市多元出行载体 POD-System，使路上行驶及融入社区形成系统交通的一部分。它不仅是一辆车，更是一个现实世界综合出行的工具。这一概念基于实现人们出行的旅行胶囊，它和各种不同的出行系统首尾相连，即可形成不同的交通出行模式。考虑到有些地方的公路交通系统尚不完善，Concept A Active-agility 可适用于陆地上公路和越野驾驶。此外，还可采用独特的、利用单轨系统行驶的方式，以适应密集城市区域。然而这并不是唯一的轨道行驶的方式。旅行胶囊还可装载于特制的胶囊铁路车厢中，使乘坐者能够更为经济、快捷地到达更远的目的地。这一概念的灵活性还体现在其可用于水上出行的解决方案。旅行胶囊装载于喷水推进式船艇上，不仅提供了更高的灵活性，也可以在未

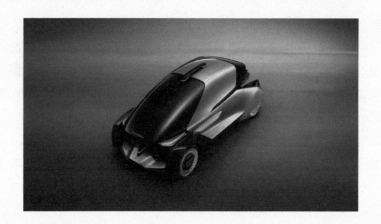

来减少建造更多造价昂贵的路桥。

除了下海，空中高速飞行的美妙感觉更是无与伦比。Concept A Active-agility 的空中出行方案可为单个旅行胶囊提供更远的出行服务。同时，它同样具有自动驾驶模式，通过其架设在车辆顶部的富有未来设计感的激光雷达得以实现。在用于陆地出行的旅行胶囊上，还有更多创新技术的应用，例如设计独特的后轮挡板，可提升空气动力效率；前轮挡板和乘客舱之间有空气流动通道设计等。

Concept A Active-agility 的内饰新意十足、特点突出。其中，颇为引人注目的是安装于正中位置的全息网际互联协议（Internet Protocol，IP）信息系统。该系统可以为所有乘用者，根据其偏好进行量身定制。可使用安装在车身外部的摄像机来传输旅行胶囊外部的视觉场景，打造一种透明车身的感觉。在空中和喷射艇模式下，这一体验将更加令人惊艳。而不同胶囊之间可以共享该视频信息并投影在车内屏幕上，让其他在陆地上行驶的旅行胶囊也可以欣赏到空中或水下旅行的场景。

特斯拉与埃隆·马斯克

2019 年 5 月 24 日 10 点 30 分，埃隆·马斯克旗下美国太空探索技术公司（SpaceX）的猎鹰 9 号火箭将 60 颗"星链（Starlink）"卫星发射升空。"星链"计划是 SpaceX 于 2015 年启动的项目，该计划通过向太空发射约 1.2 万颗卫星搭建"人造星座"，重建全球互联网，实现人人接入。

紧接着，5 月 31 日，特斯拉中国官网宣布，中国版的特斯拉 Model3 开始接受预订，起售价 32.8 万元，预计 6 至 10 个月内交付。而特斯拉公司 2018 年 10 月才刚落地上海，翌年年初特斯拉上海超级工厂才开始建设，"2019 年年底实现小规模投产、2020 年实现大规模量产"，马斯克的承诺似乎正在飞速实现。而之前的 2018 年 2 月 6 日，"钢铁侠"马斯克利用 SpaceX 猎鹰重型火箭将特斯拉 Roadster 送上了太空，使 Roadster 成为人类历史上第一辆脱离了地球引力的量产汽车。

确实，作为特斯拉汽车和 SpaceX 的首席执行官，埃隆·马斯克正以其黑科技魔效颠覆或重构全球各个领域。他的项目几乎涵盖了所有能想到的行业和全球问题，他想要实现的愿景也远比传统企业家更为宏大开阔。马斯克已成为黑科技的代名词。他的研发涉及新能源汽车、交通运输、绿色能源、机械制造、网络通信、太空宇航，

特斯拉汽车工厂

他甚至将研究触角伸向深邃莫测的宇宙星空和人类命运，计划要把火星开拓成殖民地，并预言人工智能可能会将人类变成宠物，等等。而人们更喜欢称马斯克为"硅谷钢铁侠"。[⊖]

想象是成功的翅膀。马斯克自幼喜欢读书，尤其是科幻小说，对于未来的想象，都来自于他所阅读的科幻小说。读遍了科幻小说，他崇敬和迷上了历史上的科学伟人，比如尼古拉·特斯拉、爱迪生、爱因斯坦、牛顿……他说："如果有一天，我有一个改变世界的发明，我一定用特斯拉的名字。"多年后，特斯拉电动汽车果然兑现了他少年时的诺言。

颠覆性的创新是马斯克成功的基础。马斯克的创新无疑都是颠覆性的。他建立了一个 zip2 公司，引起了新媒体的改革；他构建的在线内容出版软件，引入了在线黄页，同时在后期与 Navtep 电子地图公司合作，演变为今日的谷歌地图；他拿着用 zip2 赚到的 3.8 亿美元资产投入了 X.com 公司，而该公司最大的贡献便是 PayPal，即在线支付——又一个革命性的互联网变革；他发布的第一代 iPhone，挑战当时如日中天的诺基亚，从此，智能手机的兴起悄悄拉开了移动互联网大时代。后来，AlphaGo 又以巨大优势击败了世界围棋高手，宣告了人工智能时代的来临。他进军电动汽车市场，2009 年研制出了 7 辆 Tesla Model S 量产车，并坚持不舍不弃。如今，全球兴起了新能源汽车风暴，特斯拉正是其当之无愧的领袖；他创办的 space X，成为世界上第一家把飞船送入低地球轨道并成功重返大气层的民间商业公司，拥有目前现役火箭中运力最强的火箭型号"重型猎鹰"；此外，超过 1100 千米 / 时运营速度的超级高铁，马斯克也正在积极推进中……

马斯克被称为杰出的企业家、科学家、实干家和慈善家。从"加速世界向可持续能源的转变"的特斯拉，到准备执行"殖民火星"计划的"重型猎鹰"火箭和"龙飞船"，马斯克所从事的事情是既崇高又魔幻的，他总是站在人类未来的高度去想问题、做事情。有人说，马斯克是从火星而来，他是来解救全人类的。当某一天地球爆炸，火星是人类最好的归宿。马斯克自己也曾表示，自己想"死在火星上"。如今，马斯克的"殖民火星计划"正在有序推进，相信不久的将来，我们也许真的可以乘坐马斯克的飞船去"殖民火星"了。

⊖ 电影《钢铁侠 2》导演乔恩·费夫洛直言：该电影的主要人物原型就是马斯克。他说："'钢铁侠'总是经历苦难才能获胜，而马斯克改变人类未来的冒险，同样也在残酷的现实世界里不断挑战着"不可能的事情"。

硅谷：汽车黑科技圣地

硅谷（Silicon Valley）位于美国加利福尼亚北部的大都会区旧金山湾区南面，是高科技机构云集的圣塔克拉拉谷的别称。它因最早研究和生产以硅为基础的半导体芯片之地而得名。硅谷地理位置优越，环境优美，气候宜人，交通便利。它拥有卓越的创新环境和创新文化，是全世界创新人才集聚高地。特别是与底特律的不景气形成对比，近年来，硅谷逐渐成为接棒美国汽车业创新的黑科技圣地。

一个世纪前，硅谷还是一片果园。但自从英特尔、苹果公司、谷歌、脸书（Facebook）、雅虎等高科技公司的总部在此落户之后，出现了众多繁华的市镇。在短短的几十年之内，从硅谷走出了大批科技富翁。硅谷是当今电子工业和计算机业的王国，尽管美国和世界其他高新技术区都在不断发展壮大，但硅谷依然是世界高新技术创新和发展的开创者和中心。硅谷的主要区位特点是拥有附近一些具有雄厚科研力量的美国顶尖大学作为依托，如斯坦福大学和加州大学伯克利分校、圣塔克拉拉大学以及加州大学系统的其他几所大学。结构上，硅谷以高新技术中小公司群为基础，同时拥有谷歌、脸书、惠普、英特尔、苹果、思科、英伟达、甲骨文、特斯拉、雅虎等大公司，融科学、技术、生产为一体。硅谷的计算机公司大约有 1500 家。20 世纪 90 年代的计算机网络革命浪潮中，硅谷扮演了重要角色，推动了互联网以及个人计算机的发展。从此，硅谷贴上了"改变世界"的黑科技标签。

与此同时，硅谷也正在发生一些有趣的现象。硅谷地区的很多公司正在"入侵"汽车行业，首先是特斯拉，接着是谷歌、优步（Uber），如今轮到了苹果。据报道，苹果公司已经秘密组建了一支 200 人的汽车研发团队，并用高薪和福利吸引汽车行业的优秀人才。那为什么苹果这家在消费电子领域做得风生水起，又是全球最赚钱的公司之一，要进入汽车领域呢？原因并不复杂。随着汽车传统硬件造价降低，工艺简化，汽车的核心价值体现于芯片、传感器、软件等几个方面。而这就像如今的计算机一样。传统汽车有太多零部件，这可能是新型汽车企业的机会。长期以来，公众普遍认为，汽车制造行业技术门槛高，也不容易盈利。但在机器人技术、3D 打印、计

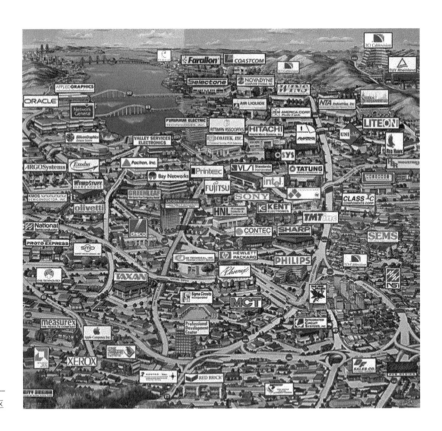

硅谷是高科技企业聚集区

算机辅助工业技术的作用下，整个汽车制造行业的规则已经发生了改变。

比如，Local Motors 这家"另类"的 3D 汽车制造商，它没有宏大的研发中心，没有庞大的组装车间，也没有强大的营销团队，但他们要做的却是"引领下一代汽车的设计与制造，以颠覆性的产品、前所未有的服务彻底变革整个行业"。未来，Local Motors 要把汽车上千个零件减少到 20 多个。大多数汽车公司的零件来源于各式各样的供应商。想象一下，如果这 20 多个零件能自己生产，这该是多简单！

埃隆·马斯克创立的 Space X 正用 3D 打印技术打印火箭发动机零件。第一个打印的零件就是火箭发动机的氧化剂阀。Space X 将其用在猎鹰 9 号火箭的一台 Merlin 1D 发动机上，该火箭于 2014 年 8 月发射成功。同时，通用电气公司将在他们下一代 CFM 跳跃式喷气飞机发动机中接入 3D 打印接管。3D 打印接管把 18 个零件整合成 1 个，这样可以减轻飞机发动机重量，从而让飞机发动机运行更顺畅。

既然 3D 打印能在火箭和飞机发动机方面有所作为，那肯定也能在汽车行业引起轰动。如果说电动汽车以电动发动机结束了汽车内燃机中活塞与喷油器的奇幻梦魇，那么这一次是 3D 打印将汽车零件再次简化。

随着汽车零件的简化，组装汽车也变得更简单。汽车产业是使用机器人最多的一个行业，这些机器人正在加速发展，而未来的工厂甚至会比现在更自动化，成本更低。确实，对于硅谷而言，造一辆汽车不过比造一部智能手机或一台计算机难一点点而已。

硅谷的科技创业公司发展的主体是大批复合型的企业家群体（科技企业家为主）和创业团队。很多企业家都有连续创业经历，这就提高了创业公司的成活率和成功率。例如，著名的企业家吉姆·克拉克先后创办了网景（Netscape）等 7 家公司；埃隆·马斯克先后创办了 PayPal、Space X 和特斯拉等数家公司。因此，在很大程度上，是英雄式企业家精神推动了硅谷的持续创新和繁荣。

月球车

登陆月球，探测火星，人类对太空的探索永无止境，由此创造了适用于域外星球的各种车辆。月球车是一种能够在月球表面行驶并完成月球探测、考察、收集和分析样品等复杂任务的专用车辆。从某种意义上说，月球车属于机器人黑科技。月球车无论是轮式的还是腿式的，都应具有前进、后退、转弯、爬坡、取物、采样和翻转（跌倒后能翻身）等基本功能，甚至具有初级人工智能（例如，识别、爬越或绕过障碍物等）。这些都与现代机器人所具有的功能相似。但是，月球车仅有这些功能是不够的。它是一种在太空特殊环境下执行探测任务的机器人——太空机器人，即既有机器人的属性，更具有航天器的特点。而在实验室里，它的学名是"月面巡视探测器"。

月球车分为无人驾驶月球车和有人驾驶月球车两大类。

无人驾驶月球车由轮式底盘和仪器舱组成，用太阳能电池和蓄电池联合供电。这类月球车的行驶是靠地面遥控指令。

有人驾驶月球车是由宇航员驾驶在月面上行走的车。主要用于扩大宇航员的活动范围和减少宇航员的体力消耗，可随时存放宇航员采集的岩石和土壤标本。这类月球车的每个轮子各由一台发动机驱动，靠蓄电池提供动力，轮胎在 $-100℃$ 的低温下仍可保持弹性，

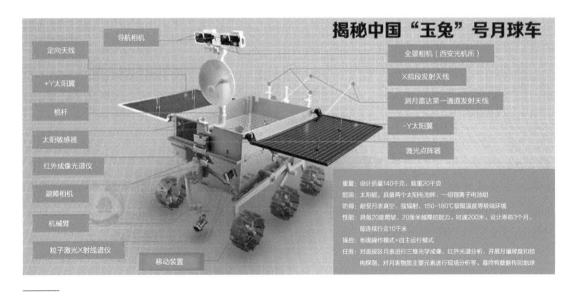

揭秘中国"玉兔"号月球车

导航相机
定向天线
+Y太阳翼
桅杆
太阳敏感器
红外成像光谱仪
避障相机
机械臂
粒子激光X射线谱仪
移动装置

全景相机（西安光机所）
X频段发射天线
测月雷达第一通道发射天线
-Y太阳翼
激光点阵器

重量：设计质量140千克，载重20千克
能源：太阳能，具备两个太阳电池阵、一组锂离子电池组
防御：耐受月表真空、强辐射、150~180℃极限温度等极端环境
性能：具备20度爬坡、20厘米越障的能力，时速200米，设计寿命3个月，
　　　能连续行走10千米
操控：地面操作模式+自主运行模式
任务：对巡视区月表进行三维光学成像，红外光谱分析，开展月壤厚度和结
　　　构探测，对月表物质主要元素进行现场分析等。最终将数据传回地球

玉兔号月球车构造

宇航员操纵手柄驾驶月球车，可向前、向后、转弯和爬坡。

1969 年 7 月 20 日，人类第一次登上了月球。美国发射的"阿波罗"11 号宇宙飞船载着宇航员阿姆斯特朗和奥尔德林在月球上着陆。但首次登月并没有带去交通工具。1971 年 5 月，"阿波罗"14 号宇宙飞船第四次登月时，宇航员带去了一辆手推车。

"阿波罗"15 号登月时，宇航员戴维斯·斯科特和詹姆斯·欧文进行了人类首次驾驶月球车行驶。1971 年 7 月 31 日，他们从宇宙飞船上卸下月球车，开始了他们的勘探旅行。月球车前舵轮操作不灵，但是按设计只有后轮驱动，后驱动轮运转良好。他们驾驶着四轮月球车在崎岖不平的月球表面上越过陨石坑和砾石行驶了 8 千米，两小时之后回到登月舱。两天后，斯科特和欧文按计划驾驶月球车做了更深入的月球表面旅行。

1971 年，"阿波罗"16 号和 17 号携带的月球车，分别在月球表面上行驶了 27 千米和 35 千米，并利用月球车上的彩色摄像机和传输设备，向地球实时地发回宇航员在月面上活动的景象。

月球车是一项技术复杂、要求严格的研究开发任务，开发者除了要突破、掌握与机器人相关的轻型机械、机构、遥控操作、自主导航和机械臂等技术外，更重要的是要在按航天器的规范与标准研制管理上多下工夫。月球车底盘由铝合金管形材料制成，并且中部装有铰链，以便储存物品。每个铝制车轮都有自己的电力驱动器和机械制动器。

月球上行驶成功的月球车一共有 7 辆，分别是苏联月球车 1 号（1970 年）和 2 号（1973 年），美国的阿波罗月球车 15 号、16 号、

"阿波罗"17号月球车　　　　　　　　玉兔1号　　　　　　　　玉兔2号

17号（1971和1972年），中国的两辆月球车玉兔1号（2013年）
和2号（2019年）。

　　月球车需要由比它重300倍的运载火箭发射，这是发射同样质量地球卫星的运载火箭质量的4至6倍。

　　月球车研制的难点如下所述。

　　1）重力问题。月球重力是地球的1/6，那便意味着，质量为50千克的物体，在地球上所受重力约500牛，到了月球表面则变成约80牛。月球表面的土壤非常松软，月球车的行进效率会降低。

　　2）路况问题。月球表面崎岖不平，有石块、陨石坑，还有坡。在这种情况下，设计的车轮需要克服重重障碍，不能打滑和翻车，必须做到前进、后退、转弯、爬坡，操作自如。

　　3）温度问题。在月球的一个自转周期内，温度相差可以达到310℃。月面上如此急剧变化的温度环境会使橡胶迅速老化，因此，月球车轮胎要使用特殊材料，以克服温差。

　　4）人工智能问题。月球车是个智能机器人，需要具备独立处理各种环境的能力。由于距离太远，无法通过遥控的方法处理反馈信息。月球车需要配置若干个传感器，在得知周围环境、自身姿态、位置等信息后，通过地面或车内装置，形成三维地形图，进而编辑方向，勾画出到达目标点的路径，并导航控制月球车路径。

　　5）电力供应问题。月球的自转引起月面的昼夜变化。月球上一天的时间，大约相当于地球上的27天略多。因此，月球昼夜间隔大约相当于地球上的14天。也就是说，登上月球后的月球车，最多可以连续工作14天。进入月夜以后，它由于无法通过光能发电，便进入休眠状态。14天后，它又能自动醒来，继续工作。

"种植"出来的概念车

这款黑科技概念车称"藻类制造燃料汽车",它由软骨材料构成,并由藻类制造燃料。这辆生物工程汽车不是制造出来,而是用 3D 打印技术"种植"出来的。其车门和发动机舱盖由人造皮肤制成,底盘可以像假肢一样折叠起来,以便运输;车门由类似肌腱的装置控制,当车主发出化学信号时,车门会向后弯曲。设计这款半刚性汽车的初衷是探索未来的制造工艺,它采用有机材料、聚合物、橡胶、树脂和硅树脂的混合物,再用 3D 技术一体式地打印。汽车内的藻类储罐提供燃料,藻类储罐内的 LED 照明维持其在夜间持续生产燃料,并使半透明车身通体透彻,熠熠生辉。

这款被"种植"出来的黑科技概念车有如下特点。

(1)半刚性汽车

概念车设计从关注先进材料应用、驱动系统、绿色燃料、安全防盗,以及其他性能指标(如一级方程式赛车),到关注现代车身的造型。绝大多数成功的概念车设计都利用了造型特征和材料特点之间的交叉与结合。正是这种综合思维驱动着对半刚性汽车的设计。

(2)多物质性

半刚性汽车是一项实验,由称之为快速原型设计中"多物质性"革命所支持。随着 3D 打印技术的成熟,它不仅可以同时打印多种材料,还可以在这些材料的梯度混合物中打印,由此让传统的制造方式发生了颠覆性转变。制造不再是建立在构造或部件组装的基础

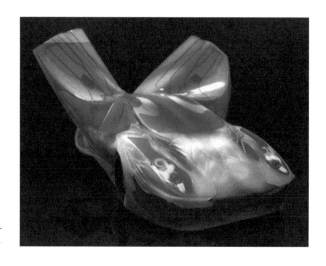

藻类制造燃料汽车

上，而是突然成为一种新的"炼金术"，变得让透明度、颜色度、延展性和刚度都发挥作用。所有这些都同时为嵌入结构、能量系统和视觉效果的变化材料矩阵中提供了根本的可能性。钢、玻璃、金属薄板和紧固件的机械外观和性能被一种新的混合语言所取代，这种混合语言基于合成材料和生物材料的合成，不是分层的，而是新的分子排列。

（3）合成软骨和驱动皮肤

从软到半刚性，再到刚性的多种材料适用于不连续的底盘和车身表面。基材硅树脂在不同的厚度和密度的车体，有时转变成半刚性合成软骨区域。它与鲨鱼的骨骼类似，其骨骼都是软骨，半刚性的区域也可以形成一束束的链或板状结构。采用半刚性结构的弹性结构代替了车身结构中前后两段自毁以吸收冲击力的"折弯区"碰撞安全模型。相反，汽车在撞击后会弯曲并弹回来。此外，当它与其他汽车或行人发生碰撞时，皮肤内的增压气囊就会被触发，从而整合了外部气囊技术。

（4）使用藻类制造燃料

长期以来，生物燃料专家一直在寻求一种更经济可行的方法，将藻类转化为生物原油，为动力车辆、船只甚至是喷气式飞机提供动力。犹他大学的研究人员相信他们已经找到了答案。他们开发了一种异常快速的方法，使用专门设计的喷射混合器大量提供具有成本效益的藻类生物原油。研究人员认为，在藻类研究方面正在创造突破性技术，可以推动藻类和其他细胞衍生生物燃料发展的革命。藻类制造燃料这项技术还可以应用于藻类之外，包括各种微生物，如细菌、真菌或任何微生物衍生转化为生物原油。

多种材料适用于不连续的底盘和车身表面

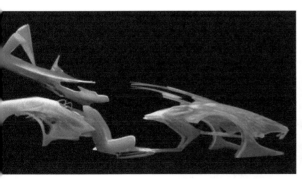

传说中的"隐身汽车"

到目前为止，还没有真正的隐身汽车出现。而所谓的隐身汽车概念，很早就出现在不少科幻片里面，例如电影《007》的隐身战车。如果现实中真有这样的隐身汽车，会怎样呢？

事实上，汽车隐身的片段不但在科幻片里有，在现实中也有几位德国工程师在对一辆奔驰车做"隐身"改装。他们的做法是在汽车驾驶座一侧铺上 LED 显示屏，在另一侧装上一台相机，相机随时将画面传回到与其相连的驾驶座的 LED 屏幕上，让人觉得车身被隐藏了起来，不过该"隐身"效果也仅存在于侧面。

说到"隐身"，路虎的"隐身"技术似乎更有可能成为现实，不过它仅仅是将车头"隐身"。路虎的做法是用安装在车辆格栅上的摄像头时刻监测车辆的行驶数据，并反馈在抬头显示屏上，从而打造出一个可以穿透发动机舱盖并看到前方路况的"透明"视野。但目前它还仅是能将车头"隐身"，不能实现全体"隐身"。从驾驶者角度来看，就可看到一个透明的发动机舱盖效果。这看起来还是很有黑科技效果的。

而奔驰旗下 F-Cell 电动汽车的一则宣传企划就更剑走偏锋，为了强调这款车型"零排放"的特点，把汽车的左侧完全用 LED 屏幕给伪装了起来；除此之外，在前排乘客位置安装了一台佳能 5D Mark II 单反相机，实时拍摄将右侧的画面即时传输到左侧的 LED 屏幕上，从而达到对车身左边观众"隐身"的效果。当它以超高速行驶时，在公路警察面前转眼消失，测速雷达屏幕上也无所显示，成为一大谜团。后来，警方和摄影记者经长期跟踪追击，在一个海港得以拍下照片并做了采访，至此，轰动一时的"隐身汽车"之谜终于获解。

路虎车头隐身效果

智能行人过街系统

我国道路交通数据显示，近年来，每年由于行人闯红灯导致的道路交通事故死亡人数占因行人肇事死亡人数的 21.5%。换句话说，每 5 个行人肇事死亡事故中，就有 1 人死于闯红灯。可以说，行人过马路问题是智慧城市发展过程中的一大痛点。为此而推出的黑科技——智能行人过街系统运用而生。

智能行人过街系统主要包括视频采集分析存储上传系统、控制器、显示屏、闸机、语音播报和前端计算机等，拥有检测、控制、语音、人脸识别、自动抓拍报警、智能交通系统（Intelligent Transportation System, ITS）等技术。简单来说，它会在红灯亮时，关闭闸门，阻止行人前行；绿灯亮时，打开闸门。目前，智能行人过街系统已经在伦敦和深圳的街道上进行测试。

智能行人过街系统是英国保险 DirectLine 与建筑公司 Umbrellium 合作生产的新型智能人行横道。这条道路乍看上去与正常的道路没什么区别，不过当有行人或车辆靠近这条马路时，可以根据路况智能变化道路标识。

当有车辆通过时，道路会显示红色警告线；当没有车辆时，地面会出现斑马线。而且道路由 LED 铺装而成，斑马线宽度可以根据人流量的多少自动调整。道路上方还配有监控设备，能够自动识别行人、自行车及汽车，计算出他们的位置和速度，并根据这些信息提前判断出他们的运动路线。另外值得一提的是，这条道路还可以根据天气和一天中不同的时间段，变化不同的显示颜色，以保证标志清晰可见。

整个系统主要有以下几个功能。

1）语音播报：绿灯闪烁时，闸机以语音提醒行人快速通行；红灯亮时，语音播报提醒不要闯红灯。闯红灯时还有语音提醒："您已违章，请注意交通安全，不要闯红灯！"

2）延时关闭：人行红灯亮起时，入口闸门关闭，出口闸门延迟 5 至 10 秒，保证还未通过出口的行人能及时通过。

3）检测控制：监测行人和车辆流量，调配二者的放行时间。

4）人脸识别和抓拍报警：强行跨越或破坏设施时，摄像机会自

智能行人过街系统

动抓拍、抓录并进行人脸识别。据了解，这套系统未来还可显示闯红灯人员的时空轨迹，例如在哪个路口闯过红灯、闯了多少次、什么时候闯等信息，都可在屏幕上实时显示出来。系统对接公安系统常住人口库、交警星级用户库、个人征信系统后，还能实现对闯红灯人员的教育惩诫，逐步培养公民综合素质，进而提升城市形象。

此外，深圳还首创了"遥控护栏＋灯控"的组合潮汐车道控制模式，只需按一下手里的遥控器，就可在 1 分钟内实现潮汐车道的隔离切换。深圳还使用了全国首台快速路自动化潮汐车道作业车，这种"拉链车"以特种操控车作为移动平台，是集机械、电子、流体控制与车辆技术于一体的综合系统，可设置车道宽度并有序地实现变道作业。

改变汽车的
100 个
黑科技

无感支付与汽车通行

无感支付是利用图像处理或生物识别等技术，建立支付媒介特征和账户信息数据库，在支付时，用户仅需上传支付媒介特征，系统即可自动识别用户身份、匹配账户和验证交易的新型支付方式。无感支付将支付媒介从银行卡、二维码和手机等特定介质，扩展至生物特征等多样化载体，将支付流程从刷卡、扫码、输入密码等固定动作简化为静止、注视、眨眼等自然行为，甚至可在用户毫无觉察的情况下完成支付。因此，无感支付亦被称为移动支付"终极版"，并以其"更随心、更便捷、更新奇"的"黑科技"特色，引领着支付业务发展新方向，并广泛应用于汽车交通通行领域。

利用"互联网＋"技术，探索基于车辆特征识别的不停车移动支付技术，是发展绿色交通、智慧交通的需要。汽车通行无感支付是利用"互联网＋车牌或其他"通过第三方支付平台进行支付，实现收费站快速通行，实现了车辆直接从前端通行进入到后端支付驶出的不停车无感快速通行。

当前世界各地已不同程度实施了公路通行费和停车费的移动支付。移动支付已成为现金缴费的一个重要补充，并与电子不停车收费（Electronic Toll Collection，ETC）系统形成共生共存的关系。各地采用的技术路线虽各不相同，但是根据无感支付应用两大场景（高速公路与无人停车场），主要分为以下五种。

1）ETC 支付。ETC 是国际普遍推行的移动支付方式。它采用计算机网络进行收费数据处理，实现不停车、不设收费窗口实现全自动电子收费系统。ETC 系统通过车载装置（又称电子标签）和收费站车道上的天线之间进行无线通信和信息交换。ETC 主要由车辆自动识别系统、中心管理系统和其他辅助设施等组成。其中，车辆自动识别系统由电子标签、路边单元、环路感应器等组成。电子标签中存有车辆的识别信息，一般安装于车辆前面的风窗玻璃上，路边单元安装于收费站旁边，环路感应器安装于车道地面下。中心管理系统有大型的数据库，存储了大量注册车辆和用户的信息。当车辆通过收费站口时，环路感应器感知车辆，路边单元发出询问信号，电子标签做出响应，并进行双向通信和数据交换；中心管理系统获取车辆识别信息，与数据库中相应信息进行比较判断，根据不同情况来控制管理系统产生不同的动作，如扣除过路费，或送出指令给其他辅助设施工作。

2）车牌识别支付。它类似于 ETC 缴费功能。车辆行驶到闸机口，车主不需要将车停下，只需稍稍放缓车速，闸机扫描装置便能自动识别车牌号码，立即抬杆，车主顺势通过，然后微信、支付宝自动扣费。相比 ETC，车牌识别缴费不需要提前充值，在使用上更为灵活和广泛。

3)"刷脸乘车"付费。"刷脸乘车"和无人超市可自带刷脸识别功能。当消费者进入那一刻，即完成识别过程，将支付环节的识别，融合在进门与出门的识别功能上。

4）指纹支付。和输入密码支付相比，指纹支付肯定来得更加

智慧停车场呈现全面无人化
趋势

方便。

5）声纹支付。美国运通卡用户只需对 Echo 音箱说："我的余额
是多少"，这个语音助手就会提供相应信息并进行通行支付。

得益于移动互联网、物联网、人工智能、大数据、电子支付等
的发展，智慧停车场（无人值守停车场）呈现全面无人化趋势。智
慧停车场景应用的"无感支付"最为广泛。其场景应用整个过程中，
车牌识别 + 联网支付的缴费方式更快捷，并进行停车场停车泊位和
安全引导。

伴随着无感支付系统的推出，未来人们出行将更加高效便捷，
尤其是车主体验将极大提高，可有效解决生活中通行难和停车难的
问题。

智能电力公路

"智能电力公路"是黑科技概念，也可能是即将来临的系统方
案。它一经问世就成为汽车业界关注的焦点。所谓"智能电力公路"，
即交通网、信息网和能源网融为一体构成的"三网融合"共享平台，
以此来解决长距离交通运输过程中能源补给和智能驾驶问题。汽车
界关注的也许不只是这个项目的可行与否，而是为创新思考提供了
想象空间。

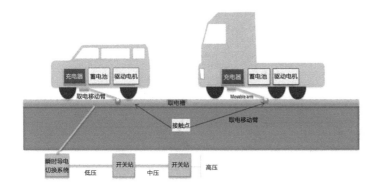

智能电力公路可实现车辆在
行驶中充电

　　"智能电力公路"技术由瑞典著名电力科学家冈纳·阿斯普伦德教授提出，并已研究了 20 多年，其中还包括近 10 年的道路测试等。"智能电力公路"可以通过改造路面、铺设电缆，并在汽车底部增加充电器，实现车辆在行驶中充电。智能电力公路董事长冈纳·阿斯普伦德为此诠释道："智能电力公路项目通过自动化设备进行道路改造，可供经过特殊设计的电动汽车在行驶中移动充电，并实现有线与无线网络协调控制，是一套推进'三网融合'的生态。"中国国能汽车目前已经在瑞典智能电力公路公司占据控股地位。

　　据介绍，若在现有道路上进行智能电动道路改造，电动汽车装载蓄电池的续驶能力只要达到 50 千米即可，预计未来的建设成本约为每千米 200 万元。这项技术对商用车的电动化改造尤其有利。重型货车、大货车如果要做到电动化，需要装载几吨蓄电池才能满足长续驶需求，而智能电力公路能够让蓄电池重量减少 80%。例如，现在一般电动公交车搭载的蓄电池在 5 吨左右，通过该技术可以降到 600 千克。而且，智能电力公路的线路设施也能为无人驾驶的未来通信提供基础。

　　据介绍，智能电力公路技术可在较短时间内实现道路交通电气化与智能化改造。不仅如此，该技术在提升电能利用率，尤其是弃电利用率、进一步实现节能减排的基础上，为解决纯电动汽车、纯电动物流车蓄电池容量、蓄电池成本，以及电动汽车充电基础设施建设等问题提供了新的技术路径。实验数据显示，智能电力公路技术将减少 90% 的充电桩数量与约 80% 的蓄电池使用量，延长蓄电池使用寿命约 3 倍，降低纯电动汽车造价约 40%，降低车辆运行、运输成本约 50%。智能电力公路即便进入沙砾道路或者处于极寒天气下，都能正常工作。智能电力系统还能够向车辆提供交通信息大数据、管理及实时数据共享，进而推进自动驾驶功能落地。这是具

无线感应充电桩

有颠覆性的创新，既解决了电动汽车续驶里程焦虑问题，同时也减少了蓄电池能源消耗，并提供了未来智能交通的基础保障等。

智能电力公路旨在推进交通网、能源网和信息网的"三网融合"，从而带来实现和改变新能源汽车发展方向的新思维、新模式、新业态。它将结合商用车的应用场景，共同开发纯电动物流车，力求在体系、网络、结构、资源等多维度、全价值链上实现交通网、能源网和信息网"三网融合"的可持续发展。

与智能电力公路类似的还有无线感应充电。目前有很多电动公交车已投入了使用，但是这种车不可避免会在消耗完动力的情况下需要充电，充电就需要导线，要是没有充电器，那可无能为力。科学家针对这个问题研发了一种无线感应充电桩，充电时，车和通电处两者之间不用电线连接，因此充电器及用电的装置都可以做成无导电接点外露。

改变汽车的
100 个
黑科技

智慧交通集聚的黑科技

人类经历了农业社会、工业社会、信息社会，现在即将进入智慧社会。智慧社会催生出全方位、系统性的变革，其中，智慧交通是智慧社会非常重要的一个元素。智慧交通，即新一代的综合交通体系，它是气势恢宏的黑科技大集聚。

关于智慧交通，一般的定义是，智慧交通是在智能交通系统的基础上，在交通领域中充分利用物联网、云计算、大数据、人工智能、自动控制、移动互联网等技术对交通管理、运输、公众出行等交通领域全方位以及交通建设全过程进行管控支撑，使交通系统在区域、城市甚至更大的时空范围内具备感知、互联、分析、预测、控制等能力，以充分保障交通领域的安全、效能、效率和管理水平，为公众出行畅通和社会可持续发展服务。

这也就是"先有智能，后有智慧"，智慧交通是对当下已有的、孤立的、智能或半智能的交通运载工具、路侧设备进行资源整合、改造、统一标准，并联网通信；其次才是采用互联网＋模式施以各种黑科技，实现人、车、路和环境四位一体的复合体。形象地说，也就是给整合后的智能交通系统安装上"大脑"和"感知""控制"等系统，以实现智慧。人的智慧是无穷无尽的，因此，智慧交通的发展也是没有边际的，同时也是任重而道远的。

智慧交通特征及其集聚的有关黑科技中，大数据、超级计算主要支持"高效省时"；物联网、区块链主要支持"安全便捷"；虚拟现实、互联网＋主要支持"以人为本"；人工智能、建筑信息建模、交通仿真主要服务于"可视可预测"，更多场景需要众多黑科技的相互融合。

1）大数据技术。大数据具有海量、高增长率、多样化、低价值密度等典型特征。在交通基础设施的全要素全生命周期管理中，会产生大量的静态和动态数据，包括设施传感器监测数据、质量安全监控数据、交通通行数据、路（航）域气象与环境监测数据等；在交通运输的运行管理与出行服务中也会产生海量的交通工具轨迹数据、物流数据、公交刷卡数据、公路收费数据、轨道交通运行数据、地图与导航数据、交通参与者手机信令数据等。海量数据需要立足行业需求，与路网综合管理、出行信息服务、交通运行管理等业务的深度融合。

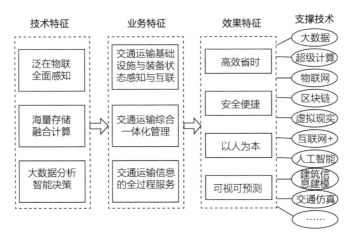

智慧交通特征及其集聚的有关黑科技

2）互联网＋技术。互联网＋在交通运输管理和服务中不断发展和升级，网约车、共享单车、移动支付、实时导航、互联网＋出行服务、互联网＋政务服务、运营车辆网上培训等应用与创新不断涌现；以及互联网＋交通出行、互联网＋货物运输、互联网＋农村物流、互联网＋共享交通、互联网＋路网综合服务等，不断重建新的交通运输生态。

3）人工智能技术。大数据、云计算、互联网等信息技术的发展，为人工智能蓬勃发展提供了基础和机遇，跨媒体智能、大数据智能、群体智能、自主智能系统、人机混合增强智能等关键技术，正不断突破各行业的创新边界，将全面推动智慧交通的创新发展。

4）区块链技术。区块链是分布式数据存储、点对点传输、共识机制、加密算法等计算机技术的新型应用模式，它是一种去中心化的数字网络，将信任嵌入到每一笔交易和每一项共享数据中，能够支持使用者在安全环境中交换价值或放心分享数据，从而大大降低交易成本、优化核对流程、提升交易的效率和安全性。目前，区块链技术在交通运输行业的应用也不断发展。交通运输链旨在连接交通运输产业中的政府、企业等行业主体，车辆、船舶等运输装备，道路、桥梁、场站等基础设施，并在保证数据流通公开、透明的基础上，保障数据资产权益，提升智能交通运行效率，释放综合交通运输的信用成本。区块链技术还在交通运输运营信用管理、出行管理与服务、车联网信息安全提升等方面具有较好的应用前景。

5）超级计算技术。目前，国内高性能计算主要用于互联网大数据的深度学习、互联网服务中云计算应用、科学计算等。超级计算与云计算、云存储结合，为交通控制网运行监测、动态交通信息实时计算与预测、城市综合交通协同运行管理、交通大数据深度学习、重大交通事件的应急处置与预测分析等提供极快运算速度和大批量数据处理能力。

6）建筑信息建模技术。建筑信息建模是对建筑工程物理特征和功能特性信息的数字化的承载和可视化的表达。建筑信息建模技术在交通运输领域也具备支持实际工程应用的能力，并在建筑信息建模＋地理信息系统的集成融合、三维可测实景技术、建筑信息建模全生命周期资产管理、多源智能监测传感信息实时融合、交通基础设施安全状态综合分析及预警、基于建筑信息建模的运营养护辅助决策等方面呈现出新的发展趋势。

7）虚拟现实技术。虚拟现实技术是以沉浸性、交互性、构想性和智能性为基本特征的一项综合性信息技术，它的价值主要体现在规划决策、设计评价、训练体验和文化娱乐等多个方面。虚拟现实技术为智慧交通建设与发展带来了评价工具和手段，为综合交通运输辅助规划决策、工程设计的以人为本评价、重点运营车辆的训练体验、应急预案处置演练、交通运输科普宣传等提供技术支持。

8）5G通信技术。5G可推动高速公路路侧系统智能化升级和营运车辆路运一体化协同，卫星高精度定位技术可用于交通基础设施的灾害监测与预警、高速公路通行收费、高速公路应急救援一体化管理等。

智慧交通系统是未来可持续发展的绿色低碳运输模式。推行绿色低碳的智慧交通，是实施城市交通可持续发展的基本保障，也是建设智慧城市、维护智慧社会生态平衡的有效手段。因此，智慧交通系统对于世界各国城市目前面临的交通拥挤、环境污染、交通安全等方面的困境，憧憬"通达、有序、安全、舒适、低能耗、低污染"的城市交通可持续发展，具有黑科技般的诱惑。

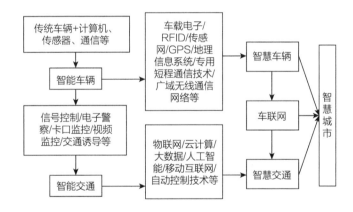

智能车辆、智能交通、智慧车辆、智慧交通及智慧城市之间的递进关系

参考文献

［1］汽车百科全书编纂委员会．汽车百科全书［M］．北京：中国大百科全书出版社，2010．

［2］ERNEST H. WAKEFIELD．电动汽车发展史：电池动力车辆，［M］．叶云屏，孙逢春，译．北京：北京理工大学出版社，1998．

［3］陈全世，仇斌，谢起成，等．燃料电池电动汽车［M］．北京：清华大学出版社，2005．

［4］杰里米·里夫金．第三次工业革命［M］．张体伟，孙豫宁，译．北京：中信出版社，2012．

［5］"十五"国家高技术发展计划能源技术领域专家委员会．能源发展战略研究［M］．北京：化学工业出版社，2004．

［6］陆敬严．中国古代机械文明史［M］．上海：同济大学出版社，2012．

［7］朱盛镭．第三次工业革命对汽车产业影响分析［J］．上海汽车，2013（4）．

［8］边耀璋．汽车新能源技术［M］．北京：人民交通出版社，2003．

［9］朱盛镭．新能源汽车产业［M］．上海：上海科学技术文献出版社，2014．

［10］依科曼．从蒸汽机到汽车——交通机动化［M］．孙伟，译．北京：电子工业出版社，2006．

［11］崔胜民．智能网联汽车新技术［M］．北京：化学工业出版社，2016．

［12］朱高峰，郭重庆，徐性初，等．全球化时代的中国制造［M］．北京：社会科学文献出版社，2003．

［13］朱盛镭．伴随能源发展的汽车产业［J］．科学画报，2016（11）．

［14］阿尔特舒勒，阿伦．汽车的未来［M］．张国典，等译．北京：人民交通出版社，1992．

［15］詹姆斯P.沃麦克，丹尼尔T.琼斯，丹尼尔·鲁斯．改变世界的机器：精益生产之道［M］．余锋，张冬，陶建刚，译．北京：机械工业出版社，2015．

［16］李士，刘树勇．改变世界的力量［M］．北京：科学普及出版社，2000．

［17］日经BP社．黑科技：驱动世界的100项技术［M］．艾薇，译．北京：东方出版社，2018．

［18］黄培．对智能制造内涵与十大关键技术的系统思考[J]．中兴通讯技术，2016（9）．